香港赤子

利銘澤

謹以此書獻給有興趣探討華人家族與企業的專家讀者們

前言

我們共同生活的這塊彈丸之地，其實是一個很特別的地方。有人以「東方之珠」來形容，有人則指它是東西交流互通的管道，亦有人將它與紐約及倫敦鼎立而論，合稱「紐倫港」，屬於國際級金融中心，還有人認為香港匯聚南北西東，乃文化多元、種族共融的典範，更多人則簡單地以「福地」來形容，認為此處乃安居樂業的人間天堂。

然而，若果我們掀開香港的歷史篇章，細心閱讀當中的文句段落，則不難發現，香港之所以有今天的繁榮昌盛、享譽國際，其實殊不容易。各階層市民一個半世紀以來的辛勤勞累、默默耕耘，實是書寫香港這個傳奇故事的「無形之手」，將一個既缺天然資源，又沒甚麼獨特背景的細小漁村，打造成一個蜚聲國際、人人嚮往的大都會。至於本書的主人翁——利銘澤，則是其中一位曾經為這片細小土地竭精殫志、貢獻一生的重要人物。

對於今天的「八十後」而言，「利銘澤」無疑是一個十分陌生的名字，因為他們出生之時，利銘澤剛好走到了人生的盡頭，離開了塵世。屈指一算，利銘澤離世至今已快屆三十年了。受香港早前某部流行電視劇集的影響，我們常會聽到「人生有多少個十年？」的話，可見對於個人而言，十年確實不是一段短的時間，更何況一個已死去了近三十年的人。毫無疑問，隨著時間的推移，利銘澤的名字在不少人的心目中已變得模糊，但可以肯定地說，他生前無論是為本身家族企業發展所奠定的基石，或是為著建設香港所擘劃的藍圖，以至在促進香港與內地交往互動方面的貢獻，至今仍發揮著巨大影響

力，讓不少人可繼續享受其努力下得來的成果。

到底利銘澤是何許人也？生前曾做過何等大事？對本身家族、香港社會，以至在推動香港與內地的整合方面又曾經作出何種貢獻呢？在今時今日的社會，要回答以上連串問題，全面真實地呈現利銘澤傳奇多變的人生，其實並非想像般容易，因為相關資料存下來的本已不多，開放可供參考閱讀者則更少。

簡單而言，利銘澤的前半生（二戰結束前）不見經傳，文獻紀錄不多，殘存資料十分零碎，其女兒利德蕙（Vivienne Poy）在《利氏源流》（1995）、《築橋》（1998）及 *Profit, Victory & Sharpness: The Lees of Hong Kong*（2006）等書的記載，雖極具參考價值，可為我們的研究提供不少啟發，但當中的不少內容，卻只屬長輩口述，或是坊間掌故，還有一些只憑童年記憶，未經嚴格考證，因而有不少錯漏或前後矛盾之處，我們引用時既需抽絲剝繭、多方求證，亦要深入推敲、反覆核對，希望在力所能及的範圍內呈現利銘澤真實的一面，減少失誤。

利銘澤的後半生，政商兩忙，不但肩負了打理家族企業、主持多項重大發展計劃的重責，又曾出任位高譽隆的「兩局」議員及無數社會公職，可謂顯赫一時，言行足跡無疑紀錄頗多，但這些資料很多時卻只屬表面記述，我們因而又必須多花精力，在紛陳雜亂的各種資料中，尋找佐證。這樣，才能整理出事件的來龍去脈及前因後果來。綜觀利銘澤的一生，如下兩大特點最值得注意：其一是專注家族企業發展之餘，興國情懷不減，更曾為此默默耕耘；其二是家族企業曾遇巨變，繼承問題最受關注。

《香港赤子：利銘澤》

青年時代留學英國期間，利銘澤已積極參與學生運動，與不少立志救國的留英中國學生交往頗深。二十年代末返港不久即轉到廣州市政府工作，日後更曾在不同層面上參與抗日救國事宜。抗戰勝利後，利銘澤返回香港，雖然全心投入重建家園的工作，又先後出任「兩局」議員，在不少重大建設 —— 例如電話系統、煤氣系統、海底隧道、中文大學 —— 指點江山，領導擘劃，為香港繁榮作出貢獻，同時對中國的發展亦十分關心，即使政權更替亦不減其熱誠，日後更曾在不同層面上充當橋樑角色，既為促進香港與內地的溝通克盡己任，亦在某些層面上協助中國與世界接觸。正因利銘澤一生能夠做到內外兼備，我們乃以「香港赤子」四字作形容，而北宋名臣范仲淹在《岳陽樓記》中所描述的：「居廟堂之高則憂其民，處江湖之遠則憂其君」，或者多少可作利銘澤這份赤子心的寫照。

華人家族企業的繼承問題一直備受中外社會關注。利銘澤本人是因父親利希慎正值壯年之時遭人暗殺，令家族突然失去領導核心，也令他只得放棄繼續深造的打算，返港協助打理家族生意。正如我們在《一代煙王：利希慎》一書中提到，當作為家長兼企業掌舵人的利希慎在1928年遇刺身亡時，坊間不少揣測隨即湧現，認為家族及企業很可能分崩離析。然而，利希慎元配夫人黃蘭芳臨危受命，心毅志堅地承擔起女家長及企業領導的角色，因而大大消除了家族內部的不穩定因素。至於利銘澤及同樣留學英國的胞弟利孝和則同時返港，協助母親整頓業務、清理債項，消除各種潛藏紛爭，讓企業得以成功擺脫窘況，走出暗湧。

無論是利銘澤、利孝和，或是另一胞弟利榮森，由於父親利希慎突然去世時

年紀尚輕，人生經驗不多，江湖地位（領導權威）未立，要他們馬上出任企業領導，帶領家族企業再上層樓，實在不切實際。或者正是明乎此理，黃蘭芳看來並不急於開拓，而是依靠一些老臣子以穩住陣腳為首要任務，在之後的二十年間幾乎只守不攻。

抗戰勝利後，吸取不少人生經驗並且建立一定人脈關係的利銘澤，返到香港，並正式接手家族企業的領導地位，與昆仲間分工合作，積極拓展業務。到了1956年，母親黃蘭芳去世，利銘澤繼承為大家長，企業的管理大權則逐漸轉交胞弟利榮森，利孝和則另闢蹊徑，另組公司，昆仲之間依然各有分工、各司其職。

利銘澤1983年身故，利榮森繼承家長的角色（利孝和早於1980年去世），侄利漢釗則掌管家族企業。利銘澤生前，不忘物色接班人，在私務上提攜親侄利漢釗，在公職上則引介堂弟利國偉，而兩人日後均不負其厚望，各領風騷，其中又以利國偉最為突出，他乃政壇四朝元老，服務行政立法兩局前後共廿載，更是近代香江第一銀行家，不讓堂兄專美。

說回利榮森擔任家長職位，家族企業依舊保持發展動力。到了2002年，利榮森決意退隱，侄利漢釗繼承家長之職，而領導家族旗艦企業的角色，則交到利漢釗堂弟利定昌手上。當利定昌在2009年突然身故後，家族企業大旗本應是利榮森獨子利乾擔起，但他卻選擇退居幕後，不願走上前台，其大旗最後乃落到利孝和次女利蘊蓮身上，雖著意外聘專才及延攬策略股東，但利家一直也掌管著營運大權，並一如既往地推動企業的不斷發展。

《香港赤子：利銘澤》

華人家族企業的繼承問題雖常遭詬病，但觀乎利氏家族的情況，則未必如外間想像般不濟。可以毫不諱言地說，雖然家族成員常受壯年早逝的意外困擾，但兄弟子侄間各有分工，家長職位與企業領導並軌前進，同時又吸納家族以外的專業人材及策略股東以為己用的方法，其實相當有效。可見扎根於香港的華人家族企業，雖然面對不少個人計算以外的挑戰，但往往能憑著本身的特長履險如夷，在巨浪重重的政商環境中破浪前進、不斷壯大。

在掀開利銘澤的人生故事，細說現代中國及香港發展道路的迂迴曲折之前，我們必須指出，本書所引用的絕大多數資料，主要來自對各種各樣報紙報道、檔案紀錄和文獻資料的梳理、收集、搜尋和推斷，亦有部份資料來自上文提及的家族成員著作。正因如此，本書的某些分析，有時難免讓人有「左拼右湊」的印象，但我們仍然認為，這種以搜集二手資料為重心的研究方法，實在比一廂情願地希望與其家人或那些與利銘澤有交往接觸者有深入訪談，從而希望獲得第一手「內幕」資料的研究方法，來得更為可靠和中肯，討論起來亦沒太大的包袱，既可暢所欲言，亦較易令人信服。事實上，即使我們能透過與家族成員或那些與利銘澤有接觸交往者進行訪問，藉以重繪利銘澤的人生與經歷，但亦可能會因個人記憶的扭曲，或出於對逝者的維護，而無可避免地會讓人對訪談資料的「不盡可靠」產生疑慮。

當然，我們必須承認，單憑各種二手資料的搜集，還要結合香港、中國大陸，以至國際時局那些波濤洶湧的歷史背景，再將利銘澤傳奇多變的一生和家族的枝繁葉茂準確無誤、不偏不倚地勾勒出來，絕對不是一件易事。面對這項挑戰，我們實在碰到了不少令人沮喪的困難和障礙。幸好，一方面有利

德蕙多本著作作為重要參考，另一方面在各界友好及機構的鼎力協助下，這項艱巨的任務終得完成，故我們在此謹向各位致以最衷心的感謝。

首先，讓我們向前研究助理袁詠琪小姐、陳藝彬先生，以及現任助理莊玉惜小姐和張詠恩小姐等表示感謝，為了搜集有關資料，他們要不斷在各地的圖書館和檔案館之間來回奔走，經常對著那些老舊的報紙或微縮片，逐點逐滴地篩選出有用的資料。正因他們耐心地工作和不斷的努力，本書的內容才能如此充實，情節才能如此完整。同樣地，我們還要向周文港先生及梁家俊先生表示感謝，他們曾多次為我們提供寶貴資料，或是到不同檔案館查找紀錄，補充了本書的不少空白部份。還有，我們亦要向陸觀豪先生、李雪盧先生、蔡和平先生、Amanda Ingram 女士、Annabel Peacock 女士、楊祖坤先生，以及那些堅持以「無名氏」身份提供不少寶貴資料的多方人士表示感謝，並致以最真誠的敬禮。

最後，我們必須感謝牛津大學圖書館的 Pembroke College Archives、香港大學圖書館的香港特別資料藏館、香港歷史檔案館、香港土地註冊處、香港公司註冊處、澳門歷史檔案館、澳門圖書館、江門五邑大學檔案館、珠海市檔案館、四川省檔案館、甘肅省檔案館、中國第二歷史檔案館等等，給予我們的支援和協助，使我們克服種種困難，達致今天的成果。當然，我們亦要向蔣經國基金（Ref. No.: RG012-P-10）及吳文政王月娥伉儷教育基金表示衷心感謝，因為獲得該等基金的支持，研究才可順利推行。

雖然得到各方友好和不同機構的大力幫助，我們仍因沒法完全掌握政局的急

《香港赤子：利銘澤》

速轉變、歷史的曲折漫長、企業的興衰傳承和人生的順逆起落等問題，出現一些秕糠錯漏，對於某些疑而未決、模糊不清的地方，我們雖然努力求證，但仍沒法做到完美無瑕，這是我們不想看見卻很難避免的，在此我們希望讀者有以教我，指正批評，讓我們在往後的研究可以做得更紮實、更豐富。如對本書有任何意見，請致函：新界沙田香港中文大學香港亞太研究所，或電郵 vzheng@cuhk.edu.hk，直接與我們聯絡。

鄭宏泰　黃紹倫
利黃瑤璧樓香港亞太研究所
香港中文大學

目錄

第一章　出生

頃奉總督面諭，囑向先生代達衷曲，敬謝先生兩年來任穀米局統制官時對本殖民地之寶貴貢獻。先生摒捨私務，出任斯職，以其犖犖大材，處理艱巨工作，殊多建樹，勞苦功高，此固總督所深知而又衷心感激者也。先生之出而為社會服務，純屬義務性質，此間社會，荷德良深，謹此奉達謝忱，祇請康祺。香港政府輔政司麥道高敬上。（《工商日報》，1948 年 5 月 19 日）

在香港、九龍的水、電、海底隧道等方面，作出了不少貢獻，廣州的花園飯店也是他集資蓋起來的……凡是有關祖國的事，新華分社、《大公報》等託他，他一定努力去辦……（他）為人非常誠懇，辦事負責，（與）我國領導人葉劍英、廖承志、楊尚昆等都比較熟。（錢昌照，1998：15）

父親在 1970 年代時，不但已得到香港社會各階層人士和政府官員的尊敬與信賴，中國領導人對父親亦是敬重有加。國際上都稱他是香港的「決策性人物」之一……當時各界都認為父親是 1997 年 7 月 1 日香港回歸中國後，最理想的特區首長人選。（利德蕙，1998：132）

今時今日的香港人，或者對以上三段引文所介紹的這位風雲人物印象模糊、認識不深。然而，若果我們細心研究並閱讀其生平事跡，則不難發現其出生成長不但反映了中國歷史、社會與文化的特質和變遷，其非凡經歷、家族背景及個人事業，更牽動了近代中國與港澳的發展步伐，同時亦見證了近代中國由積弱不振、屢

遭劫難，到逐步走向復興的過程。這位曾經叱咤一時的顯赫人物，便是利希慎家族的利銘澤。

誕生

光緒三十一年，歲次乙巳，農曆二月初二日，即西元 1905 年 3 月 7 日，農曆新年才剛度過一個月的時刻，本書的主人翁 ── 利銘澤 ── 在香港西環文咸西街 75 號 3 樓的一個單位內誕生。對於這位日後在內地及香港政商各界均極具影響力人物的出生與背景，其女兒利德蕙在《利氏源流》一書中頗有詳細描述。她這樣寫道：

當二姨太（利銘澤生母）傳出懷孕的消息，家人均極為興奮，祖父更特別請洋人助產士接生。這是祖父婚後七年首次傳出喜訊。我想祖父不願（二姨太）在生產過程中有任何差錯發生，又認為歐洲助產士較中國接生婆經驗豐富及衛生，故此不惜聘用洋人助產士（到家接生）。一九零五年三月七日，二姨太生下長子銘澤，我的父親。父親出世後福星高照，不只是家中有子繼承香燈，祖父事業亦一帆風順。父親承由祖母親自撫養，祈能因此借福生男育女，果不其然，祖母也陸續懷孕生了二子、二女……祖母與父親感情融洽，一如親生母子。（利德蕙，1995：33）

利德蕙這段細緻的介紹，不但概括地交代了利銘澤出生前後家庭環境與結構的急劇轉變，還十分具體地帶出了中國傳統婚姻、家庭及繼承等多種制度環環緊扣與相互牽連的內涵與特徵：其一是重視血脈與香燈，其二是妻妾地位各有不同，其三是諸子的嫡庶身份及地位頗有差別。在展開深入討論之前，讓我們先逐點加以說明。

正如我們在《一代煙王：利希慎》一書中提到，仍在皇仁書院求學的利希慎一屆及冠之年即在父母的要求下於1898年返回廣東新會的家鄉，依「父母之命、媒妁之言」的中國傳統成家立室，迎娶台山大戶人家的閨秀黃蘭芳為妻，希望新娘子盡快為家族傳宗接代、開枝散葉，可見家族對延續香燈的問題十分重視。然而，過門後的黃蘭芳雖曾誕下一女，但不久即夭折，之後便遲遲未見再度懷孕的徵兆，令一直渴望可以弄孫為樂的利希慎父母甚為失望與憂慮。至於另納妾侍，藉以生兒育女，繼後香燈，則成為當時大戶人家一種很普遍的選擇，而嬰兒由二姨太分娩後交由元配夫人撫養的情況，其實更屬封建社會十分平常的舉動，一點沒有甚麼特殊之處。

封建社會這種特別強調繼後香燈、血脈傳承及多子多福等觀念，相信與傳統農業社會提倡人多勢眾、百子千孫的價值觀有關，亦可能與天災頻仍、戰亂與饑荒常常交替出現頗有影響，而醫療條件太差，死亡率太高等等，亦可能是一些不能低估的因素。正因封建社會十分重視血脈傳承，沒法生兒育女的「絕後」問題，便被列為男子可以休妻另娶的重要理由——即社會大眾常常提及的所謂「七出之條」，亦是為人子者最為不孝、最對不起祖宗的事情——即所謂「不孝有三、無後為大」之說，要盡量避免，不要讓其發生，確保本身族裔的延綿不斷、代代相傳（Freedman, 1957；岳慶平，1989）。

為了確保父系血脈的延續，實現百子千孫的「理想」——尤其是那些帝王將相、世家大族，西方社會所經常提到的「一夫多妻制」，或是我們常說的「三妻四妾」制度便應運而生，在中華大地上實施了二千多年，直至二十世紀初才被取消，香港更要遲至二十世紀的七十年代初，才真正被拋

進歷史的垃圾桶。

經深入研究及考證後，我們發現了一些概念上的混淆或理解上的誤會。中國古代實行的 —— 或者說得準確一點 —— 其實是「一夫一妻多妾制」，即使是皇帝，亦是一夫一妻的，擁有妻子身份與地位的，只有皇后一人而已，妻子死後可續絃另娶的繼室（擁有像妻子一樣正統地位），但同樣只是一位而已。至於妃嬪、後宮佳麗 —— 即一般百姓的側室、偏房或妾侍，數量則沒有限制，可以三宮六苑、妾侍成群（張念瑜，1995；尚緒芝，2007）。

還有，在談到如何繼承的問題時，我們很多時又會將家產與家族中的領導地位（家長）混為一談。所謂家產繼承，基本上可分為兩部份：一部份當然是指祖或父留下來的經濟資產轉移，這點並不難明。由於經濟資產一般可以買賣分割，因而便有了「諸子均分」的規定與傳統。另一部份則屬社會資產（或稱社會資本）的轉移，包括祖或父留下的人脈關係及社會名聲等。由於這部份資產屬於看不見之物，又沒有排他性（non-exclusiveness），原則上不會引起衝突，因而常被忽略。所謂家族中的領導角色轉移，則指一家之長的名譽更替，因為此種名譽關係到承襲爵位、主持祭祀等名份問題，很多時亦會被忽略（Zheng, 2009）。由於一家之長的地位只有一個，就如一國之君的地位般不可分割，因而必須在一眾兒子中挑選。社會學家費孝通有如下的觀察：

在繼替問題上鬧得兇的是在世襲方式中權力的繼替。權力是建立在社會的集合性上的，若是社會不分裂，權力也不能分裂。握有權力的人不能因為他子息的增

加，而將權力分成相等的部份分別傳遞給多個繼襲者。權力的完整限定了以一繼
一的原則。（費孝通，1998：250）

也即是說，由於傳統社會十分強調多子多福，明確定立繼承權 —— 尤其是
領導權 —— 的傳授與承襲，從而減少諸子之間的內部紛爭與輵輵，避免社
會的混亂，自然顯得極有必要。至於「一夫一妻多妾制」的確立，突出元
配夫人及其所生兒子的正宗嫡系地位，則被認為可以清楚界定繼承權的花
落誰家（岳慶平，1998；陳江，2004）。

為甚麼確立「一夫一妻多妾制」那麼重要呢？清末民初的國學大師王國維
在其成名作〈殷周制度論〉一文中曾有精闢的論述。他指出，商朝所採
取「兄終弟及」的模式，導致了皇室因為爭奪領導權而骨肉相殘、兄弟鬩
牆。周代商而立後，周天子針對前朝繼承制度的混亂，定下了「有嫡立
嫡，無嫡立長」的規則。王國維因而認為周天子此舉的目的，在於「求定
息爭也」，減少皇室內鬩，因為以先天長幼的次序來決定繼承的資格，較
後天以才幹、德行或個人喜好的主觀標準作決定較能減少爭拗。因為「任
天者定，任人者爭」，並指「定之以天，爭乃不生」（王國維，1956：
117-118）。有了周天子的一錘定音，後世社會乃奉「立嫡以長不以賢，
立子以貴不以長」為圭臬，宗法制度亦從此確立下來（《春秋公羊傳註
疏》，1997；史鳳儀，1987）。

從這個角度看，我們不難發現，中國傳統的領導權繼承方式，背後隱藏的
理念或最大原則，在於減少混亂，避免衝突，能否選賢與能，反而成為
次要的考慮。就連梁漱溟（1981：118）在引述英國著名歷史法學家梅因

（Henry S. Maine）的研究時亦指出：「凡繼承制度之與政治有關係者，必為長子繼承制」，從而說明封建宗法制度的核心，在於減少內部爭奪、防止骨肉相殘。

由於傳統的繼承機制嚴分嫡庶之別，深入了解背後的「一夫一妻多妾制」，自然顯得極有必要。有關此點，歷史學者易中天可謂說得十分清楚。他寫道：

妻與夫，是配偶、伴侶關係；而夫與妾，則是主僕、主奴關係。這樣，妻與妾，在理論上也是主僕關係。至少妻對於妾，是「半個主子」，與夫一樣，對妾握有生殺予奪的大權。比方說，未經妻批准，妾不得出門；妻訓斥妾時，妾不得還口……甚至直到死後，妾與妻也仍不能平等：妻死可以與夫同槨，妾則無此權利。（易中天，2002：35）

也即是說，妻與妾是兩種截然不同的身份、地位與婚姻關係，只有元配夫人的地位，才是正式的、獲得社會認可的，妾侍的地位則帶有「準夫妻」的關係，甚至具有濃厚的奴僕意味（史鳳儀，1987；尚緒芝，2007）。由於夫與妻的關係才獲得社會認可，妻的家族與夫的家族便有了正式的姻親關係，乃「合二姓之好」，彼此往來密切。相對而言，妾家族與夫家族則沒有姻親關係，這亦解釋了為甚麼妾之家族往往不會承認被納為妾的女兒，與其夫之家族亦極少有來往。更為殘酷的現實是，妾生了兒子之後，並不能認之為子，其子只能是嫡母之子，一切教養撫育等大小事務，均由作為妻的主母負責，作為生母的妾不能過問。由於妾並非家中的主人，其所生的子女（少主），亦不能跟隨她，或是與她一

起生活。易中天繼續寫道：

妻之子曰嫡子，妾之子曰庶子……嫡子是宗族血統的當然繼承者，庶子絕不能僭越嫡子而承繼宗祧。即便正妻無子，庶子承繼宗祧，家庭的主母仍然是妻。所有的子女，無論嫡出庶出，都要認父之妻為母，對於自己的生母，則可認可不認。（易中天，2002：35-36）

為甚麼妾的地位與妻的地位相差如此巨大呢？易中天認為與妾的「來路不明」關係最為直接，其次則是「沒名沒份」。一般而言，妾侍常常只是男性因為一時「興之所至」買下來的，而非經過連串社會儀式或法律程序後的結合，所以是「沒名沒份」的。易中天進而指出：

妾的來路，有從嫁、私奔、購買、收房、贈送……等好多種，説句不好聽的話，真是偷的、搶的、騙的、買的、討的、借的，樣樣都有。根據這些「來路」，妾與妾之間的地位便也有不相同。（易中天，2002：36）

這兒帶出家庭、婚姻與繼承制度之間一些互為因果的要點：（一）在「一夫一妻多妾制度」下，不但妻、妾地位高低有別，嫡子、庶子的地位亦差別不少；（二）嫡、庶之分的最大差別，往往只出現在政治權力或領導角色的繼承上，例如嫡子享有優先權，若果沒有嫡子，才可輪到庶子繼承，但在其他層面上則沒有太大差別；（三）嚴格區分妻妾與嫡庶之間差別的最重要原因，並非要排斥同一血脈的諸子，而是為了減少家族內部的矛盾——尤其政治權力或領導地位的爭奪。

回到利銘澤出生前後家庭環境與結構出現重大轉變的問題上，利德蕙對於祖父利希慎在個人財富與社會地位日升，但妻子卻未能誕下血脈而感到憂慮，到獲得妻子首肯，按傳統規條納妾，再到妾侍誕下兒子後將之交由元配撫養這些封建社會十分平常的安排，有頗為詳細的介紹及評述：

祖母利黃蘭芳是家中女家長，生於一八八零年六月三日，比祖父年長三個月……婚後數年未能生育，後生一女，又不幸夭折……祖父後來在廣州市納妾，即是姨太或二太。當妾室進門之時須對正室大房叩頭奉茶示敬，此後才能成為家庭一份子。二姨太身材纖細，面孔尖瘦，和一般的妾室一樣，家境清寒，需要工作，所以從未纏腳。二姨太在城市長大，比祖母多見世面，見聞較廣，除此之外似乎無人知道她的家庭背景。以前妾室入門之後不可回家探訪親人，亦不許有親朋來訪，她們是家中財產的一部份。二姨太十分認命，從不反抗，從不爭辯，甚至連親生女兒對她背景都毫無所知，只知二姨太比祖父年幼七歲，她是當時舊制度下的生存者，日後贏得所有家人的尊重……祖母在家中掌控一切家務，名義上是所有子女的母親。妾室所生之子女均須尊稱正室為「媽媽」，生母為「阿姐」。依中國律法，妾室所生子女皆為合法子女，享有平等地位。妾室們有時經由主人准許可離去，或在主人死後，妾室姨太們離開，但絕不可將他們的子女帶走，孩子屬於家族的成員。（利德蕙；1995：32-33）

若拿前文提及的理論來分析利銘澤這位妾侍所生，但自小交由嫡母撫養的長子，日後無論在成長、婚姻及事業等層面上碰到問題——尤其當家族面對巨大變故——的應對之道，則不難讓人發現，傳統家庭與婚姻制度所強調的妻妾不同與嫡庶有別等規則，曾經發揮一定作用，決定了家族的前途與命運。另一方面，若果我們細心分析利銘澤在不同人生階段的傳奇經

歷，更會發現其遭遇與內地及香港的歷史與社會發展緊密相連，既突現了香港連繫南北東西的樞紐地位，亦反映了香港人在溝通華洋中外時所扮演的中堅角色，而這正是驅使我們深入研究利銘澤傳奇人生的原因所在。

時代

在掀開利銘澤傳奇故事的不同篇章之前，讓我們先談談利銘澤誕生那年世界局勢、中國政治及香港社會環境的波譎雲詭與山雨欲來，從而說明新舊意識形態或革命思想的起落興替如何影響利銘澤的精神價值、人生目標與前途抉擇。眾所周知，人類社會的發展其實並非直線向前、一帆風順的，而是一步一腳印，充滿艱辛的，甚至是跌跌撞撞中摸索前進的。到底利銘澤誕生那年的世界局勢出現了何種重大變故呢？這些變故又如何牽動中國的政治氣候呢？天朝腳下偏南一隅的香港，自淪為英國殖民地後的政治、經濟及社會環境到底又出現了那些巨大而獨特的轉變呢？

十八世紀中葉的工業革命之後，科學技術的興起，令歐洲多國的綜合國力急漲。緊接著的航海技術提升和發展，更突破了人類社會過往深受茫茫大海汪洋所阻隔的局限，可以無遠弗屆地向地球上相對落後的國家或地區推進，刺激起歐洲多國一浪接一浪向世界各地掠奪資源與擴張領土的浪潮。憑著其船堅砲利，無論是非洲、南北美洲、亞洲，以至大洋洲，均或先或後被征服，淪為其殖民地或半殖民地，令歐洲一躍而為主導並支配世界的核心力量（Toynbee, 1946-1957）。

進入二十世紀，無論是生活在歐洲大陸或是生活在那些殖民地或半殖民地內被支配、剝削及壓迫的人民，已逐漸因為無法忍受生活日苦及社會不公

不義等問題而萌生各種各樣的反政府示威及抗議活動，觸動了多國政府的神經。舉例說，與中華大地一山之隔的印度，在十九、二十世紀的交替之間發生了連串饑荒與瘟疫，各地人民生活十分困苦，而英國殖民地統治者為了方便管治，轉移視線，又在 1899 年將印度東端的孟加拉區一分為二，東孟加拉的大多數人民為回教徒，但上層管治者則為印度教徒；西孟加拉的大多數人民為印度教徒，但上層管治者則為回教徒；從而挑動印度教徒與回教徒之間的宗教對立，加劇了社會的深層次矛盾和衝突。對於自身社會結構與發展步伐的困局，知識份子開始深入反思，並認為「由於印度沒有獨立的國家地位，結果商業凋敝，工業衰敗，財富損失殆盡」，而救治良方，則「只有一種藥能治印度人民的病，這個藥就是政權，它應當掌握在我們自己的手中」（林承節，2005：28），因而在 1905 至 1908 年間爆發了連串反對英國殖民統治的獨立運動，一方面提倡購買印度商品、抵制英國貨，另一方面則鼓吹印度脫離英國獨立。雖然連串運動並沒立即動搖英國殖民地統治者的根基，但卻播下了「民族自決」的種子，為日後印度走向獨立創造重要條件。

另一方面，同樣與中華帝國為鄰的俄國，亦處於山雨欲來的境地。俄國雖然較英國及法國等較遲走上工業化的道路，但自建立工業制度以還，即令國力急升，並藉東征西討而令勢力大增，版圖橫跨歐亞，但國境之內眾多民族之間各有不同的宗教與生活文化上的種種差異，卻因得不到恰當的處理與對待而滋生了深層次的社會矛盾。至於國家經濟在新舊世紀交接之間日漸衰退，令民生日苦，則加深了各階層人民之間的衝突。1904 年，俄國與日本開戰，但最後卻敗於一直只被看作小國寡民的日軍之手，令俄國軍民上下自信心大受傷害，內部政治及社會環境發生巨大變化，民怨民憤

一發不可收拾，並且導致了 1905 至 1907 年間連串諸如罷工罷市、農民抗
爭、動亂及恐怖襲擊等問題，迫使沙俄政府制定憲法，以及成立國家杜馬
立法議會等等，成為促使 1917 年俄國革命並令其能夠取得成功的其中一些
重要因素（婁壯行，1935）。

既然東北與西南的強鄰相繼風雲色變，一直被視作東方大國的滿清王朝到
底又有那些巨大變化呢？自經歷前後兩次鴉片戰爭之後，滿清王朝雖然
一度銳意變革，引進西學，但只知其表不知其裏，加上半心半意，故步自
封，最終沒法擺脫貧弱之勢。至於 1895 年因為與一直被視作倭寇的日本爭
奪朝鮮，短兵相接而敗北，更激起了朝野上下力圖全面變法救國的決心。
可惜，這次雄心勃勃的變革卻因捲入內宮權力鬥爭而夭折，令變法救國的
滿腔熱誠瞬即冷卻。至於隨之而至的義和團事件，則帶出了愚昧無知與妄
動仇洋情緒，因而招來了八國聯軍的圍攻，令京師陷落，國家蒙羞。在痛
定思痛之後，滿清朝廷在 1901 年重提變法，希望苟延殘喘，力挽狂瀾於既
倒（郭廷以，1979）。

我們不禁要問：就在利銘澤出生那年，到底中華大地之上發生了甚麼重
大變化呢？最值得注意的，相信是不同革命思想的迅速傳播與蔓延。
舉例說，1905 年 2 月，日後大力宣揚新文化運動又牽頭創立中國共產黨
並充當首任總書記的陳獨秀，在安徽秘密組成「岳王會」，高舉反清旗
幟，力圖以武裝革命的手段推翻帝制，顯示部份有識之士已對滿清王
朝變法圖強之舉不存希望，而是立志採取激進方法救國。大約半年後
的 8 月 20 日，中國同盟會在東京正式成立，同樣高舉武裝革命的旗幟，並
提出了「驅除韃虜、恢復中華、創立民國、平均地權」的號召。再過兩個

月後的 10 月 16 日，該會更在香港成立分會，成為推動革命的核心力量。到了 11 月 26 日，孫中山更在日本的同盟會機關報《民報》上發表文章，提出了「民族、民權、民生」的理論，更有系統地宣揚其革命思想（郭廷以，1979）。

相對於中華大地及周遭國家無論政治、經濟或社會的大變在即與暗湧湍急，彈丸大小的香港顯然相對穩定，經濟亦較為活躍，只是政治氣氛則較為沉悶及令人失望。自淪為英國殖民地並經過一段時間的摸索前進後，高舉「自由港」旗幟的香港，在商業貿易方面明顯已經取得一定突破，但在政治方面則一直實行種族分隔的歧視政策，一方面緊抓統治權力不放，將佔人口九成多的華人排除在政治核心之外，另一方則一如既往地實施種族隔離政策，將一直生活在這片土地上的華人列為次等民族，統治者則高高在上，不但嚴禁種族交往通婚，洋人為主的體育、娛樂及社交場所，更限制華人不得超越，連居住區域 —— 尤其是空氣景色較佳的山頂 —— 亦劃為歐洲人住宅區，明文規定華人不能在那兒居住（鄭宏泰、黃紹倫，2007）。

香港的政治環境雖然乏善足陳，經濟貿易表現則相對突出。就以船隻進口香港及貨物承載數量為例，1842 年時只分別錄得 381 艘及 136,336 噸，20 年後的 1862 年分別上升至 2,720 艘及 1,344,710 噸，再過 20 年後的 1882 年又分別急升至 6,880 艘及 6,337,024 噸，又再 20 年後的 1902 年，進口船隻上升至 12,461 艘，貨物承載總量則達 16,275,998 噸（*Historical and Statistical Abstracts of the Colony of Hong Kong 1841-1930*, 1932）。很明顯，不論是船隻往來或貨物入口出口，自開埠後均表現活躍、節節上升，可見香港自經歷

開埠初期一段摸索前進的路途後，已逐漸找到了溝通內外的竅門，同時亦找到本身連繫東西的無可替代位置，並在這個位置上發揮了巨大作用。

順帶一提，利銘澤出生前兩天（1905 年 3 月 5 日），中英兩國簽訂了《廣九鐵路合同》，並隨即動工興建連結香港與中國大陸的主要交通動脈——廣九鐵路，為兩地的經濟發展注入重要動力，亦標誌著香港與中國大陸無論在經濟貿易及民間往來方面均更趨緊密、唇齒相依。事實上，香港雖割讓為英國殖民地，但與中國大陸的關係一直從沒間斷，商業貿易「你中有我」不在話下，人民往來亦極為緊密，各種關係隨著商業貿易的日趨頻繁而不斷躍進。

簡單而言，利銘澤誕生的那個年代，其實是封建制度瀕臨崩潰，革命思潮正如火燎原般迅速傳播的年代，中外政治格局風雲色變不在話下，本地社會環境其實亦暗湧處處。面對如此急劇動盪的世紀變局，很多有理想、有抱負的青年人實在很容易滋生抗拒傳統、反對權威、不服教條的心態。至於長大成人後的利銘澤在看到國家民族積貧積弱，身處的社會又常常遭到殖民地統治者的諸多壓制時，萌生救國救民或是反對殖民地統治者不公平對待的情懷，實在顯得不難理解。這些觀點立場及人生態度，看來又極為深刻地影響了利銘澤日後在交友、經商及政治參與時的考慮及選擇，進而左右家族企業的發展軌跡。

成長

歷史上的偉人總有一個不平凡的出生與成長背景，利銘澤看來亦是如此。在那個波譎雲詭的時刻，利銘澤來到了人間，其女兒利德蕙簡單地以「福

星高照」──即俗語中的「腳頭好」作介紹，指他誕生後即令家族變得丁財兩旺，不但一直未有所出的利希慎元配先後誕下利銘根[1]、利榮森及利舜華等子女，其妾侍在誕下利銘澤後還生了利銘洽及利舜英等人，就連利希慎的事業亦扶搖直上，生意更是愈做愈旺（利德蕙，1995）。

然而，由於利銘澤乃父親妾侍所生，屬於庶子，並非元配所出，但自幼卻交由元配撫養，與生母幾乎沒有接觸，亦不能一起生活，甚至不能稱之為「母親／媽媽」。至於元配本身又先後誕下兩子一女的血裔，屬於嫡系，利銘澤則與其他弟妹般稱之為母親。這種身份地位上的微妙之處，相信會在利銘澤幼小的心靈上留下難以磨滅的烙印。

到底童年時代的利銘澤有何特殊經歷呢？讀書求學時期又有那些突出表現呢？對於第一個問題，由於文字記錄有限，我們實在所知不多，只在利德蕙的記述中找到如下一段相關的簡單描述：

父親幼年時候，曾祖父（利良奕）常常對他敘述他在舊金山的經歷，及太平洋海上艱辛的旅程。由於國人「民以食為天」的觀念，曾祖母甚至在父親熟睡的時候都要塞雞腿給他吃，以表示對父親的寵愛。（利德蕙，1995：35）

很明顯，由於利銘澤乃利希慎結婚多年才「追到」（渴望獲得）的兒子，對之疼愛有加實在不難理解，而利希慎的父母亦對這名長孫那麼寵愛，則更易令人想到利銘澤自小便成為家族中萬千寵愛的「寶貝」，物質條件充裕不在話下，家人的關懷照顧相信更是無微不至。

對於第二個問題，由於記述相對較多，我們可以了解的層次亦相對深入。
同樣據利德蕙的記述，童年時期的利銘澤曾經因為香港衛生條件差而搬到
人煙相對沒那麼稠密的澳門生活，並在當地接受教育。她這樣寫：

> 一九一零年時香港流行鼠疫，衛生情況頗差，祖父便將家人遷至澳門，住荷蘭院
> 正街至一九一八年……祖父對子女教育問題極為重視，故在他們離開香港往澳門
> 期間，特聘陳子褒先生回家為子女授課。（利德蕙，1995：35）

這兒帶出連串耐人尋味並環環緊扣的問題：（一）那時香港的公共衛生條
件為何反而較澳門差呢？（二）為甚麼會特聘陳子褒授課呢？（三）這位
陳子褒有何來頭呢？（四）在陳子褒門下學習期間又有那些特殊表現呢？
（五）在澳門為何要居住那麼久呢？（六）背後是否另有重要原因呢？

作為中華大地上兩個特別行政區，澳門與香港雖然常常被稱作「兄弟城
市」，彼此交往極為緊密，但大家先後落入外人之手而被殖民統治的歷史
與背景則同中有異，就連政治體制、司法系統、經濟模式、社會結構及文
化氣氛等，亦頗有不同。至於發展過程中既有彼此競爭，亦見互補長短，
兩地人民、企業或生意往來更常常出現「你中有我，我中有你」的狀況，
更屬一大特色。雖然兩地的發展模式頗有相似之處，發展軌跡亦步亦趨，
而且交往密切，互補性強，但學術界過往卻甚少對這兩個「兄弟城市」進
行深入而系統的比較研究，誠為可惜。

若從開埠歷史的長短而言，澳門可說是老大哥，而且自 1557 年開埠始即成
為西方世界通往天朝大國的最主要管道，直至 1841 年香港被劃為英國殖民

地後，其「溝通華洋主要管道」的地位，才漸漸被這位「後起之秀」的小弟所取代（黃啟臣，1999）。若從移民與華人飄洋出海謀生的角度而言，鴉片戰爭與1841年的割讓香港，絕對是中國近代歷史的轉捩點。鴉片戰爭之前，華南沿岸村民雖有離鄉別井到海外謀生者，但只屬零零星星，為數不多。鴉片戰爭之後，一方面因為五口通商，容許洋人東來貿易經商與傳教，令國人對海外謀生途徑與工作機會等情況有更深入的了解。至於國內經濟凋敝、戰亂饑荒頻頻，而海外則因採礦、種植及興築鐵路等急需大量廉價勞動力而令華工大量外移成為一時趨勢。我們常說的「豬仔貿易」，即是對香港開埠之初大量華工被販賣到新舊金山及南洋等地的一種特殊現象，而香港則因維多利亞港水深港闊而取代澳門，成為華洋貿易的轉口港（可兒弘明，1989）。

所謂「天下熙熙，皆為利來；天下攘攘，皆為利往」。香港商業貿易的興起，亦是利之所在的驅使。由於東西貿易自香港開埠後不斷增長，大量華工離國謀生時必然取道香港，在旅居地安頓下來後無論是工作或生活所需，或是與故鄉親友的聯絡溝通等，又必仰賴香港的居間協調及支援，令香港一躍而為連繫南北東西的區域樞紐。不但商貿活躍，為著發財致富、尋找機會的華洋民眾，更是如潮湧至、絡繹不絕。

然而，一方面因為本身自然環境山多地少的局限，另一方面則是城市設計未能配合人口不斷膨脹、經濟迅速發展的需要，加上殖民地政府嚴限華人在太平山地區的居住地，不容許他們向中環地區的政商核心地區擴展，山頂區又劃為歐洲人居住地，令太平山的華人居住區人煙極為稠密，而殖民地政府缺乏完善的公共衛生政策，加上當時居民公共衛生意識尚薄，當爆

發難以察覺或醫治的疫症時，便會顯得束手無策、人心惶惶。

事實亦是如此。1894 年 5 月，香港發現首宗因感染疫症而死亡的個案，當時的居民沒有覺察其嚴重性，令病菌迅即蔓延開去，死亡人數旋即增加，之後擴散成令人聞之喪膽的瘟疫，困擾香港數十年。據估計，1894 年的疫症肆虐期間，單是醫院，每天便有 60 至 80 人死亡，高峰期的 24 小時內，共有 109 人死亡，全年則合共錄得 2,550 人因疫症感染而死亡。受到這次疫症的影響，市民生活、商業貿易及工作求學等近乎停頓，社會極度恐慌，單是收拾細軟帶同子女回鄉「避疫」的人數，估計便多達 8 萬人（Lau，2002：59）。

1894 年後，類似的傳染病仍爆發頻密，導致數以千計無辜市民死於非命。從資料上看，在 1895 年，便有 1,204 人證實染上疫症，當中的 1,078 人因搶救無效而死亡；1896 年，港府為抑止病菌傳播曾封閉太平山附近所有不衛生的房屋、水井及某些公共設施，進行清潔，情況似有好轉（*Bubonic Plague*, 1896）。或者受到這種舉動影響，在 1897 年，因疫症死亡的人數減少至 21 人。但到1898年，情況又再度惡化。在 1898 及 1899 兩年間，分別有 1,240 人及 1,486 人證實感染疫症，當中的 1,111 人及 1,428 人被奪去生命（Lau, 2002）。

到了 1900 年，疫症雖然略有緩和，但翌年又轉趨嚴重。該年，共有 1,651 人證實受疫症感染，當中的 1,562 人去世。到了 1903 年，又有 1,415 人感染致命病菌，當中的 1,251 人死亡。針對公共衛生日差而傳染病又驅之不散的問題，港英政府在 1903 年厲行《公共衛生》及《建

築條例》，嚴格要求市民做好個人及公共衛生。為了防止疫症的再度蔓延，港府曾發起大規模的清潔及滅鼠運動，藉以改善公共衛生。據統計，在 1903 年 1 月至 6 月間的滅鼠運動中，全港共捕獲老鼠達 88,862 隻，當中 3,476 隻被驗出帶有傳染病菌，數字可謂駭人聽聞（*Bubonic Plague in Hong Kong*, 1903）。

自政府強化公共衛生政策而市民又較為關注環境衛生後，1904 至 1911 年間市民受疫症感染的人數漸降，但到了 1912 及 1914 年又再發生大規模社區爆發，令數以千計的無辜市民死於非命，社會人心再度陷入不安境地。正是因為那時的醫療系統尚沒完全建立，公共衛生相當惡劣，而瘟疫又連年爆發的時代，年幼的利銘澤與其弟妹們相信亦難以避免地受到威脅，令其父母們時刻擔驚受怕，最後甚至想到要將利銘澤及家人送往澳門生活避疫的決定，可見當時香港的公共衛生確實相當不如人意。

當然，今時今日的香港人或者會對香港早年常受瘟疫困擾的問題感到不解，因而難以體會利銘澤家人將他送到澳門避疫的憂慮與考量。事實上，若果不是 2003 年爆發「沙士」（SARS，嚴重急性呼吸系統綜合症）疫症，或是現時的人類豬型流感引起社會對傳染病的高度關注，戰後出生的香港人或者會對早年香港常受疫症侵襲的歷史感到陌生，知之甚少了。但是，有了面對「沙士」疫症的經歷後，很多香港人顯然應該會對致命疫症的殺人於無形，以及其引起社會恐慌的問題有了更深刻的感受。

求學

回到利銘澤在澳門避疫期間就「讀（於）澳門荷蘭園 83 號的子褒學塾」的

問題上。從資料上看，這家子褒學塾，乃名聞港澳的教育先驅陳子褒與其胞弟陳子韶共同創立，原校址在荷蘭園正街，後遷至龍嵩街，再之後又遷到荷蘭園二馬路，並改名為灌根學校（吳志良、楊允中，2005）。這裏提到的陳子褒，名榮袞，與利希慎一樣乃新會人，光緒十九年（1893年）獲鄉試第五名，名次據說較同屆應試的鄉人康有為高，但因仰慕康氏之學而受業其門下，成為一時佳話。1898年，由康有為及梁啟超等人牽頭的「維新運動」失敗後，陳子褒亦受牽連，被迫逃往港澳及海外。至於流亡日本期間看到該國十分重視小學教育，更是深受啟發，認為「諸賢皆眼光向上，而忽根本之圖，徒勞而無功。遂決變計，歸而設學校於澳門，行新法教授」（《哀思錄》，沒年份：沒頁碼）。

由於陳子褒既擁有「鄉試第五名」的舉人銜頭，又率先引入日本式強化小孩基礎教育的課程，同時更開風氣之先，招收女生，認為女子不讀書猶如「具花果之胚而不澆以水，不能發榮而滋長也；含鸞鳳之姿而果之於筱，不能翱翔而軒舉也」。並「首開華人辦學男女同校之先河」，大力推動婦女教育，因而令其學校名聲傳遍粵港澳湛，他本人日後更被冠上「婦孺之僕」的美號（夏泉、徐天舒，2004：208-213）。

據何文平及顏遠志（2005：72-74）的介紹，子褒學校開設的課程包括了「字課、經學、算學、歷史、地理、物理、英文、國語、手工、唱歌、體育、詩歌、法政等」，基本上包括了現代小學課程的各個範疇。而陳子褒的教學理念不但強調以學生為本，重視鼓勵與啟發，更「力求培養國家觀念及國民思想」。舉例說，在作文課中，他常常「以時事新學及可以『蓄德開智』的內容為題目……引導學生關心時政」；在識字課中，他則啟迪

陳子褒（1862 - 1922），清末民初港澳著名的教育改革者。

學生思考，「如寫『愛國』（兩字）時，他會援引普魯士、日本等國的愛
國事例，『以動小孩之聽』，激起他們的愛國心」。正因陳子褒教育方法
新穎，重視學生啟蒙，不但大戶人家樂於將其子女送到該校就讀，那些早
染洋風、思想開通的新崛起家庭亦聞風而至，希望孩子能拜讀於陳氏門
下，早日獲得啟蒙（方美賢，1975）。

從一份 1915 年出版的《灌根年報》中，我們找到一些利銘澤在該校求學有
關的有趣資料。以下讓我們先看看這家學校學生的基本背景統計資料：

表 1.1：1915 年灌根學校男女學生籍貫分佈情況

籍貫	男生	女生
香山縣	19	40
新會縣	21	9
台山縣	7	1
南海縣	7	11
順德縣	8	5
番禺縣	4	5
鶴山縣	3	0
東莞縣	1	1
開平縣	0	1
桂林府	1	1
福建省	1	2
總人數	72	76

《灌根年報》，1915：1-3

從表 1.1 這個統計表中，我們不難發現如下三個重點：（一）該校乃一所
男女混合學習的學校，所收錄的女生比例更較男生為多；（二）該校學
生來自不同籍貫，但以香山及五邑籍為多；（三）與利銘澤一同在該校
求學的利姓子弟，還有利百養、利銘秩（即利銘洽）、利銘根（即利孝
和）、利國藩等人，其中兩人為利銘澤胞弟，另外兩人相信亦與之頗有
一定關係[2]。

另一方面，年報上還刊登了部份學生的作品 —— 看來是習作中較優秀的部
份，而利銘澤則榜上有名。舉例說，在〈上屆文編〉的欄目中，便刊登了
利銘澤的兩則作品，我們不妨引述如下（原文沒標點符號，以下乃作者所
加），作為利銘澤童年求學時期表現突出的一個註腳：

「記捕禪失書」之「前題」 —— 利銘澤

某童上學，行經茂林。忽聞禪（原文如此，應為「蟬」）鳴，於是置書其下，攀
援而上。膠竹黐之，持禪返校，忘取其書。因此失彼，如得魚忘筌焉。（《灌根
年報》，1915：32）

「記井邊撞涼」之「前題」 —— 利銘澤

有某學童，休息之日，在井邊汲水，裸體撞涼（應是廣府話「沖涼」的口語，意
為「淋浴」 —— 作者註）。提盤灌頂，誠失禮也。夫在私堂尚不可無禮，況井邊
為眾人之地乎？（《灌根年報》，1915：33）

另外，在〈下屆文編〉（初等）的欄目中，我們還發現另一則作品，看來應該同樣出自利銘澤的手筆，其內容如下：

「記看演飛機」——利名澤[3]

譚根者[4]，地球上之大飛行家也。今由美國回（來）澳，放（表）演（駕駛）飛機，其飛時如鷹隼之出風塵，如飛鶴之穿層雲。看者人山人海，皆舉首而望之。誠開眼界也。（《灌根年報》，1915：5）

在那個西學東漸而滿清王朝又危如累卵的年代，利銘澤在父母的安排下捨香港英語教學的院校不讀，寧可到澳門拜讀於擁有舉人身份的陳子褒門下，學習國學，灌輸那種「私堂尚不可無禮，況井邊為眾人之地乎」的傳統禮儀與文化。而他年紀輕輕之時中文根基已十分堅實，又不難讓人覺察他曾經下過一番功夫，顯示父母或者並不熱切渴望他長大成人後會克紹箕裘，投身商界，繼承父業，只是後來滿清覆亡，科舉不興，中國大陸的政治環境又急劇轉變，其人生目標與求學方向才可能隨之而作出重大調整。雖則如此，利銘澤長大成人後仍時刻不忘國事，甚至曾經參與本地的政治與社會事務，展示其「修身、齊家、治國、平天下」的抱負，清楚顯示他與那些自小學習操計然之術，一心從商者的差別。

結語

不論是成長、求學，或是發展事業、組織家庭，人生總有很多計算、擘劃與安排。這些人為的努力，雖然決定了我們生活上的大部份情節與枝葉，但某些東西總是「人算不如天算」，遠非一己籌謀所能完全掌握。利銘

澤出生、成長及日後發展事業的歷程，恰恰說明了這樣的一種模式與現
實——既有人為努力的成果，亦有命運中的某種特殊安排。

個體乃家庭的重要組成部份，家庭又是社會的最基本單位，而血脈傳承、
代代相傳，則是延續家庭與社會的核心。由於個體能否健康成長，接受良
好教育決定了家庭在下一階段的福祉，不少家長因而刻意栽培，一心希望
下一代學有所成後能光耀門楣。但社會、國家及大自然環境的重大變故，
則會左右家庭前進的軌跡，進一步說明人類乃群體動物的不爭事實，個體
一方面不能脫離群體，同時亦會在不同層面上影響群體的發展，大家共生
共存、互相依靠。

註釋

1. 又名利榮根或利孝和。由於利榮根生前多用利孝和的名字，鮮用利榮根或利銘根的名字，本
   書劃一以利孝和稱之，引文除外。

2. 據黎子流、黃偉寧（1996：163）在《廣州市榮譽市民傳》一書中記載，利銘澤堂弟利國
   偉 1918 年 8 月 5 日生於澳門，顯示利氏家族的眾多家屬曾避居澳門一段不短的時間，而利
   國藩據說是利銘澤及利國偉的堂弟。

3. 此乃原文所用之名字，看來應是「利銘澤」之誤。

4. 據方雄普（1991：71-75）在《華僑航空史話》一書的記述，這位譚根，原名為譚德根，祖
   籍廣東開平，傳話指他 1890 年生於美國舊金山，年幼時曾在機器廠當學徒，後來因結識有
   「中華飛航第一人」之稱的馮如而接觸飛機設計。1910 年，譚根畢業於美國希敦飛機實驗
   學校後因響應孫中山革命號召返華，1914 年後獲委任為中華革命軍飛機隊長。1915 年，孫
   中山發動第二次革命，並「擬就南洋演技（飛行表演），籌款開辦飛行學校」。由於澳門及
   香港與廣州近在咫尺，因而相信成為表演籌集經費的首站，「在香港及澳門作過多次飛行表
   演」，今年屆 10 歲左右的利銘澤有幸一睹精彩飛行表演，同時亦留下了這則敍事簡潔清晰
   的求學筆記。

第二章　留學

享譽國際的美國心理學家艾力臣（Eric Erikson, 1963）在其重要著作 *Childhood and Society* 一書中提到，人的成長過程其實並非線式前進的，而是像梯級一樣屬於階段式的，每個階段都有不同的生理變化，但同時又會產生不同的人生危機、困惑或心理矛盾，並從這個處理問題、克服困惑的過程中建立起不同的人生價值與道德觀念。舉例説，當孩子來到世界後，嬰孩便會面對這個危機——「信任與懷疑」（trust vs. mistrust），獲得良好照料及愛護的嬰兒較易建立信任感，進而認識世界。接著是「自主與羞惑」（autonomy vs. shame and doubt）的危機，而主要矛盾則與大小便控制的能力及感受有關。在入學接受正規教育前，兒童會經歷「進取與罪疚」（initiative vs. guilt）的階段。這時兒童會屢敗屢試，因為嘗試新事物是一個強烈的驅策力，而進取的負方則是罪疚感的產生。在 6 歲以後，兒童進入了有系統的學習期，這時期的兒童有了求知慾和精力，希望學習成人，由此而產生一種勤業精神；不過如受到排擠或學業成績欠佳等窒礙，則會產生自卑的情緒，這便是「勤業與自卑」（industry vs. inferiority）的挑戰。

踏入 12 歲後，兒童期已告結束，身體也快速長成。這些生理上的急速改變，及面臨將需擔任成人的工作，使他們不得不關注自身的處境。他們亦關心別人如何看自己，在別人眼中，他們是否夠水準的問題成為其重要考慮，所以此期的主要心理特徵在於「自我身份認同與迷亂」（identity vs. confusion）的危機上。自我身份認同就是要自我認識，自我認定一種身份，一個自己應該扮演的角色，從而決定用何種身份來處理面對的問題。但若發現自己

能力不足，自我形象便會崩潰。沒有自信的，則可能逃避認同，因而產生了更大的危機，導致迷亂，不知自己應扮演甚麼樣的角色（Erikson, 1963）。

若果說避疫澳門而受教於陳子褒門下的數年間，利銘澤處於「勤業與自卑」的階段，並從努力學習中打好了國學的深厚基礎，讓他接受了中國傳統文化與歷史的薰陶，同時孕育出關心國事的情懷，那麼進入「自我身份認同與迷亂」的階段後，利銘澤顯然開始思考自己的身份，亦可能會對自己所處的社會——中國人的地方但被殖民統治而華人則淪為次等民族——感到困惑與迷亂，並在這個過程中逐步建立自己的身份認同及人生目標。

皇仁

一方面是滿清覆亡後革命思想成為主流，考取功名、科舉取士等思想被拋進了歷史的垃圾桶，另一方面則是處身於香港這樣一個東西交匯、華洋雜處的重商社會，當瘟疫的陰霾日漸消散之後，父母顯然安排利銘澤等返回香港，入讀父親曾經求學任教並一直被視為香港西學搖籃的皇仁書院。到底利銘澤是在那個年代進入皇仁書院讀書的呢？求學時期有多久呢？在校期間的表現又如何呢？又在那一年負笈海外呢？

針對這些問題，我們曾花了不少力氣翻查皇仁書院重要刊物《黃龍報》（*Yellow Dragon*）及當年的多份大小報章雜誌，希望能尋獲蛛絲馬跡。可惜，努力並沒為我們帶來甚麼驚喜。相對於求學澳門期間保存了不少紀錄、習作及通信，返回香港入讀皇仁書院的利銘澤，反而沒有留下多少人

生足跡，唯一可供參考的片言隻語，只有皇仁書院前校長與太太在其合著
的 Queen' College: Its History 1862-1987 一書中，提到的「（利銘澤）於13歲
時離開皇仁（書院）」一句簡單描述而已（Stokes & Stokes, 1987: 35）。

若按此推論，我們不難發現，1905年出生的利銘澤應該約於1918年離開
了皇仁書院，但這又與利德蕙指：「父親返回香港之後就讀於皇仁書院，
十五歲（即1920年左右）便與幼弟榮根遠赴英國求學」的情況略有出入
（利德蕙，1995：35-36）。到底利銘澤在那一年入讀皇仁書院呢？又在那
一年離開香港赴英求學呢？

綜合各種零碎資料後，我們推斷，利銘澤很可能是在澳門完成小學教育後
（即1917至1918年間）返回香港，然後入讀皇仁書院的。首先，子褒學
校只屬小學規模與編制，缺乏系統的英語教育，父母或者會擔心影響了利
銘澤未來的人生與事業；而皇仁書院乃本地重點中學，又以英語授學，名
聲極高，父母明顯認為這對提升利銘澤英語水平、汲取西學及未來事業發
展有幫助，因而在利銘澤回港後旋即安排他入讀。

可惜，由於皇仁書院的資料曾在香港淪陷期間被毀掉，我們現時無法獲得
利銘澤當年入學的登記資料，亦對他當年在學期間的表現及所讀班別等全
不知情。至於利銘澤事業有成之後雖然曾經多次出席皇仁書院畢業典禮或
其他活動，甚至曾經發表多次演講，更曾出任皇仁書院舊生會的會長之職，
顯示他對母校的一份深厚感情（Stokes & Stokes, 1987），但卻未見他提及自
己求學皇仁書院時期的表現、情節與感受，誠為可惜，亦十分耐人尋味。

自澳門回港進入皇仁書院之初，利銘澤或者未必能夠完全適應皇仁書院的校風與傳統，其對學校的歸屬感看來亦沒子褒學校般濃烈。換個角度而言，無論是學校紀錄或日後懷緬憶述，利銘澤在皇仁書院求學的資料確實不多，與子褒學校的連繫與情感，則沒因他畢業多年或遠赴海外而終止或減退，顯示他對於那家自小受業的子褒學校的確一往情深、時刻不忘。

舉例說，在子褒學校的年報上，我們找到利銘澤大約在1922年7月從英國寄回該校的一封信函，講述他與胞弟等到達倫敦之後的所見所聞及生活點滴，而子褒學校更在翌年出版的校刊中隻字不漏地將該信函刊登了出來，讓我們能對利銘澤在那個時期的生活及所思所想有更深刻的了解。由於校刊編輯在刊登利銘澤的信函前對其出生及家庭背景作了一個簡單介紹，我們多少又能獲得多一點的認識。該簡單介紹如下：

利生銘澤、銘根（孝和），同邑希慎先生之子，澳門舊侶也。去年十歲，偕弟根遊學倫敦。瀕行，殷殷告別。到後，於今年七月三十一號，郵寄書來，觀其言論，足驗志趣（趣）矣。（《十年子褒學校年報》，1922：5）

這裏提及的「去年十歲」，實在很容易引起誤會，以為是「去年十歲時赴英國留學」，其實應該是指「民國十年」，意思是「去年，即民國十年（1921年），他連同弟弟銘根一同到倫敦留學」。以此推論，利銘澤應該是在1921年離港（澳）赴英，負笈海外。信函同時帶出數項令人玩味的要點。（一）校方與利銘澤父親明顯頗有來往，因而有「同邑希慎先生之子，澳門舊侶也」之句；（二）利銘澤與母校關係密切，既有「瀕行，殷殷告別」，又有「到後……郵寄書來」，洋洋灑灑地寫了近千字的英倫見

聞；（三）此次赴英並非孤身一人，所以才有下文「生等到英已來」之句；（四）利銘澤看來自小立有大志，老師在閱其信函後留下了「觀其言論，足驗志趨矣」之句。

若按利銘澤於 1917 至 1918 年左右入讀皇仁書院，然後在 1921 年左右離港赴英，則可見他應該像現時部份中產家庭的孩子般沒在香港完成中學課程便轉赴英國了。從利德蕙的記述中，我們找到了相關的證明，顯示利銘澤離港抵英初期先在當地接受一段時期的私人教育（利德蕙，1995 及 1998），一方面看來應是為了讓他適應新環境的生活，另一方面或者想讓他獲得如當地人一樣的身份或資格，參加大學入學考試。

於澳門完成基礎教育返回香港後，利銘澤進入皇仁書院受業，但未完成高中課程之時即在父母安排下遠赴英國，原因則是計劃考取當地著名學府。到底利銘澤是在那時進入牛津大學的呢？前文提及的那封寄自英國的信函到底寫了些甚麼呢？初到英國時的見聞及經歷有何特別呢？又反映了那些情懷及感受呢？下文讓我們先簡略談談那封信函的要點與特色，之後再看看他在牛津大學期間的生活點滴和學業表現。

細心閱讀利銘澤在 1921 年左右寫給子褒學校師長同窗的那封信函，我們不難發現如下特色：（一）對新環境頗能適應，當地有來自香港的支援和照顧。他這樣寫：「生等到英已來，平安無事。至於水土，則凡華人無有不合者。生等現寄居前香港工程師處，地名惡斯佛，華人號之曰牛津，為世界最有名大學之地也。華人極少，連生等亦不足十人」；（二）藉當地兩位華工開辦洗衣店的謀生故事，說明華人面對逆境時只要能夠奮發自立，

當不會沒有將來或沒有希望。「凡人出外，苟能自立，則不愁度日無方矣」；（三）藉部份富家子在英求學期間胡混度日、懶惰成性的例子，諷刺當時社會的某些不良風氣。他這樣寫：

> 今之留學於此者，多是不知稼穡艱難之輩，懶惰非常，往考大學試時，此科曰難，別科亦曰難，科科均以難字自騙。覺難矣，若不考，則父母必有責罵，於是入一不用考試之大學，譯之曰無大學，不論何人均可入者，於此掛號後，則寫信回家曰：我今已考入牛津大學矣。其在金橋者，則曰我今考入金橋大學矣，其家人則全不知其中之弊也。（《十年子褒學校年報》，1922：6-7）

（四）從那些「不知稼穡艱難之輩」沽名釣譽、遊蕩終日的行徑，聯想到當時的國家正在鬧「人材荒」的問題，從而抒發個人對於中國綜合國力衰弱，有志救國者反而無法獲得出國求學以尋找治國之法的情懷與憂慮。

> 今也中國如此之弱，處於列強之閒（間），苟無人材，將何以救國？但此輩尚不自猛醒也，中國許多志士，欲出洋留學，因父兄無力供給，致不能往。今此輩得父兄之力，而尚不努力。哀哉！（《十年子褒學校年報》，1922：7）

不論是從就讀於灌根學校時的多則個人習作中，或是從抵達英國之初寄給子褒學校的那封信函中，我們不但能從字裏行間察覺利銘澤對社會、國家及民族的一份濃厚感情和關懷，同時亦可感受到處於風華正茂之年的他對人生、對理想的無限憧憬。這份赤子情懷不但直接影響了他求學英倫時的所學所想及處事交友，亦左右了他日後的事業發展和人生道路。

牛津

正如前述，抵達英國之初，利銘澤並沒立即進入大學，而是先「寄居前香港工程師處」，之後應是按其女兒利德蕙所述，「住在塾師邱吉爾（Churchill）[1] 家中接受教導，準備申請入大學」（利德蕙，1998：5）。大約兩年後的 1923 年，年剛 18 歲的利銘澤通過了各項嚴格的大學入學考試，獲得了世界著名學府——牛津大學——取錄[2]，成為極少數能進入該校的華人學子，掀開了人生的重要篇章[3]。

為了更深入了解利銘澤留學英國期間的經歷與遭遇，我們曾致函牛津大學 Pembroke College 的 McGowin Library 查詢，並獲得該館檔案員 Amanda Ingram 女士的回覆，指經過核查之後，證實該校入學表格上登記了如下資料：

利銘澤，生於 1905 年 3 月 3 日（應為 3 月 7 日——作者註），乃商人利希慎之長子，曾（在英國）受私塾教育。1923 年在 Pembroke College 預科畢業後，修讀工程科學，通過 B. A.（學位）考試，並在 1927 年考獲第四級，但直至 1932 年 10 月 13 日（在其缺席時）獲頒 B. A. 及 M. A. 雙學位前並沒畢業。預科畢業後，他其實有資格索取多達 21 個學期之學分。1924 年 10 月至 1926 年暑假期間，他入住學院位於 Old Quad 宿舍頂層的一個房間，當時的租金為每學期 7.5 英鎊。（Ingram, 10 September 2009）

此外，我們亦向牛津大學 Bodleian Library 查詢，並獲得該館檔案管理員 Annabel Peacock 提供一份利銘澤入讀牛津大學的檔案。在該檔案中，我們找到一張看來應該是利銘澤親手填寫的入學表格。從這份表格中，我們又可清楚地看到如下多項個人資料：（一）入學登記日期

為 1923 年 10 月 16 日；（二）所讀學院為 Pembroke College；（三）姓名為 Lee Richard Charles（利德蕙指其英文名字是在英國時才改的）；（四）出生日期為 1905 年 3 月 3 日（與出世紙上的登記略有出入）；（五）出生地為香港；（六）之前所讀學校為私人授學；（七）父親姓名為利希慎；（八）父親專業為商人；（九）父親住址為香港堅尼地道 32 號；（十）屬於家中長子。

除了那份看似利銘澤親手填寫的表格外，我們還找到另一些與 Ingram 說法大同小異的資料，補充了利銘澤求學牛津期間所修讀科目之內容，而這項資料便是出於利銘澤的學生登記冊（Undergraduate Register）。登記冊的資料顯示，利銘澤於 1923 年 10 月預科畢業後正式修讀牛津大學的課程，並在修讀 1923 年的夏季學期（Trinity Term）後通過了初級試（Responsion），所考的科目則包括了中文、數學及自然科學（化學）。到了 1924 年的春季學期（Hilary Term），利銘澤又通過了法文考試。再到 1924 年的秋季學期（Michaelmas Term），還通過了數學、機械及物理等科目的考試。再在之後的 1927 年夏季學期，又通過了工程科學的考試。至於 1925 至 1926 年則沒有提及考試與修讀科目的資料，但卻清楚記錄校方在 1932 年向利銘澤頒授 B. A. 及 M. A. 雙學位[4]，並指他本人沒有出席頒授典禮（Peacock, 14 September 2009）。

除了上述的文件紀錄，利銘澤進入牛津大學讀書期間到底還有何種特殊遭遇呢？為甚麼利銘澤的學生登記冊上沒有 1925 至 1926 年求學或修讀科目的資料，但卻可以「入住位於 Old Quad 宿舍頂層的一個房間」呢？是健康欠佳不能上學呢？還是休學工作抑或是另有原因呢？針對第一個問題，利

德蕙的記述明顯可為我們提供一些重要補充。

與很多英國本地大學生或華人留學生一樣，浸淫在牛津大學純樸學術風氣之下的利銘澤，除了埋首書本或是流連於課室、實驗室及圖書館之外，更會做運動 —— 尤其是打拳，鍛煉身體，生活好不充實。而他性格誠懇開朗，更讓他結識不少知心好友，部份好友日後更成為叱咤一時的重要人物，例如曾任牛津醫學院臨床生化研究部主任的歐百恩（Percy O'Brien）、解放前任國民政府秘書而解放後則出任全國政協副主席的錢昌照、曾任南京市長及廣州市長的劉紀文，以及日本山一證券有限公司主席的小池厚之助等便是其中一些例子（利德蕙，1998）。其中的同窗好友歐百恩，在接受利德蕙訪問時所憶述的一段感受，可以作為利銘澤牛津大學生活點滴的註腳。利德蕙這樣寫：

歐百恩比父親晚一年進入班保克（Pembroke）書院讀化學，他記得父親在校時十分精明，面帶笑容非常開朗，總是疾步快走極為守時，而且衣著整齊，常在背心口袋掛懷錶。父親是個勤學用功的學生，經常在 Radcliffe 理工圖書館研究功課，歐百恩記得好幾次父親演算一些工程方面的數學給他看，他看後一頭霧水，不明所以。（利德蕙，1998：6）

另一位與利銘澤成為莫逆之交的錢昌照，在其回憶錄中這樣介紹兩人在牛津大學期間的相知相識：

在牛津，我認識了利銘澤，以後成為摯友。當時，利銘澤兄弟姐妹一家都在英國。他在大學一年級，攻讀土木工程，我則讀經濟。我們學的科目不同，但同樣

UNIVERSITY OF OXFORD

I CERTIFY that it appears by the Register of Congregation of Doctors and Regent Masters of the University of Oxford, that

Richard Charles Lee
Pembroke College

after having, in accordance with the Statutes of the University, kept the prescribed residence and passed all necessary Examinations, was on the *thirteenth* day of *October* 1932 formally ~~presented and~~ admitted to the degree of

BACHELOR OF ARTS.

As witness my hand this *fourteenth* day of

October, 1932

Assistant Registrar

利銘澤於英國牛津大學獲得的文學士學位證書。

《香港赤子：利銘澤》

關心國事，同樣渴望祖國早日富強起來。（錢昌照，1988：13-14）

這段看似輕描淡寫的「我們學的科目不同，但同樣關心國事，同樣渴望祖國早日富強起來」語句，雖然未必會引起太多讀者的注意，但寄意頗深，顯示利銘澤青年時期已充滿救國熱忱，讓人不難從側面感受到一位殖民地社會環境下成長的富家子，其實對國家、對民族早已滋生了濃烈情愫。

不但如此，錢昌照還提到，當他在牛津大學完成一年半左右的經濟學課程後計劃離英返國時，與利銘澤表現得依依不捨。正因如此，他除了送上一張簽上名字的個人照片給利銘澤作為紀念，還一時感觸地寫了兩首短詩，與利銘澤互勉，一來明顯藉以說明兩人的深厚感情，二來則抒發彼此間心存桑梓、胸懷家國的情懷。其舉止既充滿了浪漫主義色彩，亦體現了兩人的雄心壯志。且讓我們將那兩首短詩引述如下：

（一）
二年涕淚灑秋風，國步多艱吾未東；
莫訴胸中無限事，一聲唱徹夕陽紅。

（二）
大風起兮白雲飛，
壯士悲歌兮不得歸，
安得揚戈兮返夕暉[5]。
（錢昌照，1998：14-15）

無論是對「國步多艱吾未東」的遺憾，或是期望很快便可「一聲唱徹夕陽紅」，甚至是那種「揚戈兮返夕暉」的豪氣，我們既可感受到青年人那種躊躇滿志與心中激情，更可察覺他們同窗多年建立起來那份真摯深厚的友誼。

眾所周知，大學生活不但有吸納知識的一面，還有啟迪思想、訓練領袖才能、建立人際關係網絡，以及培養多元興趣等層面。參加大學或所屬宿舍的體育及社交活動可說是建立人際關係網絡與培養多元興趣的重要部份，在學生組織中擔任要職並負責籌辦活動，則明顯屬於啟發領袖才能的核心內容。若果說利銘澤因為進入牛津大學而改變了人生前進的軌跡，那應該是指他在校期間吸納知識、學習技術的層面。但是，若果我們深入一點看看他 1925 至 1926 年間沒有修讀任何科目，卻一直住在牛津大學宿舍的背後原因，則不難明白他其實是想利用那段時間提升個人思想與領導才能。

學生會

簡單而言，促使利銘澤在 1925 至 1926 年間休學一年，不選修任何科目的重要原因，並非甚麼健康欠佳或家庭問題，而是他獲選為中國歐洲留學生總會的會長一職。從資料上看，利銘澤在那段時期為著處理會務、推廣活動而東奔西跑的義務勞動，雖然曾經令他筋疲力盡，有時甚至吃了不少苦頭，但卻讓他學到不少書本以外的知識，結識不少志同道合的朋友，同時又累積了豐富的人生經驗，令他終生受用。對於利銘澤寧可休學一年而全心投入學生會的工作一事，其女兒利德蕙這樣介紹：

父親是個具有崇高理想的領導人物，在一九二五年時，他成為中國歐洲留學生總

會（Chinese Students' Union of Europe）會長[6]，那時他已立定終生將盡其心力為民服務的大志。（利德蕙，1998：9）

到底是甚麼因素驅使利銘澤做出如此重大的決定，願意犧牲一年的寶貴青春，同時亦需付出不菲的代價而投身學生會的工作呢？因為當時在英國休學一年的生活費及各種開支其實是不少的，出任義務工作期間所需處理的問題和面對挑戰其實亦不少的。追求理想，胸懷家國，關心民族的存亡與興衰，希望藉團結海外留學生的力量共同救國可能屬於原因之一。受身邊那些同樣充滿理想、熱愛國家民族朋友所影響，則相信屬於原因之二。不論那些屬於最主要原因，那些又屬較次要原因，那時的利銘澤充滿理想，放眼天下，而非狹隘地埋首書堆，看來應該是可以相當肯定的。

出任中國留學生會會長一職期間，利銘澤到底曾經做過那些重點工作呢？結識了那些知己好友？又有那些傳奇性獨特經歷？從中又吸收了那些書本以外的經驗與知識呢？由於年代久遠，加上相關紀錄殘缺不全，文件保留沒有系統，而相關組織又在十九世紀四十年代解散，我們實在沒法找到十分充份的資料作為說明，只能在不同途徑零碎的描述與介紹中左拼右湊，從而窺探利銘澤曾經走過的一些身影和足跡。

第一個身影或足跡出現在劍橋大學。從Betty Wei（魏白蒂）有關劉紀文傳記一書的圖片介紹中，我們注意到大約在1924年左右，利銘澤曾與劉紀文一同出席劍橋大學的宴會（Wei, 2005: 36），似是出席一項與中國留學生有關的文化交流活動或會議[7]。從照片中看，利銘澤只是站在後排位置，顯示他當時的身份應該仍不是十分突出，或是剛剛開始參與該會事務。

第二個身影或足跡出現在中國留學生會的就職禮上。在中國留學生會刊物
《留英學報》第一期（約在1927年左右出版）上，我們找到一幅彌足珍貴
的照片。照片的說明是「中國留學生會一九二六年年會攝影」，而照片中
兩個人的樣貌較易讓人認出是誰。其一是坐在照片正中位置（第二排右起
第三位）的利銘澤，其二是站在後排右起第五位看似何世禮的人。由於利
銘澤在1926年卸任，他作為前任會長，坐在正中位置實在不難理解。何世
禮站在後排，則因他1925至1926年間在英國接受軍事訓練時亦加入了中
國留學生會（The Central Union of Chinese Students in Britain），「乃組織中
一位相當活躍的成員」（The China Mail, 18 April 1927；鄭宏泰、黃紹倫，
2008：97）[8]。

第三個身影是與英國不少名人頗有接觸。據1964年香港大學頒贈名譽博士
學位給利銘澤的贊詞上透露，出任學生會會長期間，利銘澤曾招待過英國
大哲學家羅素（Bertrand Russell）及著名作家韋爾斯（H. G. Wells），亦與
他們頗有接觸；並指他個性活潑好動，熱愛體育，草地網球、曲棍球、高
爾夫球及划艇等更是樣樣皆通，幾乎在牛津大學的每個角落上均留下他的
足跡（The University of Hong Kong, 1964）。

第四個身影出現在英國共濟會（Freemanson）的會所上。綜合不同資料的
記述，出任中國留學生會會長之時，或是在牛津大學快將畢業時，利銘澤
曾在塾師邱吉爾的推薦下，加入了英國的共濟會[9]，所屬區域乃University
Lodge of Hong Kong No. 3666[10]。由於共濟會乃當時世界最大規模的合法地
下組織，並且只接納高學歷、有名望的男性會員，又帶有烏托邦及半宗教
性質，色彩十分神秘，在港的活動又相對低調，只有極少數人士參與，因

而曾經引起不少誤解（Haffner, 1977；丁新豹，2009）。

1926年，卸任中國留學生會會長一職後，這位被錢昌照（1998）形容為充滿「理想」的青年又重拾書本，經常流連於課室、實驗室、圖書館與宿舍之間，為應付畢業考試而時刻挑燈夜讀、忙個不停。憑著個人聰敏的天賦，加上勤奮努力，利銘澤在1927年通過了工程科學的考試，但看來並沒等到完成畢業典禮[11]，便踏上了歸家的郵輪，取道蘇彝士運河返回香港。

對於當年自己的經歷及家庭背景，日後名成利就的利銘澤並沒說得太多，當自己快屆70歲之時，在某次接受記者訪問時才略有提及一些個人感受，其中小部份與早年留學方面有關，告誡日後愈來愈多家族將子女送到海外留學時必須注意的問題，我們不妨引述如下，作為一個註腳。他這樣說：

我們家族是率先將不很小的子女送到國外讀書的，現在則很多人已這樣做了。但分別是我們先從老一輩的學者中學好中文，且永不忘記，而今日很多孩子英文說得很好，卻不懂自己的語言。我想他們應起碼（在香港）完成中五程度之後才送到國外去。（Manson, 1975）

結婚

相對於1921年離港赴英時的黃毛小子，1927年載譽歸來的利銘澤可謂擁有多重優越身份：既生於大富之家又屬長子，曾經留學英國並畢業於頂級學府，在學期間更曾充當學生領袖與很多中國海外留學生菁英交情深厚。據利德蕙（1998）的記述，志大氣銳的利銘澤那時返回香港，其實並沒計劃隨即投入社會，或是子承父業，而是打算在港與親人團聚一段時間後，

重返牛津大學，繼續深造，目標則是修讀土木工程的碩士課程[12]。

在那個強調「男大當婚、女大當嫁」，而「父母之命、媒妁之言」仍沒完全被拋進歷史垃圾桶的年代，利銘澤父母對於風華正茂的兒子仍然計劃繼續深造看來並不反對，唯一令他們不能釋懷的，仍是那個十分困擾他們那一代人的繼後香燈問題，因而希望他可以早日成家立室、開枝散葉。利德蕙這樣介紹：

祖父非常高興見到長子回家，一心希望在他赴英（深造）之前完成婚姻大事。消息傳出後，媒人便帶了許多女孩給祖母過目。（利德蕙，1998：12）

在早已習慣英國生活方式的利銘澤眼中，盲婚啞嫁顯然屬於過時之物，亦應該不是他所願意看見或是能夠輕易接受的，至於自己主動出擊，以攻為守，尋覓合適對象，以免弄出父母代找妻子而自己又不合心意時難以收拾的局面。或者正是出於這種考慮，當利銘澤在港與朋友四出遊玩並邂逅剛剛度過雙八年華而尚在拔萃女書院求學的黃瑤璧時，即被其脫俗美貌所深深吸引，並隨即展開追求，迅速發展感情。對於兩人這段看似前世早定的情緣，女兒利德蕙這樣描述：

由英返港那年夏天，一日父親與友人在海邊時，有兩位女孩打完網球回家途中路過，父親立刻為其中一位少女所吸引，便要求他所相識的少女之一黃瑤珍介紹認識。瑤珍卻說：「別煩她，她是我的小妹妹！」但在父親堅持下，終於結識了母親，當日午後，兩人便一起相處。（利德蕙，1998：13）

同樣根據利德蕙的介紹，體內流著四分一蘇格蘭血裔的黃瑤璧，原來生於香港一個頗有名望的家族，父親黃茂霖乃當時社會翹楚，與何東及周壽臣等華人領袖頗有來往。黃瑤璧的家境雖然不錯，但在那個仍然相當保守的年代，而她又只是一名中學生而已，能夠獲得剛畢業於牛津大學的頂級富豪家族長子垂青與追求，顯然是難以抗拒的。一如所料，由於兩人相互吸引，首次約會即擦出愛火花，雙雙墮入愛河，而不久便到了談婚論嫁的地步。

知悉利銘澤自己找到了對象，一直忙於催促媒人為自己找媳婦的利希慎夫婦據說「非常欣慰，更急切的要促成這門親事」，多少讓人覺得有點打鐵趁熱的味道。雙方家長會面並談論婚事之後，女方父母對於一對戀人的婚事雖不表反對，但黃瑤璧本人卻因「自己年紀還小，應該繼續學業，不想太早結婚」而提出了異議。有鑒於此，利銘澤父親提出了折衷辦法，認為二人可先結婚，然後雙雙赴英生活，利銘澤可在倫敦完成工程師的實習訓練，黃瑤璧則可到「牛津大學讀葡萄牙文，將來可對家族事業有所助益」（利德蕙，1998：12-13）。由於利希慎所提的方法相當吸引，黃瑤璧最終便答允了婚事。

1928 年 2 月 28 日，利銘澤與黃瑤璧在一眾親友的見證及祝福下走進了中環的聖約翰座堂，在 A. Swann 主教的面前許下了終生彼此扶持、甘苦與共的承諾。由於利、黃兩家均屬香港有名望的大家族，婚禮轟動一時，出席婚禮者亦多屬一時俊彥，場面熱鬧（*The China Mail*, 28 February 1928）。完成婚禮之後，家人據說還在銅鑼灣的家族物業──原渣甸洋行大班的銅鑼灣 1 號大宅（即後來的利舞臺位置所在）──設下酒席，宴請親朋

（Manson, 1975）。之後，一對新人材踏上旅歐歡度蜜月的郵輪，離開香港，享受二人世界（利德蕙，1998）。

利銘澤與黃瑤璧這段戀愛不久即閃電結婚的愛情故事，在不少人眼中確實有點不可思議，或是讓人嘖嘖稱奇。就連其女兒利德蕙亦認為事情「發生得快」，並留下了以下一段感受。她這樣寫：

由於一切發生得快，父母親在結婚前都不及認識對方，他們在結婚相處多年後，才逐漸培養出維繫一世婚姻的互信、互重和互相體諒的情感。（利德蕙，1998：13）

結語

正如本章開首時提及，每個人的命運、造化與經歷或者各有不同，但成長過程卻同樣會遇到相似的人生危機、情緒困惑與內心矛盾，並必須通過不同階段的人生考驗，逐步建立起個人的自信、自主和自我。縱觀利銘澤由小學、中學至大學的成長過程，我們或者會認為極為順利，不但物質豐裕，人生道路更是康莊平坦，無風無浪。

俗語有云：「幸福並非必然」。利銘澤的故事亦是如此。就在他與新婚妻子懷著無比興奮心情，踏上旅歐歡度蜜月的郵輪不久，家族突然發生巨變，父親遭逢劫難。事件不但大大改變了他原來的計劃，亦左右了他事業發展的軌跡。至於青年時期培養的價值觀念、人生態度及學識技能，則成為指導他解決困難，並推動他不斷前進的重要力量。

《香港赤子：利銘澤》

註釋

1. 據利漢釗所言，這位 Churchill，乃英國戰時首相 Winston Churchill 的 cousin【華資企業研究──訪問紀錄：27022003】，而利銘澤日後與此家族的關係亦一直十分緊密。邱吉爾首相全名為 Winston Leonard Spencer Churchill，貴族出身，乃萬寶龍公爵八世（8th Duke of Marlborough）之孫兒，1874 生於家族封邑，祖居牛津郡、般寧宮（Blenheim Palace, Oxfordshire），其家族其實複姓史賓沙．邱吉爾（Spencer Churchill）。對於利銘澤與邱吉爾家族的關係，利德蕙（1998：139）還提到，1963 年當利銘澤獲英國皇室賜封 CBE 榮銜時，他只邀請英國的兩位好友出席，其一乃 Tom Churchill 少將，顯示他確實一直與邱吉爾家族有往來，交情匪淺。

2. 當年英國學制是 6 年中學，4 年大學。按資料推斷，利銘澤應在皇仁書院求學 4 年，隨後赴英攻讀 2 年，然後考入牛津大學。若以牛津紀錄為準，時序應是 1917（12 歲）入讀皇仁第六級（中一班）、1921（15 歲）赴英入讀 Pembroke 第二級（中五班）、1923（18 歲）入讀牛津，然後是 1927（22 歲）畢業。

3. 據 1922 年進入牛津大學攻讀經濟學並認識利銘澤的錢昌照（1998：14）估計，二十世紀的二十年代左右，大約只有 60 多位中國留學生在英國，入讀牛津大學的，則只有 10 人左右，顯示當時的利銘澤能夠入讀該校，成績一定十分優秀。

4. 英國牛津及劍橋兩所學府之傳統，所有本科生不論院系均獲頒文學士學位（B. A.），畢業後五年可升格申領文學碩士學位（M. A.）。利銘澤於 1927 年工程本科畢業，故依例可於 1932 年獲頒碩士，此點與利德蕙所說略有出入。

5. 據錢昌照（1998：17）本人的解釋，「在牛津贈利銘澤的仿歌行體兩首小詩」，是鑒於國家遭受強敵欺凌，華盛頓會議期間國民政府的代表沒法維護國家利益，任由列強魚肉，令無數國人極為失望，他亦十分不滿，而中國共產黨在 1921 年成立後則在 1922 年發表了「二大」宣言，「明確主張消除內亂，打倒帝國主義」，則令他「由衷欽佩」，因而有感而發地寫了兩首小詩，「既流露對國難的憂慮，也抒發了揚戈返夕暉的抱負」。

6. 另一說則是「英國及愛爾蘭中國留學生總會（Central Union of Chinese Students in Great Britain and Ireland）的會長」（利德蕙，1995：44；The University of Hong Kong, 1964）。然而，經過我們深入考證，發現該組織的正確名稱應為 Central Union of Chinese Students in England and Ireland，當時的譯名稱為「中國留學生會」（《留英學報》，1927）。

7. 利銘澤雖然出任中國留學生會的會長，但該會的總部似乎不是設在牛津大學。由於該會官方刊物──《留英學報》──的出版部門設在劍橋大學，該會總部亦可能設在那裏。

8. 說來有趣，同樣生於香港大富之家的利銘澤與何世禮，家庭、成長及求學等雖有頗多相似或交往之處，例如大家年齡相若，利銘澤只較何世禮年長 1 歲，大家均曾在皇仁書院求學，然後才負笈英國，居英期間又同樣積極參與海外華人留學生的活動，大家均對港英視香港華人為二等公民頗為反感，而對國家民族的興衰則十分關心等。但兩人的政治取向則南轅北轍，前者與中國共產黨的核心人物頗有交往，日後對中港的政治與經濟事務頗有影響；後者則與國民黨的高層關係密切，最後甚至加入國民黨，並因軍中表現突出而獲提升為國民黨的二級上將。可見同樣生於香港大富之家的兩個人，無論是事業或是人生遭遇，其實是可以截然不同的。

9. 此會據說由中世紀歐洲興建大教堂的石匠組成，所以會徽上有角尺及圓規的圖案。隨著歐洲的殖民勢力向全世界擴張，宗教亦隨之散播出去，大型教堂遍佈各地不在話下，共濟會會員及力量亦分散全球（Haffer, 1977）。

10. 據利德蕙記述，利銘澤留英期間，監護人邱吉爾曾邀他入共濟會。由於利銘澤對共濟會以發揚友愛、慈善與真誠的會旨十分認同，因而加入成為會員。利德蕙（1998：151）甚至指出：「若非祖父遽逝，父親很可能已加入阿波羅大學第三五七分會。」

11. 前文提及的牛津大學檔案顯示，利銘澤在1927年的考試中獲得第四級成績，當地報紙 *The Times*（6 July 1927）亦有報道，但他卻「並沒出席畢業」，而是「直至 1932 年 10 月 13 日（在其缺席時）獲頒 B. A. 及 M. A. 雙學位」（Ingram, 10 September 2009）。至於一位名叫「李徐性天」的人曾在 1929 年時在《留英學報》（第 4 期）上寫了一篇介紹牛津大學的文章，其中除了講解該校的歷史和教研特色，還簡介中國留學生的概況及遭遇，尤其對牛津大學（英國）不承認中國的大學畢業資格，並刻意提高入學門檻而表示不滿，指「去年（1928年）夏季一位中國學生（恕不揭其名──原註）等到末一次考試揭曉（學士考──原註）獲得優等的分數，未領受其學位之贈與，即拂袖歸國。皆係平昔感情方面有不可言喻的隱忍，此種舉動雖稍為浮躁，亦足稱快一時。」（李徐性天，1929：137）

12. 利銘澤此時應是計劃返英實習，考取認可建築工程師（Authorised Person）資格（參見前文討論），因那時的牛津大學不設土木工程碩士課程。

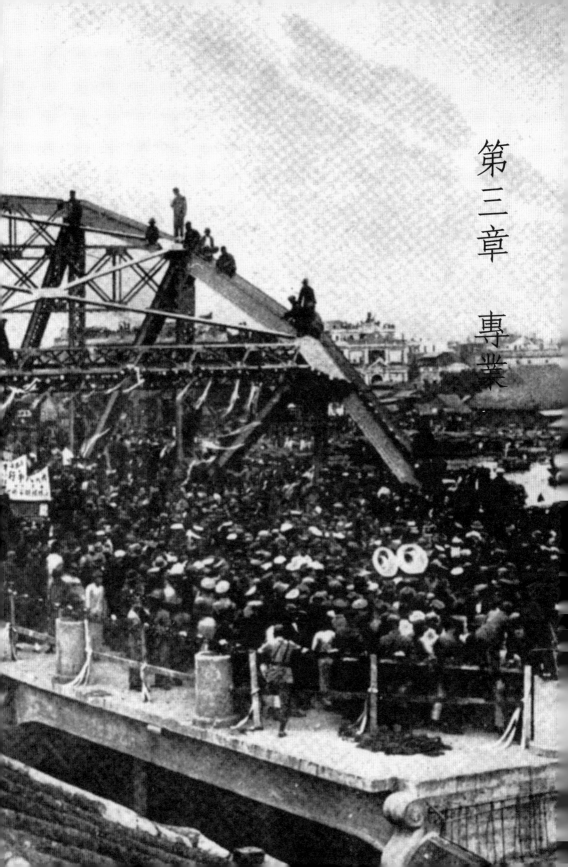

第三章　專業

在我們成長的過程中，除了體格及外表會隨著時間而轉變，性格、心理與情緒亦會在不同人生階段發生變化，產生各種內心的矛盾與困惑，並必須從各種處理危機、應對危機的過程中建立起自我與自信，進而才能逐步走向人生的獨立和自主。雖然自小生活在物質豐裕的環境下，利銘澤看來並沒養成驕矜依賴的個性，原因顯然與他自小即被送到澳門或英國求學，事無大小需親力親為、單獨決定有關。正因利銘澤自小養成了獨立個性，加上深受西方文化影響，他在婚姻問題上才能「想做就做」，當找到意中人後立即「閃電結婚」。

然而，人生的際遇很多時總是超出個人意志所能掌握的範疇。生於富貴人家，世界一級大學畢業，並且剛剛小登科，娶得如花美眷的利銘澤，很快便因父親遭逢劫難而被迫改變各項計劃，並逐漸嘗到世間的甜酸苦辣與人情冷暖，同時又需面對人生的各項挑戰 —— 包括內心的掙扎、家族的命運、企業的前路，以及個人事業的何去何從。至於克服各項困難後的利銘澤，則有如飽經煎熬鍛煉的火鳳凰，不但大大提升了本身應對逆境的能耐與意志，亦豎立起個人作為家族及社會領袖的權威及聲望，日後才能帶領家族與企業立足香江、放眼世界。本章讓我們先談談利銘澤在父親身故之初的特殊經歷，之後各章再深入剖析其人生與家族命運在不同階段的起落跌宕，以及中港社會的巨大變遷。

家變

1928年2月28日，利銘澤與黃瑤璧雙雙走進教堂，許下兩口子日後無論面

對人生順逆均會甘苦與共的承諾。之後，二人隨即踏上了遠洋郵輪，展開了環遊歐洲的蜜月之旅。當二人仍陶醉在新婚的浪漫蜜月旅遊之時，突然收到來自香港的電報，指父親利希慎遭人行刺身亡。接到噩耗之後，利銘澤與黃瑤璧立即終止行程，急急回港為父奔喪，打點家中要務。

正如我們在《一代煙王：利希慎》一書中談到，由於利希慎擁有一妻四妾，並育有七子七女（其中一名仍在姜侍腹中尚未出生），加上他早年以按揭的方法購入大量銅鑼灣地皮，而自己又連年捲入官司訴訟，與舊股東、舊客戶或政府官員等結怨不少，其突然被殺，很可能引來內外糾紛與矛盾的同時爆發，若處理不當，極可能令家族與企業陷入分崩離析的境地。

在那個巨大家族危機面前，身為長子但又屬於庶母所生的利銘澤明顯成為社會各方關注的焦點。兩個問題可謂極為尖銳：（一）在內，到底利銘澤會否臨危受命，接掌家族企業的領導地位；（二）在外，到底家族如何應對不同生意夥伴及競爭對手在明在暗的威脅與挑戰。

我們認為，利德蕙在《利氏源流》及《築橋》兩書中對於利希慎被殺後家族應變的方法及過程，明顯過於簡略，亦未曾觸及問題的核心，某些安排甚至令人覺得事不尋常。舉例說，一直被形容為目不識丁的利希慎元配黃蘭芳，為何突然能夠事無大小兩手抓，既穩定家族內部，又能應對企業外部的各種挑戰？被利德蕙形容為「年僅二十三歲的父親，頓時成了一家之主」的利銘澤為何沒有真的接掌家族企業，而是走上了接受專業訓練的路途，之後甚至轉赴廣州工作呢？利銘澤的新婚妻子黃瑤璧那時為何會「日

漸消瘦及精神沮喪」，之後甚至轉到「廬山靜養」，直至利銘澤「上山接
她回家」才返回香港呢？黃蘭芳所生的嫡子利孝和及利榮森在應對家族危
機期間為何沒被利德蕙提及呢？按照傳統，他們倆應該扮演更為吃重的角
色，亦擁有更為正統的地位。

所謂「家家有本難唸的經」，家族內部的問題很多時較我們想像中糾纏複
雜得多。可惜，由於這些事情屬於私人性質，又帶有一定秘密性，同時
亦甚少有白紙黑字的紀錄，我們很多時難以完全掌握其來龍去脈及具體內
情。正因如此，我們往往只能從某些殘缺不全的資料中左拼右湊地描繪出
一些粗略圖像，作出一些表面化的推測，其解釋力與可靠性很多時自然難
以令人滿意。

對於家族如何應對這次特大危機的問題，利德蕙的描述基本上可以歸納為
黃蘭芳一錘定音，堅決「不變賣任何產業」，而利銘澤則獲得匯豐銀行總
會計（Chief Accountant）摩士（Arthur Morse）的支持，取得了貸款[1]，然
後靠著每月的租金收入以償還貸款，加上家人的緊縮開支，最終度過了難
關。利德蕙這樣描述：

祖父死後，每月分期償還貸款對家人來說非常吃力。當時我們有大批土地，但周
轉現金短絀……身為家中女家長的祖母，不但配給每房家人家用，甚至祖父的
兄弟，在生活最艱難的時候亦一樣家用無缺，從未發生任何爭議。（利德蕙，
1995：49）

無論真實情況如何，一個接近事實的發展軌跡是，協助母親黃蘭芳處理完

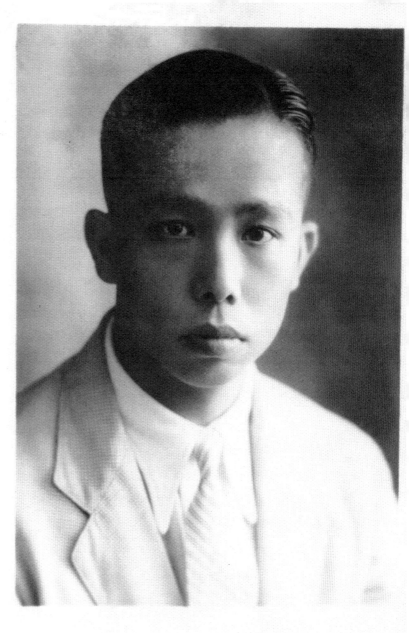

利銘澤早年照片。

這個家族巨大危機之後，身為長子的利銘澤並沒如一般預期般在家族急需用人之際繼承父業，擔起家族企業的領導大旗，而是選擇在家族跨過難關之後轉到當時頗為著名的英資建築師行實習，先行考取專業資格。不僅如此，在考獲專業資格後，又轉到廣州工作，不願立即參與家族企業的經營與管理，令人頗為不解（詳見下文各節的討論）。

從我們有關華人家族的研究中，我們發現，很多擁有卓越學歷的第二或第三代家族成員，在外國著名學府畢業之初，未必願意立即加入家族企業，其中的原因很可能是繼承父業往往會招來「憑藉父蔭」的批評，其次則與「好仔不要爺田地」的傳統觀念有關，因而會選擇先到一些大公司、政府或大學等機構工作，吸收別人的行政經驗，甚至一展個人所學所專，從而建立自己的名聲與地位，之後才「載譽」返回家族企業，說明自己擁有「真材實料」而非單憑父蔭（Zheng, 2009）。然而，利銘澤的情況看來很可能較為複雜，他在家族面對極大危機的時刻亦沒肩負起重擔，顯然情況特殊，需要一段較長時間去思考人生、家族及企業的出路，或是為了反省以後的發展方向，甚至是想離開香港一段時間，藉以治療內心傷痛與情緒困擾等，均有可能是其中的一些原因與解釋。

順便一提，利希慎生前或者早已部署淡出賣煙的偏行生意，發展地產物業。長子銘澤留英唸土木工程，嫡子孝和留英唸法律，另一兒子榮森留在香港（國內）學習中文，各有所長，應是刻意安排以便接班。兄弟三人日後均不負厚望，同樣大學畢業，獲專業資格。可惜，利希慎突遇刺身亡，打亂原來部署，家族亦頓成傳媒焦點。早前公煙官司又將家族生意內情曝光，接班人未上場已飽受輿論壓力，有違原意（鄭宏泰、黃紹倫，

2011）。故利家治喪後即轉低調，韜光養晦，長子嫡子以獲取專業資格為先，待事過境遷後，方承繼祖業，東山再起。所謂世事多變，豈料蟄伏長達廿載（1929-1949）後，利銘澤及利孝和均曾服務國民政府。利孝和在抗戰時期曾主持平準基金、抗戰後任外交部顧問、派駐聯合國等。解放後，京粵港澳等地已人面全非，兩兄弟辭官歸港，共襄祖業，開發利園山，各展所長，青出於藍，光宗耀祖，絕非僥倖（詳見其他章節之討論）。

受訓

由於利銘澤在牛津大學修讀的乃土木工程，而獲取此專業資格的條件，除了必須通過大學指定課程，還要具備實質工作的訓練及經驗。正是為了符合後者的要求，利銘澤約在 1928 年底加入當時香港首屈一指的工程師行 ——「理及柯倫治機器師繪圖行」（Leigh & Orange Civil, Architects and Surveyors，簡稱理柯倫治行），充當學徒，進行見習訓練[2]。

利銘澤加入理柯倫治行接受專業訓練的同時，家族成員如何逐步走出利希慎被殺的傷痛呢？家族企業又如何應對各種經濟及財政困擾呢？針對第一個問題，何東平妻張靜蓉（1934：105）在其《名山遊記》一書中曾特別提及，指出利希慎遭逢劫難後，其夫人「攖變切慟，痛不欲生」，可見事件對黃蘭芳的巨大打擊。為了消除家人的傷痛，張靜蓉曾向黃蘭芳講解佛家「因怨報復、因果循環」的道理，並建議她「延聘棲霞（寺）僧眾蒞港，建水陸法會」，為利希慎誦經超度，「解釋冤怨」。經過張靜蓉的開解與協助後，黃蘭芳的傷痛略為舒緩，困擾有所解脫，但某些心結則顯然並沒完全消弭。利德蕙對自己祖母的觀察，則可以作為一個註腳。「（祖母）為人非常儉樸，亦從無笑臉……她總是坐在同一張椅子（上），面露

愁容，悶悶不樂」（利德蕙，1995：32）。

針對第二個問題，若果我們細心想想當時的經濟條件及社會環境，亦應該察覺其起落跌宕的確頗有不少，其中最為嚴重的，莫如利希慎被殺不久的環球股災及接著的經濟衰退。1929 年 10 月，美國股票市場因為過度投機炒作而發生巨大股災，之後蔓延歐洲，並形成了曠日持久的世界性經濟大衰退。受到外圍經濟低迷的影響，本身屬於開放型經濟體系的香港，進出口貿易大受打擊，其全年貿易總額由 1929 年的 36,867,745 噸急跌至 1930 年的 27,909,385 噸，但進出口船隻則基本上保持在 30,000（艘／次）的水平（*Historical and Statistical Abstracts of the Colony of Hong Kong 1841-1930*, 1932），可見每艘船的載貨大幅減少。

由於環球金融紊亂，經濟極為低迷，香港的金融體系更在 1930 年出現了連鎖性的銀行擠提。舉例說，該年 6 月初，個別華資銀行已傳出投資失利、財政不穩的消息。之後的 7 月 3 日，其中一家深受打擊的銀行 —— 工商銀行 —— 宣佈倒閉，引來存戶恐慌。到了 12 月 8 日，連實力雄厚的萬國寶通銀行也因傳聞美國總公司出現財政不穩而極為罕有地發生擠提，可見當時的金融業其實亦處於水深火熱之中。

從另一資料中，我們更可看到本港經濟在環球經濟蕭條打擊下的一些狀況。舉例說，一直賴以生存的進出口貿易，其總貨值便由 1931 年的 12.79 億元持續下跌至 1932 年的 10.96 億元、1933 年的 9.01 億元、1934 年的 7.41 億元，以及 1935 年的 6.37 億元（*Hong Kong Trade and Shipping Returns, 1921-1941*），顯示在這 5 年時間內，年均總出口貿易錄得高達 16% 的跌

幅，其跌勢之猛、之久，充份反映了經濟氣氛之惡劣與低沉。

換言之，在二十年代末、三十年代初，一方面是經濟氣氛十分低迷，貿易表現停滯，另一方面則是金融體制深受衝擊，信貸緊絀，利氏家族早前向匯豐銀行籌借的大額貸款到底會否受到利息高企或是銀行「落雨收柴」的追回貸款（call loan）策略所威脅呢？在經濟低迷、租金下滑的情況下，家族財政收入應該銳減。在這種收入可能減少而開支可能增加的情況下，家族如何解決問題呢？這時期的利銘澤又有甚麼重大舉動呢？

在1931至1934年的 *Directory and Chronicle of China, Japan, Corea,... &c* 一書中，我們找到可能便是利銘澤在「理及柯倫治機器師繪圖行」受訓及工作的一些細微印記，原因是 R. Lee 的名字，曾經出現在這段時間內該工程師行的註冊工程師（包括未註冊工程師）名單之上，而 1930 年之前及 1935 年之後，則並沒此名字的紀錄，算是利銘澤為著取得工程學專業資格而接受實質訓練的一個足跡。

利德蕙則指出，在理及柯倫治行受訓期間，利銘澤曾參與了九龍黃埔船塢第一號船塢的加長工程。然而，在理及柯倫治行經過多年刻苦的實習訓練而完成相關課程後，利銘澤再次沒在家族面對外圍低沉經濟氣氛下加入企業，而是出人意表地決定離開家人，北上廣州，加入政府工作。利德蕙這樣介紹：

父親於一九三一年在柯倫治建築工程行受訓完畢後，成為檢定工程師，並想以此為專業。當時利家各項業務都有職員照顧，父親覺得只要他在附近即可隨時聯

絡，不須一定長期留守香港。三零年代時國內亟需各方協助建立新國家，正如許
多其他愛國青年一樣，父親對未來充滿熱情與希望，便決定赴中國奉獻己力。
（利德蕙，1998：19）

上世紀三十年代的中國政局，其實出現極為重大變化。原因是二十年代軍
閥各據一方，而且相互攻伐的局面基本上已經結束，代之而起的，反而是
共產黨與國民黨的暗中較勁，而日軍在 1931 年 9 月入侵東北之後，又激起
了舉國上下的抗日情緒。利銘澤若果像「其他愛國青年一樣」，決定離港
北上「奉獻己力」，照理應該走向更北的南京等地[3]，而非偏南一隅的廣
州。另一方面，面對本港的經濟停滯與金融紊亂，而家族又有可能仍未完
全擺脫財政困局的時期，已完成專業訓練的他為何又是選擇不加入家族企
業而是交由「職員照顧」呢？

利德蕙在《築橋》一書中的簡單介紹，顯然屬於較為表面的解釋。據不願
透露身份的受訪者指出，利希慎堂弟樹源，一直協助打理利希慎置業有限
公司的業務，故利銘澤兄弟可繼續專業實習，無後顧之憂。利樹源是利文
奕幼子，排行第九，人皆稱九叔，管理利希慎置業公司直至退休。利德蕙
（2006：67 及 163）曾多次提及這位長輩，談到九叔公肆學皇仁年間，週末
經常作客「大屋」之往事，及後在利舞臺落成後，祖父又與九叔公在星期
天常結伴午膳，之後再往利舞臺，指出兩堂兄弟之間感情甚佳。同書又引
述利銘澤秘書憶述，灣仔五月花舞廳開幕時，堂兄弟倆曾結伴前往酒會，
而利希慎竟臨場變卦，過門不入。由於坊間有關利樹源生平的文獻記載不
多，對他的了解不多，但他對利氏家族扎根香港的貢獻，其實不應低估。

廣州

踏入十七世紀，一直作為嶺南重鎮的廣州開始因為洋人來華日多、西學東漸風起而盛極一時，打破過往一直被視為中原核心的邊陲，屬於山高皇帝遠南蠻之地的局面。事實上，歐洲自工業革命之後，一方面因為需要尋求源源不絕的生產原料，另一方面則為開拓海外市場而加速了向外開疆拓殖的步伐。至於廣州則因其地理位置而成為洋人踏足中土的要塞，並因而贏來了「南天門」的稱謂。乾隆之時更被列為中華帝國之內唯一的「通商口岸」，乃華洋商賈麋集之地。到鴉片戰爭之後，戰敗的滿清王朝除了被迫割讓香港，還須增加廈門、福州、寧波及上海等四個通商口岸，但廣州仍屬「五口通商」中最為活躍的口岸（《廣州市志》第一卷及第十八卷，1996 & 1999）。

洋人東來趨盛的同時，廣東沿岸鄉民取道廣州及香港飄洋出外謀生者亦絡繹不絕，而華洋貿易、種族接觸及文化思想的交往撞擊，自然隨之大幅增加，令廣州溝通華洋、連繫東西的地位更顯突出。由於滿清積弱之勢並沒因「洋務運動」而扭轉，乃如常招來外侮，而戰敗之後被迫割地賠款，喪權辱國，則令無數國人——尤其有識之士及海外華人——極為憤慨，其中又以孫中山為首的革命推翻滿清、建立強大中華思想，傳播最為迅速，亦影響最大。廣州則因與外交往極為緊密而成為宣揚該種革命思想，並且策動連串起義的橋頭堡，黃花崗起義則屬其中之一的例子（郭廷以，1979；陳立民，1992）。

成功推翻滿清之後，廣州的地位益顯重要，其中的原因當然與新成立的國民政府領導核心大多來自廣東（廣州）有關。可惜，誕生不久的國民

政府旋即落入袁世凱之手，政治核心因而北移。但袁氏鬧出了恢復帝制的歷史笑話，令舉國譁然。到袁氏猝死之後，其舊部又把持政權，令一直扎根於廣東的孫中山等革命領導極為不滿，並於 1917 年在廣州宣佈成立中華民國軍政府，實行「再革命」，抗衡北京的國民政府，形成了南北分裂的局面。

期間，孫中山等領導又在廣州推行各項重大政治、經濟及軍事等變革，令其地位再次顯得極為重要。1925 年，先有孫中山的不幸去世，造就了蔣介石成為新的領導核心，繼有「省港大罷工」，令廣州的政治、經濟及社會備受衝擊。至於之後的蔣介石領軍北伐，成功結束軍閥割據，並在統一中國後將首都定於南京，則令廣州失去了一、二十年代的光彩（《廣州市志》第十一至十三卷，1995-2000）。就在蔣介石北伐成功而統領東北的張學良又宣佈改旗易幟服膺國民政府領導不久，日軍在 1931 年 9 月 18 日揮軍侵佔東北，舉國上下因而掀起了一場曠日持久而且波瀾壯濶的抗日救國運動。

正是在這樣波譎雲詭的形勢下，在港完成土木工程實習訓練的利銘澤，卻以「奉獻己力」為由返回內地，但他的目標並非南京、上海、武漢等「兵家必爭之地」，而是與香港一衣帶水的廣州，服務於國民政府。到底是甚麼原因驅使他做出如此重大的決定呢？利德蕙這樣解釋：

因父親是廣東人，很自然的便前往廣州工作，他在劉紀文任廣州市市長期間於廣州工作數年，曾任廣州市政府主任秘書、總工程師、自來水局委員及審計部稽核等職。（利德蕙，1998：19）

然而，在很多人心目中，生於大富之家的利銘澤，在那個家族急需用人之際做出這樣的決定，應該並非屬於「很自然」之舉。就算撇開家族問題不談，利銘澤既有「奉獻己力」之心，照理應該跑到最需要他幫忙的地區，例如華北或華中，而非「南方已無戰事」的廣州，除非其決定是另有內情。姑勿論真正原因為何，據利德蕙的介紹，利銘澤初到廣州時只是單人匹馬，連妻子亦沒有帶在身邊，直到工作穩定下來，才將她接到廣州一起生活（利德蕙，1998）。

同樣根據利德蕙的描述，在廣州工作期間的利銘澤，和妻子一起居於廣州市郊東山一個很好的住宅區，與當時的廣州市市長劉紀文及其家人成了好朋友，黃瑤璧更因經常參加官場的應酬而與不少官太太成了好朋友，那些「官太太都希望母親能多與她們交往」。至於利銘澤除了參與某些重要工程擘劃、出席各種公職活動外（《廣州市市政公報》第401-403各期，1932），又與廣州市市長劉紀文及廣州市工務局局長袁夢鴻等「工作相當密切[4]」（利德蕙，1998：20），顯示那時的利銘澤在工作之餘亦早已不斷地在經營個人的關係網絡了。利德蕙接著介紹：

父母親生活較為穩定之後，便在離廣州不遠的從化溫泉區買了一幅地，父親在風景優美的山邊設計了一幢紅牆綠瓦的中式小屋，四周遍植各類果樹，並將溫泉引進屋頂水塔以供使用。廚房設於屋外，全屋除主人卧室外，無其他房間，為開放式的空間，親友來訪時皆睡地上的榻榻米……後來劉紀文市長及其他許多廣州政要，皆仿效父親在此建築鄉村度假屋，日後國內許多黨國領導人在從化亦都有別墅[5]，這個地方便成了富人的度假區。（利德蕙，1998：21）

利德蕙還進一步透露，到了 1934 年，利銘澤辭去廣州市政府的工作，跑到當時仍屬蠻荒之地的海南島，「做些與眾不同的事」（利德蕙，1998：21）。到底甚麼是「與眾不同的事」呢？我們在以後一節將會深入探討，這兒讓我們繼續考察利銘澤在廣州期間的工作與經歷。

從南京的中國第二歷史檔案館中，我們找到利銘澤在 1937 年 7 月 1 日向實業部申請作為「土木科工業技師」（即土木工程師）的一份重要資料，得知他除了在香港考獲土木工程的專業資格外，還登記成為中國工程師會的成員，其中的申請表上這樣寫：

呈為聲（申）請登記為土木科工業技師事。竊銘澤學習土木科具有技師登記法第四條第一款之資格，願充土木科工業技師，茲遵照技師登記法及施行規則之規定，備具聲請書，連同證明文件等項（詳清單——原註）及登記費證書費印花費共計貳拾貳元，聲請登記，仰祈鑒核，給予證書。謹呈實業部……聲請人利銘澤。（中國第二歷史檔案館，全宗號422／目錄3／案卷號1458）

收到利銘澤的申請後，實業部「技師審查委員會工業組」的「審查委員」張軼歐在 1937 年 7 月 20 日撰寫報告，指「聲請人學歷經驗及反證文件均尚合法，似可准予登記為土木工業技師。當否，尚祈公決。」然後將報告書交由一個共有五位成員（吳承洛、劉海萍、顧毓琇、歐陽崙、熊傳飛）組成的委員會「公決」，而結果則是「准予登記為土木科工業技師」，並由一位署名周某（文件上的簽字看不清楚）的審查委員長及工業組主席委員吳承洛在同年 8 月 9 日簽紙作實，然後要求相關部門跟進，並通知申請人（中國第二歷史檔案館，全宗號 422／目錄3／案卷號 1458）。

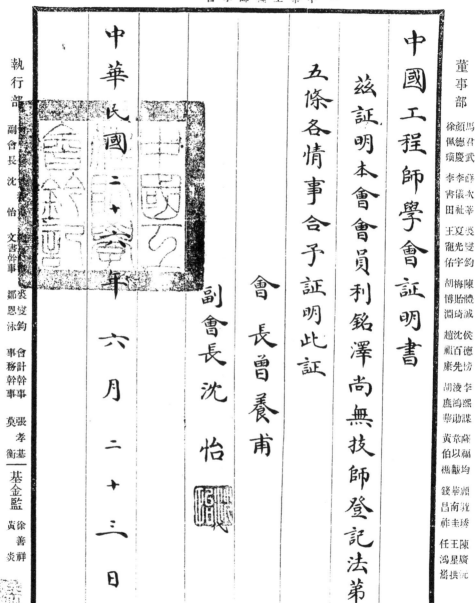

中國工程師學會

前中華工程師學會
中國工程學會
合併組織

中國工程師學會証明書

董事部

徐佩璜　顏德慶　馬君武　李書田　李儀祉　胡博淵　陳體誠　趙祖康　沈百先　侯德榜　胡庶華　凌鴻勛　李熙謀　黃伯樵　薩福均　錢昌祚　華南圭　任鴻雋　王星拱　陳廣沅

王寵佑　田文裵　宋梅村

茲証明本會會員利銘澤尚無技師登記法第五條各情事合予証明此証

會　長　曾養甫

副會長　沈　怡

中華民國二十六年六月二十三日

執行部

副會長　沈　怡

文書幹事　裵燮鈞

鄒恩泳

會計幹事　張孝基

事務幹事　莫孝衡

基金監　徐善祥

黃炎

總辦事處：上海南京路大陸商場五樓　電話：九二五八二號

1937年，中國工程師學會認可利銘澤工程師資格的證明書。

由於需要申請這個專業資格，利銘澤在文件內附上一份資料頗為詳細的「出身履歷表」，內裏列出了 1929 至 1937 年間的工作及經歷，讓我們對其人生有較為準確的了解。履歷表內填報的「現在地址」（1937 年）為南京乾河沿 102 號伍宅，而「永久住址」則為香港堅尼地道 74 號。在工作經歷的部份，履歷十分清晰地列出了他由港轉穗而抗日戰爭尚未爆發前一段時期的職業、工作及所屬機構等資料，讓我們對其經歷及遭遇有更為具體的認識。

舉例說，在 1929 年 9 月至 1932 年 8 月期間，利銘澤表示在香港的工程師行實習受訓。1932 年 9 月至 1933 年 3 月期間則轉到廣州工務局，擔任「技士」的職位。之後的 1933 年 4 月至 1934 年 1 月，利銘澤報稱出任廣州市政府的「秘書」一職。接著 1934 年 2 月至 1934 年 5 月，則轉為擔任廣州市自來水管理委員會的管理委員。然後 1934 年 3 月至 1937 年 6 月的 3 年零 2 個月期間，出任廣州市自來水管理處的副經理兼營業主任（表 3.1）。

表 3.1：利銘澤工作履歷表（1929 年至 1937 年）

服務處所名稱	所在地	職位	服務經過年限	工作起迄年份
柯倫治土木工程行	香港鐵行頂樓	實習	3年	1929年9月-1932年8月
廣州市工務局	廣州市	技士	6個月	1932年9月-1933年3月
廣州市政府	廣州市	秘書	9個月	1933年4月-1934年1月
自來水管理委員會	廣州市	管理委員	3個月	1934年2月-1934年5月
自來水管理處	廣州市	副經理兼營業主任	3年零2個月	1934年3月-1937年6月

*此部份由作者按其提供之資料以不同時期兼任實職的原則推算

資料來源：中國第二歷史檔案館，全宗號 422 ／目錄 3 ／案卷號 1458：沒頁碼

1932年，廣州工務局委任利銘澤為「技士」的委任狀。

另一方面，我們還在這個檔案之內找到了牛津大學向利銘澤發出的畢業證書（文學士及文學碩士）、廣州市政府發出的委任狀，以及中國工程師學會發出的專業證明書，說明他在每個人生階段及工作職位上的足跡，均有相關部門或機構的有力證明。

若單按這份履歷表的資料推斷，利銘澤由港轉穗期間，一直均在廣州工作，並沒如利德蕙所說般在 1934 年辭去了廣州市的工作，轉到海南島作「開荒牛」。為甚麼利銘澤自己填報的履歷表資料，與女兒利德蕙的記述出現如此重大的差別呢？由於利德蕙的描述十分詳盡，加上她提供了不少相關照片，我們相信應該確有其事，並沿著這一角度四出尋找資料，希望可以弄清問題的來龍去脈。

海南島

海南島，因其島嶼處於「大海之南」而得名，又稱瓊州，乃中國版圖上第二個最大島嶼。元朝時，該島隸屬廣西，明初則改屬廣東，中華民國成立後仍劃入廣東管轄。由於該島「形橢圓，孤峙海心，位於中國之最南部……為歐亞交通所必經之地，中國南部之要塞，廣東廣西之門戶」，國防軍事價值同樣極為重要（林纘春，1946：1-2）。至於地理位置處於熱帶與亞熱帶之間，氣候極為適宜農業耕種，加上礦產等資源極為豐富 —— 其中已發現的資源便包括了石油、天然氣，以及各種珍貴金屬如銅、鈦、鈷、錳、鈾等 50 多種，可謂極具開發潛力（《中國建設》，第十六卷第二期，1937：61-65）。國民政府成立以降，不少政治領袖即意識到大力開發該島的重要性，並曾提出各種發展建議，可惜，由於不同因素的左右，加上政局一直沒法平靜，直至中華人民共和國成立之前，該島的開發總是未

盡人意（林纘春，1946）。

中華人民共和國成立之後，國家領導人同樣一度計劃大力開發該島，其中又以開國元老之一的朱德在巡察該島後所說的一段話，最常被引述，作為國家支持開發海南島的一個註腳。朱德這樣說：「海南島地上和地下資源十分豐富，許多物資都便於出口，極有發展價值和發展前途」（李德才，1988：10），算是言簡意賅地說明了該島最重要的經濟條件與優勢。

1985年，已貴為全國政協副主席的利銘澤牛津大學同窗錢昌照亦踏足該島，進行實地的深入考察，之後發表重要報告，進一步說明該島無論在漁業、農業及國防等等的重大作用，而礦物蘊藏量之底子豐厚，更是現今世界資源難求環境下的巨大寶庫（錢昌照，1998：191-202）。報告為該島在1988年升格為省，並宣佈為經濟特區提供了重要參考及指導方針。

回到上世紀三十年代左右的利銘澤突然放下工作跑到那裏「做些與眾不同的事」的事情上。利德蕙本人對於父親的舉止亦感好奇，並這樣自問自答地推測原因，尋求答案。

我從來沒有想到問父親，是甚麼原因使一個牛津畢業生，帶著年輕妻子到海南島這樣落後的地方？我想部份原因是他好奇，又富冒險精神，畢竟父親一生對新鮮事物一向有追根究底的個性。但我認為主要原因是父親想由較為僻遠落後的地區開始幫助中國，父親相信盡他自己一份綿力，一樣能造福有數千百人口的中國……三十年代時，財政部長宋子文曾赴當地視察[6]，並認為有開發價值。（利德蕙，1998：22）

身為牛津大學畢業生，科學知識豐富，加上深具國際視野，利銘澤顯然不
會貿然做出一些毫無根據或是沒有把握的事，更應該不會胡亂花錢投資。
利德蕙其中一些解釋是海南島屬於熱帶氣候，極適合農作物生長，因而贏
得了「中國糧庫」的稱號，利銘澤或者因而希望先人一步，在該島發展農
業，扶助農民。至於某些農作物及牲口可在歐洲待價而沽，利潤深厚，更
相信屬於吸引他的因素。利德蕙（1998：22-23）這樣介紹：

> 由於父想盡份心力，幫助中國開發這個荒蕪之地的農業及貿易，就帶著母親來到
> 海南島做墾牧先鋒，有意養牛，將牛隻推銷至歐洲，此地氣候和地形對畜牧業非
> 常適合。父親在海南島購買的土地，根據地契所述[7]，面積之大是「極目所及」。
> 然後父親便由歐洲進口最好的牛隻來海南島繁殖……

父親和陳顯彰及其他股東，在1936年買下由許亮承和李寶熙創設的寶成
公司（Bao Cheng Company），開始務農種黃麻（又稱亞麻，乃一種用作紡
織纖維的原料 —— 作者註）和甘蔗。寶成公司於1928年創立，擁有5,000
畝地，專種高價值的黃麻，當時每噸黃麻成本只有7英鎊，運到倫敦後的
售價可高達30英鎊，是利潤極高的生意。但因地方盜匪為禍，公司被迫
在1930至1931年之間結束營業。

父親買下寶成公司後，將公司改稱為利興種植公司（Lee Hing Plantation
Company，後改為 Lee Hing Agricultural Company Limited），位於海南島北部
海口以西的臨高縣內，共有 15,000 餘畝地，種植黃麻和甘蔗。1937年1月
時又增添土地至 20,000 畝，公司並備有壓麻機、貨倉機器房、45萬匹力的
發動機、電油庫、車庫、辦事樓和員工宿舍等設備[8]。

若果我們將利銘澤在海南島大量收購地皮，又重組種植公司，計劃在該島大展拳腳的連串重要動作，與他父親 1924 年從渣甸洋行大班手中大舉購入銅鑼灣地皮的舉動作一比較，或者可以找到一些啟示。利希慎當年購入銅鑼灣山頭時，曾引來不少傳聞或推測，其中一些說法，是利希慎計劃在該地種植鴉片，因為他曾經是港澳地區的持牌「鴉片農主」（opium farmer）。但最後的發展結局，原來是地產建設與地產投資，將銅鑼灣變成利氏家族的發祥地及大本營。若從這個角度推斷，利銘澤大量收購地皮以發展農業很可能亦是另有計劃，因為某些地皮在當時而言可能只能用作農業耕種，或是用作農地的地皮價格較低，真正的原因很可能是看好該島將有進一步發展的前景或空間，例如獲悉政府將在該地有重大發展計劃等等。

另一方面，利德蕙還提到一個令人玩味的故事，指當時社會上已有某些傳聞，說海南島上的原住民常撿到小金塊，原因是當地的溪流可能藏有金礦。利德蕙（1998：23）接著介紹：

黎母山嶺深山黎人部落所在的溪流中產金，他們常用撿到的小金塊做裝飾、或與外人交換物品。父親告訴我他曾用玻璃珠、鏡子及肥皂與黎人交換金塊，這些黎人在鏡中看到自己的身影覺得非常奇妙，也喜歡在河中玩弄肥皂泡沫。況且對黎人來說五彩繽紛的玻璃珠確實比金塊好看得多。

同樣地，若果我們將利銘澤祖父利良奕早年隻身赴美「尋金」的事跡拿來作參考，亦可能會有一些啟示。當美國的舊金山傳出河流溪澗常有金塊，華南部份鄉民聞風飄洋過海，利良奕據說更是其中一位因發現金礦致富的

華人（Hafner, 1983），這些事跡極為可能烙印在利銘澤的心坎之中，顯示「尋金」之夢很可能亦會對利銘澤有所吸引。

還有一點看來屬於不太重要但卻不應忽略的地方，是利銘澤除了帶同妻子及相關人員到海南島外，還有他的同母胞弟利銘洽 —— 一個很少有人注意的家族成員，而利銘洽據說曾因「用槍枝與黎人交換物品」而令利銘澤很不高興，因為利銘澤購買武器到海南島是為了狩獵或自衛，並曾表示「嚴禁黎人使用」（利德蕙，1998：23）。為何這次的投資海南島需要將利銘洽帶到身邊呢？利銘洽沒可能只有一把槍枝而敢與黎民交換，因為那會讓自己陷於險境。若果他們存有不少槍枝，那我們又會想到他們為甚麼要帶備那麼多的武器？是簡單的只為自衛嗎？利銘澤把胞弟一同帶到海南島是因為此項投資極為需要可信賴的親人幫忙嗎？還是因為利銘洽在香港的發展空間有限呢？抑或是另有原因呢？利銘洽對胞兄的「嚴禁」指令亦違背，是否反映他在做人處事方面存在某些未如人意的問題呢？由於眾多疑問均沒法在利德蕙的書中找到令人滿意的答案，其他地方有關利銘洽生平及利銘澤在海南島活動的紀錄又近乎零，我們因而沒法對事實有較全面的了解。

按上文提及的各種資料推測，利銘澤在二十世紀三十年代中突然跑到海南島作開荒牛的舉動，應該與他和廣東省政府（國民黨）高層交往密切，知悉國家將要進一步開發海南島有關。利銘澤本人顯然看好該島的開發潛力，因而才會早作部署，計劃捷足先登[9]。由於他身為香港人，與國民黨要員保持一定距離，又來自巨富家族，具有商業經營的眼光及背景，既有充沛財力向海南島投下大量資本，亦較易獲得政府支持，或是減低政府官

員參與其中的尷尬，而他能在短時間內增購土地，興建電油庫、車庫、辦事樓和員工宿舍，並能順利入口壓麻機、發動機，以及部份（自衛用）槍枝，則屬於最有力而最清楚的說明。

若沿著這個角度思考，則不難明白，利銘澤在其個人履歷表上沒提及海南島工作一事，相信是他當時採取了「停薪留職」方法——即是保留著廣州的工作職位，但人則跑到海南島，從事「拓荒」活動。由於這項活動對其申請專業資格沒有幫助，他因而沒有提及。這種情況其實是分析文獻資料時常會碰見並且必須謹記的事，即某些人——尤其政治人物——的實際行動，與其表面登記資料有時有很大出入，甚至表裏不一；公開場合所說的話，與他們私底下的活動，亦可以是兩個版本、截然不同的。

結語

現代化社會除了強調科學、科技、民主、多元、理性、創新等價值，還特別重視個人主義、客觀主義及普世主義等等。至於生活在現代化社會的現代人，更特別強調不做傳統的奴隸，敢於拋棄阻礙社會進步的東西；他們一般蔑視傳統社會中的世系門第制度，不認同該制度對個人社會地位具有決定性的影響，相反，他們認為在現代化社會，人的社會地位應該取決於個人的進取能力、專業性及創造性；另一方面，他們又認為那些在傳統社會裏的人們，總是相信命運，但在現代化社會，人們看重的應是科學，是實證的價值（Webster, 1984）。

孩童時期在澳門浸淫於傳統國學之中，青年時期在香港接受西式教育，之後負笈英國，進入世界一級學府，學習科學技術等專業知識，並且計劃繼

續深造的利銘澤，因為父親突然離世而需更改人生計劃，返回香港而投身社會時，很可能因為熱切希望可學以致用而堅持本身的專業性與自主性，甚至可能因為渴望追求夢想而不願服膺於某些迂腐的傳統。但這樣卻碰上了各種十分現實的問題 —— 尤其是在傳統與現代之間、個人與集體（家族）之間，以及西方與東方之間，令他一時間難以適應、無所適從。至於選擇走自己道路的過程中碰到不同機遇與挑戰時，調整某些腳步及方向，加上某些際遇和造化，則令其生命顯得更為傳奇，亦添加了不少迷人色彩。

註釋

1.　總會計（俗稱「大寫」）乃匯豐銀行管理層第二把交椅，地位僅次於總經理（俗稱「大班」），摩士日後（1941 至 1953 年）出任匯豐銀行「大班」，他那時與剛大學畢業，又沒工作經驗或表現的利銘澤接觸，並能單憑他「對父親的體諒與熱心支持」（利德蕙，1995：49），批出當時而言屬於天文數字的貸款，看來有點言過其實。到底真正原因何在呢？若果我們想到前文提及的邱吉爾家族 —— 尤其是留英期間的恩師，則不難推斷，在那關鍵時刻，利銘澤或者曾向恩師求助，得其襄助引介，向滙豐求貸才得以順遂。

2.　當年，英資專業行大多沒有註冊中文名，只有坊間通俗名，「理及柯倫治機器師繪圖行」其實並非註冊或通俗中文名。在英式制度下，技工見習稱學徒（apprentice），而專業見習多稱門生（pupil）或學生（student）。

3.　同樣生於香港，同樣來自大富之家，又同樣曾經在皇仁書院及英國求學，並且同樣對中國充滿熱情及希望的何東之子何世禮，便選擇離港北上，投靠於張學良麾下（鄭宏泰、黃紹倫，2008）。

4.　利德蕙還指出，袁夢鴻的姪子袁耀鴻同樣是土木工程師，他在三十年代中到了香港，「加入利氏家族的民樂公司做總經理，利舞臺即為民樂公司的附屬機構」，顯示袁耀鴻頗得利銘澤的倚重和信任。

5.　據《廣州市志》第十六卷（1999：638-642）記載，較早（1934年）在從化溫泉興建別墅應是鄭道實，他曾在二十世紀五十年代出任廣東省文史館館長，同時期在那裏興建別墅的還有李務滋，他曾任從化縣長。利銘澤在從化興建別墅的時間是 1935 年，同期在那裏動工建興的還有胡木蘭（胡漢民之女）、劉紀文及謝義邦（陳濟棠秘書）等人。而 1936 年及 1937 年後開始動工興建的，則分別有陳濟棠、陳維周（陳濟棠胞兄）、林雲陔（廣東省主席）、黃光銳（廣東空軍司令）及林群興（國民黨軍團長）等人，從化確實成為顯赫要人的度假休閒的集中地。

6. 據早期雜誌《更生》第 4 號（1937：2）的記述，1936 年 11 月左右，「宋子文親往該島視察，計劃開發。本年（1937 年）一月，粵省建設廳又擬定開發海南島四期計劃，準備分期實施。最近香港華商總會又邀遍粵各界，共同組織海南島實業考察團，前往該島，作周密的考察，準備在將來投資興業」。換言之，國民政府計劃開發海南島已是相當實質的了（參考林纘春在《海南島之產業》一書的討論）。

7. 利德蕙表示，母親曾珍而重之地將那些海南島的地契收藏在保險箱中，可惜，到她母親離世後，她卻沒法在其遺物中「找到那地契」（利德蕙，1998：24）。

8. 林纘春（1946：57）在《海南島之產業》一書中有如下記載：「黃麻⋯⋯本島南渡江沿岸及沖積土壤，瓊山縣⋯⋯附近⋯⋯均為其產地⋯⋯民國十七年曾有許亮承等，設寶慶（可能是「寶成」之誤）公司，集資三十萬元，在臨高馬附近洋古村，購地五千畝，專事栽植，用機器墾地，規模頗宏；但今已變為荒蕪地矣。」林氏所提的資料，與利德蕙所指的細節雖略有出入，例如「寶成」與「寶慶」或「三十英鎊」與「三十萬元」等，但基本上可以說明構思在海南島種植黃麻確有其事。另外，林氏還在書中提到兩則與陳顯章及利銘澤到海南島「開荒」的有關事跡，其一提到「陳顯章與利銘澤合辦的利興公司、福和公司、達成公司均相繼（在海南島）成立（1936 年）」（《開平文史》第 26 輯，1992：25）。其二則提到「當年（1936 年），華僑陳顯章、利銘澤首先來澄邁福山，開農場種咖啡，並買下許亮承寶成公司的全部產業，改名為『馬裊利興墾牧有限公司』，初步種植黃麻及甘蔗，並函請福建籍華僑王少平前來合辦。王少平以王五福名義參加入股，為創辦人之一」（《臨高文史》，第 4 輯，1988：69）。沿著王少平的脈絡，我們找到他的一本遊記——《菲島瓊崖印象記》，並在書中找到一些與利銘澤及利興種植公司有關的資料。據王少平的記述，利興種植公司前身確實乃許亮承及李寶熙等人於 1928 年創立，原集資額達 30 萬元之巨，佔地達 20,000 餘畝，主要是種植黃麻，1930 年起停業，並於 1936 年由陳顯章及利銘澤接手（時間上與利德蕙所說的「1934 年到海南島」略有出入，但可視為利銘澤接手前先到該地考察或了解的準備工作）。1937 年 1 月中，王少平遊海南島（其中的原因可能是考察利興種植公司的投資前景），與利銘澤等人見面，利銘澤更曾一盡「地主」之誼，帶領王少平四處遊歷。書中，王少平除了刊出與利銘澤等遊歷海南島的照片，還附有大量利興種植公司的田園（蔗田、麻田）、機械設備、油房、發電機房、貨倉、辦事處及農場地圖等（王少平，1939：81-90），可惜，由於印刷質素欠佳，很多都沒法看得清楚。

9. 換個角度看，國家意欲開發海南島，但卻極缺資金、人材。若利銘澤主動提議「停薪留職」以私人名義投資作先鋒，政府顯然應會作出配合、給予方便，達致公私兩利、相輔相成的局面。況且，利氏早前在從化溫泉區自資購地建別墅後，市長、政要及商賈紛紛效法，足見利銘澤在投資方面的獨具慧眼（利德蕙，1998：21）。

第四章　抗戰

家族企業的代代相傳，除了必須克服發展過程的種種困難與內部消耗性爭奪，更要面對外部環境的不斷變遷與起落。撇開發展進程的局限與內部矛盾不談，天災人禍、改朝換代與政治運動，往往屬於考驗一個家族能否抵抗逆境——或者中性一點說——適應新環境的重要指標。就以發動戰爭為例，生靈塗炭不在話下，無數家庭更會被摧殘得支離破碎，平民百姓幾乎無一幸免，大富人家很多時亦不例外，難以獨存。(Toynbee, 1946-1957)

對於利銘澤而言，父親遭到暗殺一事對他本人及家族其他成員所造成的巨大創傷已屬難以癒合，當各人正逐步走出傷痛陰霾而企業又基本上擺脫沉重債務，並正慢慢恢復昔日元氣與活力之際，一場反文明、反自然及反人道的巨大災難又迅即淹至，令其家族與企業需要再度面臨巨大考驗。所謂禍福無常，利希慎遇難，乃家族慘變，但國難當頭，反因禍得福。抗戰勝利後，國共兵戎再起，香港百廢待興；利家戰前是非恩怨，亦隨水流逝。利銘澤辭官回港，已非昔日吳下阿蒙，不再背負父執輩之道德包袱。

烽火

十九世紀中，同樣面對洋人東來及西學東漸的挑戰，一直只被視作倭寇的日本，在「明治維新」的前所未有巨大變革中脫胎換骨，躍身成為一股可與歐美列強平起平坐、並駕齊驅的力量，反觀一直自視為泱泱大國的滿清，卻在「洋務運動」中沉淪，綜合國力積弱如故。至於中日之間1894年因為朝鮮問題在黃海爆發的一場戰爭，則進一步暴露了前者無論是軍事、制度及文化等等的缺陷，因而無法應對新時代的挑戰。

戰敗之後，滿清政府被迫割地賠款，失去台灣不在話下，朝鮮亦淪為其附屬。至於日軍得隴望蜀，更成為中國國防的最大威脅。1904 年，日俄發生戰爭，但角力場竟是中國的國土，其漠視中國國家安全可見一斑。推翻滿清而建立中華民國後，日軍同樣對中國的政治及經濟等事務諸多操縱，軍閥割據時期更將東北看作其勢力範圍。1931 年的突然發難，揮軍侵佔東北，然後扶植偽滿州國，更進一步暴露其侵略野心。1937 年 7 月 7 日，步步進迫的日軍更藉士兵在華失蹤而挑起大舉侵華的戰爭，軍事力量相對薄弱的中華民族則敵愾同仇地投身救國，全力抗戰（郭廷以，1979；鄭浪平，2001）。

在那個炮聲隆隆、戰火連天的年代，到底利銘澤及其家族有何遭遇呢？他們應戰或避亂的舉止如何反映香港及香港人在國家面對外敵、民族生死存亡之時的全力抗敵呢？正如上一章中提及，在 1937 年 1 月向實業部申請作為土木工程師的資料中，利銘澤報稱自己臨時居於「南京乾河沿 102 伍宅」，我們因而可以推斷他可能曾在南京短住一段時間，起碼是為了應對申請事宜，辦理相關手續。

若果 1937 年 1 月左右利銘澤身在南京，而當時的中國共產黨與中國國民黨又在「西安事變」後基本上達成了一致抗日的共識，備戰及應戰氣氛可謂極為濃烈（鄭浪平，2001）。以他個人對國家民族的一片赤誠，與劉紀文及錢昌照等政府官員又頗有交往[1]，加上他那個留英中國學生會的書友網絡，家族又在香港顯赫一時，他到底有否在明在暗地投身於抗日救國的行列呢？掀開利德蕙有關利銘澤生平的著作，我們多少可以找到一些答案。

對於利銘澤在海南島「拓荒」一事，利德蕙雖然記述頗多，尤其是在照片說明上清楚地指出，其拍攝年份約於「1935至1937年」，並有一些是利銘澤與看似洋人的朋友在島上一起拍攝（利德蕙，1998：250-252），顯示他那段時間應該全心投入「拓荒」工作，無暇他顧。另一方面，利德蕙又指出，抗日戰爭爆發後，「父親明白該是回中國做事的時候了」，因而指他在那時離開了海南島，但時間上則頗為含糊，只以「一九三七年底，父母親返回香港」作交代，並留下了「父親返港後又繼續在中、港之間奔波，這次是為國民黨政府效力」一句耐人尋味的話（利德蕙，1998：24）。

若果我們結合上文的分析，推測利銘澤可能在1937年初轉到了南京，並曾在「南京乾河沿102伍宅」居住，一來辦理申請作土木工程師的手續，二來則與知己好友接觸，並可能在那種舉國上下高呼抗日救國的環境下接任抗敵任務或訓練，這亦間接解釋利銘澤為何要等到1937年底 —— 即抗日戰爭已爆發多月，連北平（即北京）、天津、太原、上海、江陰及南京等重要城鎮先後陷入日軍之手後 —— 才返回香港。

正因抗日戰爭爆發前利銘澤已經到了南京，甚至可能接受了國民政府的抗日任務與訓練，利銘澤返港之後乃「繼續在中、港之間奔波」，暗地裏「為國民黨政府效力」。對於利銘澤在抗日戰爭爆發而香港仍沒淪陷之前的工作，利德蕙有如下概括的介紹：

父親在香港淪陷前幾年經常往返香港與中國大陸之間，抗戰時期他不但以工程師身份（參與抗戰）更在其他方面參與抗戰。中國茶葉公司為直屬中央政府財政部的重要機構，父親曾在此公司任採購部經理及顧問，當時茶葉外銷得為國家帶來

大量庫收。日後經母親解釋才明白父親加入中國茶葉公司的原因是：中茶公司用
茶葉外銷所賺得的外匯在國外購買武器以供抗日之用。中茶公司總部設於重慶，
所以那段時間父親經常由香港去重慶。（利德蕙，1998：25）

利德蕙這裏提及的中國茶葉公司，其實頗有來頭。綜合《農業建設》
第 2 期（1937）、《銀行週報》第 21 卷及第 17 卷（1937），以及《國際
貿易情報》第 2 卷第 13 期（1937）等刊物的記述，中國茶葉公司原名為中
國茶葉股份有限公司，該公司於 1937 年 5 月 1 日在南京召開創辦大會，會
議由實業部部長吳鼎昌主持，產茶各省的官商代表均有參加，會上除了通
過公司章程，還確定公司為中央政府、產茶各省與私人茶商合股興辦股份
有限公司的結構及模式，公司設立董事會，成員 19 人，其中 10 人為政府
代表，集資額則為 200 萬元。若按公司成立時間推斷，利銘澤很可能亦是
座上客，甚至是其中的股東，這相信是他能獲委任為採購部經理及顧問的
其中一些原因。

資料進一步顯示，1938 年的物資統制時期，中國的茶葉出口共 4.16 萬噸，
「躍升農產品出口第一位」，為國家購取了巨大外匯，這在備戰、應戰時
期急需外匯購買外國物資的情況下，無疑是一項極為重要的外匯收入。正
因如此，國民黨革命委員會曾在該年發出命令，表示為了加強外匯管制，
要求財政部貿易委員會在與中國茶葉公司訂立代銷合同時，附加「貨款以
外幣計算，用國外匯票支付，並由中國茶葉公司負責將所有貨款匯票全部
售予中國銀行」的條款（《中華茶葉五千年》，2001：202），這亦間接
證明利銘澤太太黃瑤璧對利德蕙所說「所賺得的外匯在國外購買武器」的
所言非虛。

利德蕙的記述還讓我們看到，利銘澤的身份及角色其實頗為複雜。除了前文談及的工程師身份「參與抗戰」（舉例說，自 1937 年獲得中國的專業資格後，1939 年獲得香港的特許建築師資格[2]，1940 年獲推選為中國工程師協會香港分會會長，另見下文相關討論），以及中茶公司採購部經理支援抗日，利銘澤後來還應民國政府的要求，負責食鹽分銷的工作。原來當時中國內陸很多地區食鹽極為緊張，許多居民因為沒有食鹽供應，身體攝取不夠食鹽的主要成份——碘——而普遍患上了甲狀腺腫大的疾病，故亟需解決缺鹽地區的困難，利銘澤則因具有一定營商背景及經驗而獲政府委以重任（利德蕙，1998：25）。

另一方面，在一份題為「審計部及所屬機構職員錄及動態表」的資料中，我們更發現，利銘澤曾在 1941 年 2 月被任命為審計部的「聘任專員」，主要工作應是「稽察事項」——即是充當專案稽察稅務工作（中國第二歷史檔案館，全宗號 205／目錄 1／案卷號 808），顯示他在日軍進侵香港之前實在擔任不少支援國家抗日的工作，為民國政府四出奔走。

然而，利德蕙提及的另一工作更讓我們極感興趣。她這樣輕描淡寫地介紹：「父親和廖承志[3]，以及另一英國友人，計劃在日軍佔領九龍之前破壞當地一發電廠，豈知日軍出人意料提早進攻，計劃未能實現」（利德蕙，1998：30）。為甚麼一直與國民黨高層頗有交往，又曾擔任民國政府不同工作的利銘澤，會與近代中國一位極為傳奇的人物廖承志走在一起呢？為甚麼一直負責後勤支援工作的他又會計劃採取武力方式破壞九龍的發電廠呢？此時的利銘澤是否已經改變了個人的政治立場及抗日手段呢？這樣曠日持久的民族存亡之戰又如何改變他本人及其家族以至千千萬萬中

國人的命運呢？

對於第一個問題，利德蕙的另一段補充或者可以為我們提供一些重要線索
及提示。她表示：

父親由一九三七年就開始在中國以官方身份（任職？行事？），及用私人關係積
極加入抗日行列[4]……父親在國民黨游擊活動，及親共的廣東東江游擊隊均有參
與。我們利家在戰時幸而受到這游擊隊員的保護，不但毫髮無損，而且得以免受
日軍和同樣殘酷兇狠的土匪迫害。（利德蕙，1998：39）

對於利銘澤這種「在國民黨游擊活動，及親共的廣東東江游擊隊均有參
與」的說法，利德蕙還提及另一件絕對不容忽視的故事。她寫道：

父親不屬任何政治黨派，他的獨特作風令他與國民黨和共產黨之間的關係非常微
妙，他記得有一次在無意中獲悉國民黨要捉拿當時身處在民國政府內的周恩來，
父親立刻警告周恩來，令他得以順利脫逃，周對此事一直銘感於心[5]。戰後他知會
中國駐香港非正式官方辦事處的香港新華社，父親可以自由出入中國任何地方。
（利德蕙，1998：39）

在尋找問題的答案時，我們反而拉扯出更多問題。追查利銘澤早年服務於
國民政府的救國抗日過程，更讓我們看到他在更多層面活動與人脈關係的
情況，正是這樣一個令人玩味的例子。下文讓我們沿著這些有趣線索繼續
抽絲剝繭尋求上述疑問的答案。

淪陷

抗日戰爭爆發之初，港英政府仍然一廂情願的以為日本不會入侵香港（Banham, 2003）。到廣州及深圳等地均落入日軍之手後，英國政府雖然逐漸意識到日軍的野心，並作出了增兵及加強邊防的一些表面化工程，但心態仍舊散漫被動。事實上，日軍在決定進侵香港前的一段不短時間內，香港的上流社會仍是夜夜笙歌，如常觥籌交錯（葉德偉，1984；關禮雄，1993）。

駐港英軍的備戰及應戰未見積極，而居民又普遍抱著日軍不會攻擊香港心態，但增加糧食及日常必需品存儲，以應對戰爭的萬一發生，則基本上成為官民一致的共識。至於手有餘錢的大戶人家大量搜購糧食物資實屬正常，人丁眾多的利氏家族亦沒例外。利德蕙寫道：「利家在戰時做過一件備戰的事，就是在大屋囤積米糧，那時利園山下的居民皆知大屋藏米甚多，這也是戰時及戰後大屋常遭劫掠的原因之一」（利德蕙，1998：30）。

到了1940年，當各方情報均清楚顯示，日軍計劃侵略香港的各項部署已基本完成，發炮開火已迫在眉睫時，港英政府才宣佈進入備戰狀態，並徵召志願者組成「香港志願防衛兵團」（Hong Kong Voluntary Defence Corp），希望依靠那班臨時拉夫上陣缺乏專業訓練，並且裝備及武器均嚴重不足的志願者上陣抗敵，其戰果的孰勝孰敗，可謂清楚不過了（Ferguson, 1980; Banham, 2003; Snow, 2004; Emerson, 2008）。

以不同身份在不同戰線上參與抗日活動的利銘澤，據說亦已收到日軍將會

對香港不利的消息，並因擔心家人安全而匆忙離開自己的工作崗位，計劃
返回香港。利德蕙這樣寫：

> 日軍進佔香港時，父親正在重慶，聽到消息後立刻搭乘中國茶葉公司飛機趕回香
> 港，不料飛機在香港領空無法降落，只好折返惠州。豈知如此一來或許救了他一
> 命，日後他常說，當時若被日軍捉到他這類抗日份子，非殺頭不可。（利德蕙，
> 1998：32）

按此推斷，當日軍在 1941 年 12 月初從深圳向新界發動侵略戰爭，之後長
驅直進，攻佔九龍半島，直迫香港島時，利銘澤其實身在惠州，無法踏足
香港，看望分娩不久的妻子及一眾親人。

由於駐港英軍的不堪一擊，各條防線皆徹底崩潰，香港島不久亦落入了
日軍之手，包括利舞臺在內的不少利氏家族物業，更曾遭到戰火波及
（Banham, 2003），港督楊慕琦（Mark Young）最後被迫俯首，向日軍
投降，而參與抗敵的英軍、志願軍、政府官員及重要機構管理層，則大
多變成了階下囚，被關進了集中營，香港進入了 3 年 8 個月的黑暗歲月
（Selwyn-Clarke, 1975；關禮雄，1993；Emerson, 2001）。

在那批被送入集中營的居港英人之中，數人僥倖逃脫，他們便是賴廉士
（Lindsay T. Ride），以及其數名下屬摩利（D. W. Morley）、戴維斯（D. F.
Davis）和李耀奇等人。他們日後逃到廣西曲江，並在那裏成立了「英軍服
務團」（British Army Aid Group，簡稱 BAAG），名義上則隸屬於英軍駐印
度總部情報科的非戰鬥組織，其中一些重點工作，則是搜集情報、協助逃

亡、營救難民、提供醫療服務及通訊聯絡等，成為支援抗敵、救助平民的一股重要力量（Ride, 1981）。利銘澤據說則出任賴廉士的顧問一職，為他提供意見及情報（利德蕙，1998；Snow, 2004）。

據首位華人政務官（Administrative Officer）而日後又出任助理華人政務司的徐家祥憶述，他在1942年由香港逃難到曲江，與BAAG會合，並向賴廉士報到。期間，他發現賴廉士身旁站著一位中年華人，與他傾談後發現對方的英文很好。對方向自己介紹指他的名字叫利銘澤，英國牛津大學畢業，父親乃香港名聞一時的巨富利希慎。期間，徐家祥得悉利銘澤乃國營中國茶葉公司的顧問，並被查問自己如何由香港逃難到曲江，路線如何——尤其是對「紅軍」或「東江縱隊」的活動甚感興趣。利銘澤甚至追問徐家祥是否與某些徐家祥自己也從沒聽過的人物有聯繫？當利銘澤知悉徐家祥家住粉嶺時，又查詢是否認識兩位朋友——李漢錦（Li Hon Kam）及李漢池（Li Hon Chee）。徐家祥一五一十地告訴利銘澤，李家乃粉嶺大戶，他認識兩人，有時碰面時會與他們打招呼，但不很熟，反而與他們的弟弟則較熟識，因為他乃徐家祥的同學。該面談據說維持了接近半個小時，談論內容頗廣（Tsui, no year），間接說明當年的利銘澤曾經與賴廉士一同為拯救淪陷區的平民及抗日人士並肩作戰、緊密合作。

正是這種關係，日後當賴廉士出任香港大學校長一職時，利銘澤被委任為校董會成員（參考〈公益〉一章之討論），而賴廉士日後在某些方面給予利銘澤無形幫助，相信亦顯得不容低估。事實上，利銘澤協助港英政府抗日的活動還不止於此。據John Stokes 及Gwenneth Stokes（1987: 127）在其有關皇仁書院校史一書中透露，「利銘澤曾在重慶為英國擔任收集情報的

工作」（R. C. Lee served with British Intelligence in Chongqing），這相信亦是日後利銘澤能獲港英政府垂青的某些重要原因。由於利銘澤無論是在國民黨的層面，在共產黨的層面，甚至是在港英或英國政府的層面，均建立起一定人脈關係及網絡，因而頗能遊走各方，在貢獻一己力量的同時，亦發揮了本身的影響力。

在日軍的軍事佔領下，由於糧食供應不繼，價格大幅飆升，不產粒米的香港迅即陷入「絕糧」境地。為了應對此一棘手問題，日軍政府初時實施所謂「六両四」的食米配給方法，繼而將大量居民趕出香港，美其名是採取「歸鄉政策」，實質是為了減少糧食等負擔（鄭宏泰、黃紹倫，2005）。對於利氏家族而言，糧食供應或者並不像貧苦市民般緊張，但人身安全同樣毫無保障，隨時遭到日軍的刁難與威脅。年輕而育有三名年幼子女的利銘澤妻子黃瑤璧，由於沒有丈夫在旁照顧，情況看來更為嚴峻。利德蕙這樣介紹：

香港投降後，利家許多人便由利舞台的避難所搬回住所，母親帶著我們三個孩子和其他家人一起回到利行……對母親來說這是一段非常艱苦的日子，一個年輕的母親，獨自帶著三個孩子，丈夫又不在身邊，但她全然不知自己受到父親派來的「情報員」暗中照顧。（利德蕙，1998：37）

利德蕙這裏所指的「情報員」，應該是「廖承志於廣州淪陷後，在香港組成的東江縱隊的港九大隊」。其中的重要工作，是「幫助國內要人和國際友人逃出香港」，亦曾經協助營救賴廉士等人，護送他們到曲江（相關討論可參考周奕在《香港英雄兒女》一書的深入介紹）。利德蕙還認為，其

父親曾「全力幫助更多的人逃離香港」（利德蕙，1998：37-39）。

日軍侵佔香港前後，利銘澤參與營救居港中外政要及平民的活動——尤其是在廣東東江地區的游擊工作，令他有機會認識不少中國政壇上極為吃重的人物。和平後，這些人仍與他有緊密往來，變成利銘澤深厚人脈網絡及社會資本的重要組成部份。利德蕙這樣介紹：

母親帶著我們兄妹三人進入中國時，父親已在廣東東江地區游擊隊的基地惠州活動……這段時間，父親結識了孫中山先生的遺孀宋慶齡女士，和毛澤東好友斯諾（Edgar Snow）及多位蔣介石國民黨政府的高層官員。戰後斯諾每到香港辦事時，都會借用父親的辦公室。（利德蕙，1998：39-40）

原來，一直令利銘澤最為牽掛的是他柔弱的妻子及三名分別只有 4 歲、2 歲和未滿週歲的兒女（參閱〈離世〉一章註釋 5 至 8 的內容補充）。正因如此，因為參與抗日工作未能抽身的他曾託地下工作人員（據推測是東江縱隊港九大隊的游擊隊員）帶信給黃瑤璧，著她帶同兒女離港返回大陸。初時，黃瑤璧因為擔心內中有詐，沒有同意。後來，利銘澤再次傳遞更清楚明確的信息，她才收拾行裝，長途跋涉地由港島渡海九龍，乘火車至粉嶺，再取道沙頭角入惠陽，至惠州，再轉赴韶關，然後入廣西而抵桂林，與利銘澤相會。其過程之艱辛複雜多難，如沒「受到游擊隊員一路保護」，相信凶多吉少，難以完成（利德蕙，1998：42-43）。

一方面因為日軍政府採取「歸鄉政策」，另一方面亦考慮到日軍佔領下的香港並不安全，而黃瑤璧與兒女成功逃離香港又令大部份家族成員意識

到，離港避難實在較為合適。正因如此包括利銘澤主母、生母、四母及一眾弟妹、子姪等人乃選擇離港，當中的胞弟銘洽逃返家鄉新會，四母逃到廣西梧州，只有三母及其子女仍然堅持留守香港，其餘則大多採取不同路線由香港逃到戰爭的大後方。初期，他們在桂林安頓，之後則因日軍不斷進迫而輾轉退往宜山、獨山、貴陽等地，最後甚至轉到了重慶，直至抗日勝利才離渝返港（利德蕙，1998）。

大部份利氏家人離開後，香港糧食不繼的問題一如所料地不斷惡化。日軍政府的所謂「六兩四」配給白米政策亦變成空話。初時，減配白米，加入雜糧，隨後又不斷降低食米品質，以碎米及黃荳充當白米，最後則在糧絕米盡的兵荒馬亂時刻推出所謂「糧食自由政策」，將確保居民糧食穩定供應責任拋諸腦後，令無數居民無以為繼、飢寒交迫，餓死街頭變得司空見慣。連日軍控制下的報紙亦這樣報道當時居民餓死街頭的新聞：「……最近本港米糧之輸入數字，在供求上時虞不足，同時，香港生活程度（水平）日高，覓食維艱，每日死於飢餓者，數達七、八十人之眾」（《香島日報》，1945 年 8 月 1 日）。這個每日「達七、八十人之眾」的餓死數字，當然不是真正「餓死人」的數字，實際數字應該更多，但已極為鮮明地反映了香港那段最黑暗的悲慘歲月（鄭宏泰、黃紹倫，2005）。

大後方

為了做好持久抗敵工作，確保糧食、炮彈及醫藥等補給物資源源不絕運往前線，作為戰爭後勤基地的大後方，生活條件其實十分艱苦。事實上，由於大部份國土早已落入日軍之手，可以投入農業及工業生產的部份已經不多，加上生產過程常遭敵軍破壞，物資供應其實極為缺乏。至於依靠外

國——尤其是美國——的支援，自然顯得極為重要（郭廷以，1979）。

然而，由於中國沿岸已被日軍封鎖，外來物資難以從東北、東及東南方輸入，反而與印度、越南及緬甸等國接壤的西南方——尤其雲南、廣西等省份，則變成物資輸送的重要管道（吳相湘，1974；鄭浪平，2001）。要確保物資供應的暢通無阻，交通運輸自然成為核心。至於身為專業工程師的利銘澤，在修橋築路、完善運輸系統方面可謂學識與經驗同樣豐富，因而再獲國民政府委以重任。

利德蕙指出，1942年左右，日軍加強進攻，廣西軍情告急，中央政府極需整修黔桂鐵路，藉以確保物資供應，同時疏散難民，於是便成立一個共有四位工程師組成的委員會，由國民黨員侯家源主持，但他們「仍需一位有能力及可靠的人手監督工程進展」，所以特別推選利銘澤為該委員會的國民黨榮譽執行委員，確保建築工程順利進行（利德蕙，1998：46）。

針對利銘澤曾經參與修整黔桂鐵路一事，我們在南京第二歷史檔案中找到一些相關資料，該資料題為「黔桂鐵路特別黨部成立經過及辦事細則、組織簡則和黨員通訊實施辦法與會議紀錄」，內裏提及利銘澤乃該組織的委員，分別在1943年1月30日下午1時及1943年4月30日上午9時出席了該組織的會議，顯示他確實在整修黔桂鐵路上付出汗水及心血。在其中一次工作會議中——看來是完成工程之後，利銘澤更曾因為安排新道路通車典禮的問題發表了報告，其節錄的要點如下：

利委員銘澤報告：關於本路通車獨山慶祝典（禮），本部準備參加電影幻燈畫展

等節目，擴大慶祝一案，本人已與桂林英使館電影宣傳處商妥，屆時可在獨山放映第二次世界大戰影片。（中國第二歷史檔案館，全宗號717/目錄4/案卷號1237：沒頁碼）

這則簡單的紀錄帶出三項有趣信息：（一）在興建黔桂鐵路獨山段的事宜上，利銘澤確實曾經參與其中，扮演一定角色；（二）在那個烽火連天的時刻，通車時的慶祝活動只是電影幻燈畫展而已；（三）由利銘澤出面與桂林英國領事籌借，才可放映「西片」——第二次世界大戰的影片，算是那時一種最令人歡欣鼓舞的「禮物」了。

在一篇刊登在《貴陽文史雜誌》（2007：1-4）上的文章中，我們發現利銘澤在1944年前還曾經擔任監督柳州至南丹路段的工作。該題為〈民主人士羅次啟〉的文章提到，中國遠征軍第66軍第28師的特別黨部書記在1943年到了宜山，督導黔桂鐵路的獨山路段，1944年則奉調至柳州，接掌柳州至南丹路段，而他的前任則是利銘澤。文中這樣寫：「次（1944）年元月，羅次啟從獨山奉調到柳州接任利銘澤督導的柳州—南丹段」。按此推斷，1944年起，利銘澤應該不再長駐柳州，而是轉到重慶。

從四川省檔案館的《國民黨政府各院部會科員以上職員錄》（檔案號：3/1609/4）中，我們注意到，擁有工程師資格的利銘澤，自1944年1月起加入了審計部[6]，出任審計專員一職，負責與本身專業訓練截然不同的工作，安排令人頗感奇怪。可惜，由於資料所限，我們實在無法準確掌握。

在監督及籌建道路運輸系統以確保物資供應之餘，利德蕙還特別提到，指

利銘澤曾在中國醫藥物資極為匱乏的時刻，憑著本身的人脈網絡及關係，爭取不少這方面的珍貴物資，協助國民政府救助不少患病同胞。

戰爭歲月中，父親積極抗日行動之一，是做中國紅十字會義務司庫，因著這層關係，他可取得一種中國無法找到的西藥，學名為胺基苯磺醯，專治敗血病（利德蕙，1998：46）。

在那個烽火四起而日軍又步步進迫的時刻，利銘澤為何能夠取得國民政府最為欠缺的「醫藥及毛毯等物資」呢？利德蕙所指的利銘澤乃中國紅十字會司庫，可能只是原因之一；另一不容忽略的因素，相信是他那時經常與「英軍服務團」的賴廉士一直保持著緊密聯繫有關，而賴廉士手上則掌握了不少這方面的物資（利德蕙，1998：40）。

在那段戰爭的歲月，利氏家族雖然多次因為逃避日軍轟炸而輾轉流徙，但幸運地得保平安。由於部份年幼弟妹及子姪仍在求學階段，當他們逃難到每一地方時，利銘澤均會要求並代為安排「原地就學」，以免荒廢學業，其重視教育的意識極高。另一方面，由於當時的生活條件欠佳，過往不用為生活而「落手落腳」或「憂柴憂米」的家族成員，無論是種瓜養雞、燒水做菜，很多時均需親力親為，與鄉村郊野的接觸更是極為密切。各種生活及體驗日後更變成了他們「美好的回憶」（利德蕙，1998：49）。

其次利德蕙還提到，其時只有 16 歲的利銘澤弟弟利榮康，曾經想過從軍報國，上陣殺敵，但因年齡未達水平而不獲接納。雖然從軍不成，由於利榮康的英文基礎良好，後來改為加入中國政府，擔任傳譯工作，期間更曾一度

被調往緬甸服務（利德蕙，1998：49），可見生於大富人家的子女，在那個戰爭的年代，亦充滿報國心，雖未完成學業即投身社會。一句話，戰時生活雖然顛沛流離，極為困苦，但他們卻能更為緊密地走在一起，共渡難關。

重光

日軍在 1937 年發動反文明、反人道的侵略戰爭之時，曾自恃武器精良而誇下海口，認為只要三個月時間便可鯨吞中國，令四億中國人民臣服。然而，舉國上下的中國人民並沒真的給日軍強大炮火嚇倒，而是在民族生死存亡的關鍵時刻組成了鐵血長城，奮力作戰，令日軍在戰爭的泥沼上愈陷愈深，難以自拔，最終更要向中國人民舉手投降，嗜回自己一手種下的苦果，其子孫後代甚至要為此而承擔難以推卸的罪孽。

日軍入侵香港和引爆太平洋戰爭之初，日軍仍精銳四出，不斷侵略太平洋及東南亞等國家或地區，使其「大東亞共榮圈」的版圖急速擴大，令人以為其軍隊無堅不摧。事實上，到了 1944 年中，一方面是中華大地吸納了主要的戰鬥力量，令其陷於進退維谷之中。另一方面則是太平洋的盟軍採取了反守為攻的「三路包抄」戰略，其中的第一路美軍已擊退了塞班島上的日軍，盟軍的飛機更加可以飛越日本領空，任意轟炸日本本土，顯示外強中乾的日軍已如強弩之末，時日無多（吳相湘，1974；鄭浪平，2001）。

踏入 1945 年，中華大地上的日軍已屢吃敗仗，在盟軍的夾擊下節節敗退，防線近乎全面崩潰，在中國大陸、太平洋群島、菲律賓、緬甸、馬來西亞和新加坡等戰場及佔領地遭到了迎頭痛擊，顯示其戰鬥力和防衛力已遭大大削弱（吳相湘，1974；鄭浪平，2001）。可是，垂死掙扎的日本軍國主

義者，仍不肯投降，並組織所謂「敢死隊」，作最後抵抗，希望能僥倖扭轉敗局，延續其建立「大東亞共榮圈」的美夢。

1945 年 8 月 6 日及 9 日，當美國戰機在廣島和長崎投下兩枚原子彈時，日軍才從自己的千秋大夢中驚醒過來。事實上，腹背受敵的日本政府，此時已明白到自己的大勢已去、返魂乏術。同月 15 日，日暮途窮的日本天皇終於接受《開羅宣言》（*Cairo Declaration*）及《波茨坦宣言》（*Potsdam Proclamation*），正式向全世界宣佈無條件投降（郭廷以，1979）。至此，嗜血好戰的日本軍國主義者亦最終要向和平正義俯首稱臣，解除武裝，承認戰敗。

經歷漫長抗戰歲月的中華大地，雖然哀鴻遍野、滿目瘡痍，但最終還是迎來了光明與勝利，市民大眾歡天喜地、奔走相告的興奮之情，自然不難理解。接獲日軍投降消息時，身處重慶的利銘澤等人亦喜不自勝，但他顯然隨即想到更為重要問題 —— 尤其是日軍突然解除武裝後容易出現的權力真空及如何交接問題，因為家族在香港的很多財物、產業曾被日軍所佔。

利德蕙指出，當利銘澤知悉消息後，立即與主母等核心家族成員先行離渝，其他親屬則在大局底定之後才陸陸續續收拾行裝回到香港。她這樣寫：

一九四五年八月，父親、三叔（即利孝和）[7] 及祖母，與邱吉爾首相派駐中國戰區的特別代表 Sir Adrian C. de Wiart 中將乘坐同班飛機，由重慶飛回香港。自從一九四一年十二月香港被日本佔領後，金融制度已完全脫序，因為父親身為第一批返港人士，匯豐銀行便委託父親帶回大量現金。（利德蕙：1998：51-52）

這兒帶出三點最值得咀嚼的問題：（一）為何是黃蘭芳、利銘澤及利孝和三人先行？（二）為何可以乘坐邱吉爾駐中國戰區特別代表的飛機？（三）為何匯豐銀行會委託利銘澤帶大量現金（港幣）返港？嫡長問題顯然是第一個問題的核心，與英國高層關係密切乃第二個問題的最好反映，家族長久以來與匯豐銀行關係密切則相信是第三個問題的其中一些解釋。

但是，我們應對「帶回大量現金」一項存疑，原因之一是香港淪陷期間，原有金融體制停頓，日軍政府曾發行軍票，取代港元，作為流通貨幣。原因之二是滙豐銀行庫存及未發行的備存現鈔應全滯留在港，日軍政府便曾迫令總經理簽發一億二千萬港元無儲備新鈔。重光後，匯豐銀行悉數承兌，並補辦儲備。原因之三是英軍接收香港後，臨時政府暫以英鎊取代軍票，滙豐銀行亦毋須急於委託利銘澤自重慶携港鈔回港。原因之四是滙豐銀行原董事局癱瘓，管理層多被拘留集中營，業務停頓，駐倫敦顧問委員會臨時受命代為決策，令倫敦分行及紐約分行可維持營運。原因之五是手提箱容積不大，可携帶現鈔數量有限，若是利銘澤代友携回香港存入滙豐銀行，則較可信。反過來說，假若滙豐銀行需自重慶運港鈔回港，應是該兩分行兌換回來的，但為何不待摩士回港安排復業時才一併運回，而需冒險經重慶轉運？由於疑點太多，我們推斷「帶回大量現金」一項並不可信，或只是坊間未經確實的以訛傳訛。

世事很多時是有失有得、出人意表的。傾盡心力、毫不計較地貢獻己力的舉動，明顯令利銘澤贏得了各方的讚賞，亦讓他建立起連繫各方的人脈網絡 —— 尤其是與中國共產黨不少高層領導之間患難之時發展起來的友誼，提升了個人的政治能量及社會資本，日後因而能夠在中港事務上發揮

更具份量的影響力。對於利銘澤在抗戰期間全心投入保家衛國洪流中的舉動，其牛津大學同窗錢昌照如下的一段描述，或者可以視作這段時期的一個簡潔註腳：

他熱愛祖國，抗日戰爭時期，日軍佔領香港前夕，他拋棄全部財產，甚麼都不帶，偕同母親，兄弟姐妹全家飛到重慶，生活很簡陋。日本人從香港敗走後，他回到香港，收回了全部產業。（錢昌照，1998：15）

傳統智慧總是說「梅花香自苦寒來」。一場前所未有的戰爭雖令無數中國人及利氏家族成員吃盡苦頭，但經歷殘酷戰火洗禮的倖存者，往往更能脫胎換骨，看破世情，體會人生與世事的變幻無常，亦更加珍惜得來不易的和平安逸與一家團聚。無論是國是家，重見和平之後，大家極為熱切地渴望重投建設，早日恢復經濟生產及社會元氣。

結語

戰爭的手段雖然極為殘酷，對人類社會所造成的破壞最是無法彌補，但極少部份自以為是的政治人物總是喜歡拉扯各種藉口，挑起戰禍，誠為人類的不幸。對於無數曾遭蹂躪的中國人民而言，經歷八年抗戰的艱苦歲月之後，和平確實得來不易，因而十分渴望可以休養生息，逐漸撫平創傷。

對於曾經走過鬼門關並經歷生離死別的利銘澤及其親人而言，和平同樣意義深遠。過去可能會因為一些芝麻綠豆小事而爭執不休的情況，回頭看顯然是輕舟已過萬重山的一去不留痕了，甚至有可能領略到同舟共濟、兄弟並肩反而更能活得稱心寫意的事實。至於廣東俗語所說的「一枝竹仔易折

彎，幾枝竹紮斷折難」，更簡潔扼要地道出了富家大族如何才能保持歷久
不衰、持續發展的核心所在，給他們帶來更多體會。

註釋

1. 據錢昌照（1998）的自述，他此時出任國民黨核心組織之一的「資源委員會」（原名國家設計委員會）委員，在蔣介石身邊頗有一定影響力。以他早年在牛津大學與利銘澤識於微時的交情，沒可能不會彼此扶持，況且當時的國家又確實是用人之際 —— 尤其是極需外國物資及外國力量協助之時，更需一些深懂運轉乾坤、能夠奔走外洋的專才。另一方面，據魏白蒂的描述，1938 年左右，劉紀文的女兒 Dzah-tseng 曾因逃避戰亂來港，並在利銘澤家中住了 6 個月之久（Wei, 2005: 126），顯示利銘澤與劉紀文的關係一直極為密切。

2. 1939 年 5 月，香港政府憲報刊登公告，指按相關法例，將利銘澤列入「特許建築師名單」（List of Authorized Architects）中，可以在港執業（*Hong Kong Government Gazette*, 3 May 1939）。

3. 廖承志，廣東惠陽人，乃中國近代史上其中一位極富傳奇的人物。其父母廖仲愷及何香凝乃國民黨創黨元勳，角色吃重，但父親後來卻因思想左傾而據說遭國民黨右派人士暗殺。他本人少年之時即加入國民黨，之後則轉投共產黨，並長期從事地下工作，抗戰期間尤其活躍於粵港之間（李榮德，1998；鐵竹偉，1999）。

4. 此點看來只屬利德蕙的主觀印象，並非事實，因利銘澤乃中央政府官員，沒可能以私人身份抗日。中央政府播遷陪都重慶後，在淪陷區抗敵，全賴游擊隊地下工作，華南則中共勢力範圍。蔣介石 1927 年清黨剿共，中共轉入地下活動，以避其鋒，在英治香港及華南勢力盤根交錯，抗戰時自然大派用場，利銘澤參與其中，照應家眷，實亦一舉兩得。

5. 國民黨若要捉拿中共要員周恩來，應是絕密之事，利銘澤既非國民黨員，更非核心軍政要員，怎可能得悉如此機要行動。此外，抗戰的非常時期，國共借機消除對方要員如周氏，應不大可能。換個角度看，以周恩來之歷練，怎會輕信素無交往之國民黨中央政府技術官僚。故利德蕙所述很可能只屬人云亦云的口耳相傳，並不可信。較接近事實者，應是周氏曾遇險或蒙難，偶得利氏與英軍服務團之助脫險。至於事件與國民黨抑或日寇有關，則不得而知，但以後者較合情理。

6. 當時的部長為林雲陔，政務次長為劉紀文。

7. 據利德蕙（1998）記述，逃難時期，擁有法律專業的利孝和，已能以上海商業銀行（此銀行前身名為上海商業儲蓄銀行，乃現代銀行家陳光浦所創。1949 年，陳光浦避居香港，翌年，銀行在香港註冊並成立分行，繼續營業，1954 年，銀行在台北設立總管理處）董事身份入住該銀行在重慶的天壇新村的樓宇，而他六、七十年代在香港的某些正式登記文件上，亦常填上「銀行家」（banker）的職業，反而並非律師或公司董事的類別。

日軍宣佈投降3日後的1945年9月1日，英國海軍少將夏慤（C. H. J. Harcourt）率領軍艦抵港，臨時接管香港。為了穩定社會，重建經濟，在9月1日正式接管香港後，夏慤頒佈《英國軍政統治公告》（*British Military Administration Proclamation*）和《委託權力公告》（*Delegation of Powers Proclamation*），實施強硬的軍事統治（*Hong Kong Government Gazette*, 1 September 1945）。之後，再按這兩項重要的軍事管理法令，統制各種與市民生活及經濟建設息息相關的重要物資如糧食、油鹽、燃料和印刷材料等。

其次，軍政府又制定了一套戰略性的過度性措施，對進出口貿易、工商業經營、住房和工資等，實施不同程度的監察和規管。有鑒於銀行金融制度方面的重建，軍政府則修訂了原來的《延期付款法令》（Moratorium），一方面凍結各銀行戰前的資金，另方面則安排部份已通過考核的銀行，讓其盡快開業經營，恢復經濟動力。面對那個百廢待興、千頭萬緒的格局，攜同主母及胞弟乘坐軍機自重慶返回香港的利銘澤到底如何應付呢？經戰亂之後，家族企業經歷了何種脫胎換骨的轉變呢？利銘澤本人又如何在那個巨變迭起的年代憑著過人材幹脫穎而出，迅速崛起成為叱咤一時的香港社會領袖呢？

接班

相對於1931年左右的年方25歲時，志大氣銳地決定離港赴穗，那時的利銘澤可謂寂寂無名，基本上只是一個初出茅廬的富家子，既沒工作經驗，人生閱歷粗淺，人脈網絡及社會地位更是似有若無。經過戰爭洗禮，生活

磨練，亦參與了各種抗日工作的利銘澤，剛達不惑之年而返港之時，可說是截然不同了。不但做事處世成熟了不少，聲望地位獲得了肯定，社會資本相當豐厚，人脈網絡更是無孔不入地伸延至不同層面的核心。

在本地的社會與政治層面上，日佔時期，華人社會精英逃的逃、死的死，留下來的又有不少因為不同考慮及原因而屈從於日本軍政府，其忠誠在重光後受到殖民地者的質疑。在那個百廢待舉而可以選擇的華人代表又「所剩無幾」的情況下，具有多方面優勢，又較能獲得港英政府信任的利銘澤，自然變得炙手可熱（Snow, 2004）。一方面，利銘澤與賴廉士已經建立了私人友誼。賴氏不久獲推舉為香港大學 —— 當時香港唯一大學 —— 校長，地位之崇高，可想而知；另一方面，利銘澤與摩士的關係亦趨密切。1941 年，當匯豐銀行 —— 本港龍頭銀行 —— 總經理祁禮賓（Vandeleur M. Grayburn）被日軍關進集中營時，摩士臨危受命，接掌匯豐銀行大班一職（King, 1992）。利銘澤與這兩位極具權威的在港英國精英識於微時，在戰後重建而極需可信賴並具西學背景人材之時，獲得了更大的發展空間，實在不難理解。

在中國大陸的社會及政治層面上，由於曾經服務於國民政府，作出不少貢獻，又與不少高層官員 —— 例如劉紀文、錢昌照、袁夢鴻 —— 私交甚篤，利銘澤在政府內部，同樣享有不可低估的地位及聲望。另一方面，由於利銘澤曾間接參與東江縱隊的活動，與不少共產黨核心人物 —— 例如廖承志、周恩來及宋慶齡 —— 均有直接或間接的交往，因而能夠得到他們的信賴和支持，為他日後能在中港之間奔走創造十分重要的條件。

就算是在英國政府的層面，利銘澤亦因身在重慶之時曾經為英國軍方提供情報而贏得了英國高層的信任，加上曾經擔任其留學英國時期家庭教師的邱吉爾，與戰時首相邱吉爾可能來自同一家族（參考〈留學〉一章的討論），因而有助利銘澤打通與英國政府的關係，令他不久即能獲得港府垂青，在香港的政治事務上發揮影響力。

正是因為當時社會求才若渴，亦顯然注意到自己已非昔日的吳下阿蒙，亦清楚明白到戰後的百廢待興，不論是家族、企業或是香港社會均需要自己的一份力量，同時亦「軍情緊急」，利銘澤乃在獲悉日軍投降消息時迅即動身，攜同主母及胞弟由重慶飛回香港，一心要貢獻一己的力量，為家族與社會肩負更大責任。

由於家族在港的財產 —— 尤其是物業地產 —— 頗有不少，當中大部份又曾被日軍掠奪，或是遭人佔用，因而必須在那個社會秩序仍沒完全確立，而經濟條件又風雲多變之時，找到核心，釐清產權問題，以免節外生枝。舉例說，利希慎置業有限公司的不少登記文件便已在戰時散失或損毀，因而必須向政府相關部門辦理各種確認手續，為家族企業日後的發展打下重要基礎一事，利德蕙的介紹可謂十分實在：

戰後重整家族事業困難重重、進展緩慢，因家中許多地契證件在戰爭中遺失。父親和他戰後第一個秘書江蕙蘭（後來和父親堂弟結婚，成為我們的嘉驥四嬸 —— 原註），常一起去政府田土註冊處找文件正本，八叔公（祖父堂弟 —— 原註，即利樹燊，利良奕第八子）在田土註冊處上班，幫了不少忙。最麻煩的是祖父購買地產時，部份置在祖母及利希慎置業有限公司名下，另一部份又

在代表祖父後裔的利綽餘堂公司名下。

因戰爭的破壞，利家許多物業亟待修葺，有些古老的舊樓甚至沒有抽水馬桶衛生設備。戰後政府限制房東不得將屋租提高超過戰前的水準，有些業主所收租金僅能勉強支付稅金，令許多業主無力修葺物業，我們有些舊樓的單位僅收月租港幣二十元。而且在日本佔領香港時期，有些租客離開香港逃至中國之後，空置單位被他人強佔，當時流行多次租用（應為「租上租」，即由租客轉租其他租客，但沒有獲得業主同意——作者註）及多層分租，所以合法與非法租客混淆不清，難以分辨。（利德蕙，1998：81）

據利德蕙介紹，當時的利氏家族組成了兩家租務公司，一家為利綽餘堂，專責管理黃蘭芳名下的產業，一家為利東公司，專責管理利希慎置業有限公司的產業。然而，若果我們細查公司註冊署的資料，則可推斷利德蕙的介紹可能有些混淆。她先引述江蕙蘭所述，指部份物業置在祖母黃蘭芳及利希慎置業有限公司名下，另一部份在代表祖父後裔的利綽餘堂公司名下。其後又引述利榮森所說，指利綽餘堂乃黃蘭芳名下物業之租務經理，利東公司乃利希慎置業名下物業之租務經理，前後頗為矛盾。據公司註冊署紀錄，利希慎置業有限公司原是為收購利園山（東角山）物業而成立。土地註冊署的紀錄顯示，黃蘭芳在灣仔原擁有物業，包括皇后大道東地段（現今合和中心一帶）、利東街等，購置日期早於利園山（參考《一代煙王：利希慎》一書）。故此，利東公司應是在更早成立之管業公司。利德蕙亦記述黃蘭芳生前多次轉贈名下物業予子女，因該等物業屬於她的「私房錢」。利銘澤接掌後，應曾進行架構重整：利希慎置業有限公司成為家族物業旗艦，利東公司及利綽餘堂併入利希慎置業有限公司，而黃蘭芳名

下物業則交利綽餘堂代管。也即是說，江蕙蘭所述者乃重整前的情況，利榮森所述則是重整後情況。

另一方面，我們還注意到，在港擁有大量物業的利氏家族，竟然有家族成員——利希慎堂弟——在土地註冊處上班，情況同樣耐人尋味。正因如此，他才能給常去「查契」的利銘澤提供協助，「幫了不少忙」。到底利希慎堂弟在田土廳工作一事純屬巧合，抑或是家族的刻意安排呢？由於資料所限，我們沒法提供準確答案。當然，最為核心的問題，應該是在釐清物業擁有權之後確定財政收入。因為這樣一方面可防止家族財產遭人強佔，以免削弱企業財政，另一方面則可有效徵收租金，增加家族的收入。換言之，由於家族中的部份地契及證明文件在戰爭中遺失了，能否盡早確立擁有權自然顯得極其重要，而利銘澤能夠在那個關鍵時刻扮演重要的領導角色，並利用不同關係網絡以避免家族財產流失，自然能為日後推動家族企業的進一步發展奠下基礎。

舞台

正如我們在《一代煙王：利希慎》一書中提到，當利希慎從渣甸洋行大班手中購入銅鑼灣山頭之初，即將該山頭的大部份土地闢為遊樂園，成為當時普羅市民休閑娛樂的好去處。另一方面，利希慎又將銅鑼灣山腳原渣甸洋行大班1號大屋拆卸，再擴大規模，進行重建，並於「一九二六年（蓋成）一座金碧輝煌而具有當時先進旋轉舞台的中國劇院——利舞臺」（利德蕙，1995：31），成為當時極受歡迎的娛樂表演場地[1]，尤其是中國傳統戲劇方面（鍾寶賢，2009），而利舞臺的一切生意經營投資，則由家族全權擁有的民樂公司負責，與前文提及的利綽餘堂公司及利東公司分開，其

考慮點既是為了便於管理，亦是為了減少風險、避免相互牽連，可見當年的利希慎已懂得經營綜合企業之要訣，各單位獨立管理，自負盈虧。

不論貧富，不分男女，每個人總會有屬於他們的舞台。有些人的舞台在政治，有些人在商業，有些人則在學術、藝術或家庭。人生如戲，或戲如人生，有些人在前台表演，有些人在後台配合，有些人則為別人提供表演舞台。利希慎按照本身的意願興建了利舞臺，為別人提供了表演的舞台，但同時又為子孫後代提供了一展所長的空間，令利舞臺日後變成了利氏家族的最大象徵（icon）。

日軍鐵腕佔領期間，利家大部份成員避難中國，利舞臺自然全面停頓。重光後，利銘澤在爭分奪秒地辦理各種土地註冊手續，釐清家族與相關物業的擁有權，並著手修葺破舊殘缺物業，從而提升相關物業價值之餘，又趁著經濟百廢待舉，工人急待就業的時刻重修停頓日久的利舞臺，並著手興建利園山周邊的物業。據 Philip Snow（2004：284-287）引述戰後首任布政司麥道高（D. M. MacDougall）的憶述，指利氏家族動工修葺利舞臺的舉動，曾經被視作社會穩定、投資信心恢復的指標，因為普羅市民看到富家大族在大興土木時紛紛表示："The Lees are building!"（利家在動工了）。經過一輪緊密工程之後，煥然一新的利舞臺在 1946 年重新開門營業，再次為普羅市民提供文康娛樂服務，散播笑聲喜樂。

據利德蕙的記述，重新裝修的利舞臺，不但引入了先進的闊大銀幕、高質素音響和多重燈光等設備，又配置舒適豪華的座椅。還不惜成本率先引入西方流行一時的經典西片，讓香港人接觸西方最前、最尖、最摩登的生活

風格及大眾流行文化。另一方面，利舞臺又成為傳播中國傳統戲曲藝術的重鎮，著名的仙鳳鳴粵劇團便經常在利舞臺演出，且極受當時普羅市民歡迎（利德蕙，1998）。

本地歷史學家鍾寶賢則提到，利家大力支持粵劇表演的其中一個重要原因，與孝道有關。鍾寶賢（2009：120）這樣介紹：

利氏的母親（黃蘭芳）一直熱衷觀賞粵劇，但在那個年代，香港較大型的粵劇戲院卻位於西環石塘咀（如太平戲院 —— 原註），利母年邁，不宜長途跋涉，所以利氏便在利園山下自行蓋建戲院，一來可避免其母遠道跋涉之苦，二來經營戲院這新興行業也屬利潤可觀。

正是因為利氏家族乃香港其中一家率先為普羅市民提供大眾娛樂的企業，具有深厚的營運經驗及人脈網絡，又與不少梨園子弟往來較多，關係密切，家族日後才能在1967年牽頭創立香港電視廣播有限公司，並能在弘揚文化藝術的不同活動上推陳出新，為本地流行文化帶來一浪接一浪的大潮與迴響，豐富不少市民的精神生活和文化涵養（馬傑偉，1996）。

糧食

中國是一個以農立國的社會，稻米種植是農業的重要部份，人民的食糧更以白米為主。由是之故，中國人一向被冠以「食飯民族」，以「吃」（食）作為頭等大事。「民以食為天」、「食色性也」、「飲食男女、人之大欲存焉」、「足食足兵，民信之矣」一類的話，更是耳熟能詳。從另一角度看，中國人強調食為先、重視飲食的文化，或者是過往飢荒頻仍、

生活困頓的環境下，掙扎求存的一種條件反射。所謂「民以食為天」，這一問題在中國人心目中一直均十分重要——尤其是剛剛經歷了八年抗戰的歲月之後。

日軍投降翌年的 1946 年 6 月 26 日，中國國民黨與中國共產黨又因政治角力而大打出手，爆發新一輪內戰。內戰爆發初期，由於戰區主要集中在華北個別城鎮，加上衝突各方似有談判斡旋餘地，華南及港澳等人民均以為戰事很快便會平息（郭廷以，1979；張玉法，1985），人民生活所受的打擊尚不算大。

事實上，內戰再次爆發之初，國民黨仍因本身軍事實力遠遠超越共產黨而表現得信心十足。可是，由於黨內鬥爭不絕，管治威望日弱，加上戰略運用失誤頻頻，戰場上已遭遇連番敗仗，令國民黨軍隊的優勢盡失，甚至淪於被動捱打的險境，士氣極為低落。眾所周知，戰爭對人力及物力的消耗是極為巨大的，曠日持久而節節敗退的戰事不但造成無數軍民的死傷，亦給整體經濟帶來沉重的衝擊，其中的糧食問題，更最引起關注。

同樣是在重光翌年，曾經被日軍囚禁於瀋陽的戰時落難港督楊慕琦，在英國休養一段頗長時間後終於返港復職，接替夏慤，並宣佈結束軍事管理，恢復民政。至於利銘澤則獲楊慕琦委任為香港穀米糧食統制局（簡稱穀米局）的主管，接替另有重要任命的羅文錦，為確保香港人的每日三餐出謀獻策（香港米行商會，1979；鄭宏泰、黃紹倫，2005）。本來，經歷了 1945 至 1946 年的軍事管治之後，香港社會已逐漸恢復秩序。但是，由於大陸的國共內戰又再爆發，為著逃避戰亂的人民不斷湧入，不但糧食供

應緊張，房屋問題亦極為嚴峻。

注意到糧食牽動民心，影響社會穩定，出任穀米局主管期間，利銘澤可謂竭盡所能地尋找各種有助穩定糧食供應的方法。可惜，受到中國大陸戰火愈演愈烈的牽引，國際糧食供應又趨緊絀。為此，穀米局除了嚴禁糧食出口及尋求其他途徑之食米供應外，還大力推行節省糧食運動，希望藉此喚起居民節約資源，減少浪費，應付即將出現的飢荒和供求失調（《大公報》，1948年5月15日）。其次，政府又加緊各種打擊騙取政府配給米的行動，抑制米商屯積居奇（《星島日報》，1946年5月20日）。

所謂「巧婦難為無米炊」。由於當時香港的糧食供應主要由聯合國全權統籌，本身沒有太大的自主性，利銘澤實在很難突破糧食緊張的困局。加上當時的運輸困難，來貨時多時少、時暢時滯，米價自然易現波動。至於內地戰事的一些微妙變化或消息，很多時又會牽動本地居民的神經。舉例說，當有消息指受內地戰事影響香港糧食供應，政府可能會停止配售糧食時，社會民心便顯得極為恐慌，而穀米局便需為此而召開記者招待會，重申政府立場。

關於米糧配給制度，外傳停止一說，實屬謠言……刻下此間米價微漲，與西貢戰事不無影響，蓋該地為產米之區，運輸問題既受影響，米價當亦略上漲，今當局對米糧配給制度盡力維持，市民可安心，勿受謠言所惑。（《星島日報》，1947年2月2日）

事實上，在利銘澤出任穀米局主管期間，受國際米糧供應不足的影響，本

港的米價雖然曾有一些波動，並需維持配給的格局，但供應基本上保持充裕及穩定，市民大眾因而可以全心全意地投入經濟重建之中，令他進一步贏得了港英政府的信任。除了1948年5月港府特別致函表示謝忱（見本書第一章引言部份）之外，英國皇室更在1949年1月1日授予OBE勳銜，指利氏擔任穀米局統制官期間：「捐棄其個人之利益；慷慨為地方服務……而政績優越，大有利於香港」（《工商日報》，1949年1月1日）。至於普羅市民及米業中人顯然亦對他稱譽有嘉，甚至為他設宴慶賀（《工商日報》，1949年2月9日）。其中一位與利銘澤有交往並曾參與本港糧食供應的商人，在談及那段艱難時期的活動時，便提出了如下一段個人感受：

香港光復之初，糧食供應最為缺乏的時候，澤哥（即利銘澤）擔當重任，夙夜匪懈，親力親為，籌運大陸南洋各地穀米來港，為香港市民解決糧食問題。當時作為營（運）商，得陳永安夫人之介紹，認識澤哥及謝雨川先生，由市橋辦糧食來港，數量雖然有限，總算在澤哥指導下，做了一點一滴對香港有貢獻之工作。（李文，1986：42）

香港的糧食問題雖然基本上得到解決，但內地的飢荒問題，則因戰事影響而日趨嚴重，搶米之聲更是一浪接一浪。由於國民黨在戰場上連番失利，因而更需增加軍費，而濫發貨幣以套取民間財富，則成為主要方法，並因而導致嚴重的通貨膨脹，令國民經濟陷入失調脫序的格局。舉例說，自內戰爆發後，日常必需品如糧、油、柴、糖等在早上、中午和晚上的價格，便可以全然不同，幾乎到了「一時數價、瘋狂飆升」的地步，令平民百姓苦不堪言。

據歷史學家郭廷以（1979）的描述，由於兵戈不休，踏入 1948 年，物價即急速飆升，2 月份，白米每石已突破 300 萬元，3 月份又上升至 440 萬元，6 月份再升至 1,000 萬元，7 月份突破了 3,000 萬元；2 月份，黃金每兩為 2,200 萬元，7 月份已升至 1 億 1,000 萬元，8 月份更升至 6 億多元。另一歷史學家史景遷（Jonathan Spence）則這樣介紹：

1 袋米（重約 171 磅）於 1948 年 6 月初的售價是 670 萬元，到了同年 8 月漲至 6,300 萬元。同一時期，1 包 49 磅的麵粉，價格從 195 萬元漲至 2,180 萬元；1 桶 22 加侖的食用油從 1,850 萬元漲至 1 億 9,000 萬元。1937 年夏天，這 3 項商品的價格分別為 12 元、42 元及 22 元。（史景遷，2001：664）

很明顯，利銘澤主管下的香港糧食供應雖然存在著若干結構性問題，但相對於中國大陸的情況，實在已經相當不錯了。正因如此，當利銘澤任期屆滿而不肯續任時，港府轉為委任他作「亞洲及遠東地區經濟委員會」的香港代表（《工商日報》，1949 年 10 月 15 日），希望藉著其人際網絡及工作經驗爭取國際糧食供應。雖然新職的工作量沒有前職那麼多，但利銘澤仍需常到泰國、新加坡及馬尼拉等地開會，而當時的連串會議主題，仍圍繞著國際糧食的配給問題（利德蕙，1998；鄭宏泰、黃紹倫，2005）。

利銘澤轉任「亞洲及遠東地區經濟委員會」香港代表之時，共產黨的軍隊（解放軍）在東北地區的戰事中取得了全面勝利。不久，兩軍又在徐州對決，而國民黨軍隊再次敗陣，令華北全境盡落解放軍之手。受到連番失利的打擊，蔣介石被迫下野，李宗仁暫代其職。為了停止內戰，李氏曾向毛澤東提出和談建議，希望結束戰爭。不過，雙方的討價還價並沒達成協

議，戰火因而繼續燃燒（郭廷以，1979）。

1949 年 4 月中，共產黨人向李宗仁發出最後通牒，要求國民黨人放下武器、立即投降。李宗仁以要求不合理而不加理會，戰幔重開。同月 23 日，南京不戰而克，解放軍輕鬆入城。之後，武漢、杭州等大城市相繼解放。5 月中，沿江而下的解放軍不費多大氣力便拿下了上海。10 月 1 日，毛澤東在天安門古城樓上正式宣佈成立中華人民共和國，並指示解放軍繼續南下，追截蔣介石。10 月 14 日，經過連番戰鬥後，廣州亦落入解放軍之手，國民黨軍隊只能後退至海南島，之後再撤往台灣（史景遷，2001）。

對於中國大陸的翻天巨變，利銘澤顯然看得相當通透。至於國共兩黨的一失一得，在利銘澤看來應是民心背向的最大指標。對於一直與兩黨高層頗有交往的利銘澤在這段政權風雲色變時期的心態轉變，視為知己的牛津大學同窗錢昌照有如下簡單的介紹：

利銘澤滿腔熱忱地期望抗戰勝利後，盡自己的力量，幫助祖國建設。不料，蔣介石發動全面內戰，他感到非常傷心，入了英國籍，英國政府給予他爵士頭銜。（錢昌照，1998：15）

錢昌照這兒的描述明顯犯了兩點資料上的錯誤：（一）利銘澤生於香港，本身就是英國屬土公民，不用「入英國籍」了；（二）英國政府（在 1949 年）頒贈給他的只是官佐級勳章（OBE），未達騎士爵級頭銜（KBE）。雖則如此，錢昌照卻言簡意賅地點出了利銘澤政治立場與思想的重大轉變，指他原本計劃貢獻一己力量協助國家建設，但中國大陸政治

局面的急速轉變，則令他改轅易轍，暗示自那時起的利銘澤已經捨棄了國民黨。

還有一點值得注意，利銘澤雖然在中國政壇翻天覆地的時刻改轅易轍，但其一同赴英留學的胞弟利孝和，立場上卻一直支持國民黨。正如前述，利孝和乃律師出身，抗戰時期在大後方參與政治、法律、經濟方面工作，主理平準基金及擔任上海商業儲蓄銀行董事等。戰後，曾參與外交工作，派駐中國駐聯合國代表團。解放後，上海商業儲蓄銀行遭收歸國有，創辦人陳光甫移居香港，並將分行脫離母行自立。據說，因利孝和與陳光甫稔熟，續擔任「新行」董事。其後，陳光甫在台灣重整旗鼓、上海商業儲蓄銀行依法「復業」，董事包括榮鴻慶（即榮毅仁堂弟、榮智健堂叔）。利銘澤與利孝和兄弟、榮毅仁與榮鴻慶堂兄弟，或許表面上政治取向不同，實情如何則外人難以揣測。正因如此，利孝和據說一直持有中華民國的護照，與不少國民黨要員亦頗有往來。利氏兩兄弟政治立場上的各有選取，似乎讓人覺得別有打算、刻意分工的味道。

禁運

共產黨軍隊在短短三年間徹底打敗國民黨軍隊奪得大陸江山的勢如破竹，令人想到很快便可解放台灣。然而，1950年的一場韓戰，卻又奇跡似地扭轉了亞洲的戰略形勢，令台灣可以在那個波譎雲詭的格局中力保不失（郭廷以，1979），兩岸則一直維持著對峙局面。由於北京政府支援朝鮮與獲得美國支持的韓國硬碰，美國政府因而利用了聯合國的權威，對中國大陸實施貿易禁運，令一直依賴進出口貿易的香港經濟隨即陷入了困難境地，經濟前景顯得黯淡不在話下，失業率逐步攀升更嚴重地影響了社會的人心安定。

對於「貿易禁運」引致香港經濟停滯不前的問題，《星島日報》上一篇題為〈商業冷落戰後罕見〉的專題文章，或者可以作為當時香港經濟環境嚴峻的一個註腳。文章這樣寫：

目前本港商業冷落的情形，實為戰後所僅見。出入口貨，無論五金、西藥、工業原料、紙張、紗布，無一不是門庭冷落，失業人多，購買力整體衰退，引致市面飲食娛樂事業，直接大受影響……本年以來，成交寥落……主要生意如紙張、五金等，數月來竟無一單成交，其慘況可見一斑。若干商號負責人，對於問盤竟不願作答，亦有成交後雙方協議不將盤口公開，而暗作交投者……一般雜行，購入貨物，久候不變，資金周轉困難，或將貨轉按，或賤價沽出，「跳樓貨」不斷出現……（《星島日報》，1952年3月18日）

面對五十年代初的百業蕭條，利銘澤在思考家族企業的發展前路時自然亦顯得小心謹慎、步步為營，並只能憑著本身敏銳的目光及堅毅的意志應對內外變局。至於為求生存的其他大小商人，同樣只好憑著各自的企業家精神，各師各法地自尋出路。正因如此，不同商人三五成群、自動自覺地在市區邊緣的山邊或低漥地區搭起簡陋廠房，胼手胝足地自行生產各種各樣的工業製品，普羅市民為求生活出汗出力亦在所不惜，其產品則因價廉物美而暢銷世界各地，為香港的經濟注入了強大的生命力，因而將香港經濟推上了工業化的道路（Szczepanik, 1960；饒美蛟，1997）。

對於上世紀五十年代初香港經濟由貿易禁運走向工業化過程中利銘澤的應變之道及個人努力，利德蕙提出一些細微的觀察。她指出，1953年，利銘澤獲港英政府委任為市政局（前身為潔淨局）議員，參與地區環境衛生及

文娛等事務的討論，而當時社會最為關注的問題，則是如何走出貿易禁運的困境。另一方面，由於利銘澤熱心推動本地工業，在促進工商業自由發展方面頗有見解，因而獲委任為多個與工商業發展有關的公職，令他與工商界的關係更趨密切。到底利銘澤如何在推動本地工業發展的過程中發揮作用呢？利德蕙如下的一些例子，或者可以作為一點佐證。

早年因物資缺乏，小型工業難以發展，父親曾盡力幫助這些小工業，像專做糖薑的余達之和製造糕餅的嘉頓公司等，他們都非常感激父親協助他們取得糖的供應。（利德蕙，1998：55）

當然，我們必須指出，由於那時的利銘澤仍沒走進港英政府的管治核心，其推動本地工業發展的努力明顯只集中於地方或基礎層面。到了 1959 年及 1961 年，當利銘澤獲委任為立法局及行政局議員之後，才從較高層次發揮影響力。不過，那時的香港經濟格局已截然不同了，利銘澤的工作，亦偏重於如何宣揚本地工業製品的優良，從而提升香港產品的競爭力，開拓國際市場了（參考〈政治〉一章）。舉例說，1962 年 1 月 10 日，利銘澤曾在電台發表題為〈認識香港工業出品〉的廣播，指出香港製造的產品其實品質優越，極具競爭優勢，社會應多加推廣，在開拓國際市場的同時，發展本地市場（《工商日報》，1962 年 1 月 11 日），可見他對內外商貿形勢及市場同樣重視，不致顧此失彼。

由於貿易禁運的衝擊漸退，工業化的進程又比想像中理想，香港經濟乃逐步恢復元氣，不但市民大眾的生活自五十年代中開始漸見改善，利氏家族的企業營運亦明顯大有改善（詳見下一章的討論）。然而，就

在 1956 年 6 月 3 日，一直被視作家族核心人物的利銘澤主母黃蘭芳，卻因年老力衰不幸去世，享年 80 歲，令家人傷心不已（《工商日報》，1956 年 4 日 10 日），而利銘澤作為家族領導的角色則從此便顯得更為突出了。

俱樂部

一代社會學大師韋伯（Max Weber）提到，現代社會總會出現不同排他性質的團體或組織，在社會或經濟活動中造成壟斷，將「非我族類」者拒於門外，而語言、種族、祖籍、宗教或血統，則常常成為排拒他者、篩選成員的最基本條件（Weber, 1947）。港英殖民地政府管治香港期間，為了突顯本身的統治者地位及權威，採取了種族隔離政策，不但政府管治核心及重要官職只以歐洲人出任，將被統治的華人列為次等，連居住環境亦嚴格區分華人居住區及歐洲人居住區之別，不讓華人向空氣清新、景色優美的港島山頂的歐洲人居住區越雷池半步，就連文娛康體等聯誼社交組織，亦等級分明地堅持其種族及性別分隔的政策，不肯開放給普羅華人或女性參與。舉例說，二次世界大戰之前，香港賽馬會（Hong Kong Jockey Club）、香港會（Hong Kong Club），甚至是股票交易所（Hong Kong Stock Exchange）等等，均明文規定不接納華人會員，女性亦難以加入。

對於殖民地政府這種歧視華人的政策，貴為一代香港首富的何東、其子何世禮，以及其外孫羅德丞等歐亞混血人士，均曾經受到輕蔑與不公平對待（鄭宏泰、黃紹倫，2007 及 2008），普羅華人亦一律遭到排擠及歧視。利德蕙更提到，早年在英國牛津大學畢業返港後，志大氣銳的利銘澤曾希望加入香港會，但卻遭到該會冷待，那副種族歧視的態度，更令他深感羞

二十世紀初的香港會所。（圖片來源：高添強《香港今昔》新版，2005年）

辱，內心深處因而一直對殖民地政府那套種族歧視政策深惡痛絕。利德蕙
這樣寫：

父親永遠無法忘記 1927 年，他 22 歲由英國返港時，只因他是華人而被拒加入香
港會的恥辱……日後香港會反邀父親入會，但為父親所拒……1950 年代有一天，
我放學回家時，被引見兩位訪客，他們是葛量洪總督及夫人……他們走了之後，
父親對我說：『在學校別提這件事，因為總督的身份是不可以在中國人家中做客
的[2]。』我心中一直有疑惑，在這塊我們以此為家的地方，畢竟我們還是屬於二等
公民。（利德蕙，1998：75）

或者正是這種「自己的地方反而淪為二等公民」的感覺，秉性率直硬朗而
頗有理想主義者浪漫情懷的利銘澤，選擇了「另起爐灶」的方法，憑著個
人的努力與人脈關係，團結志同道合的友好 —— 尤其是那些同樣曾經遭到
不公平對待的人士，在重光不久倡議創立一家提倡多元文化、種族共融[3]、
無分彼此的文娛康體社交組織 —— 香港鄉村俱樂部（Heady, 1992）。

利德蕙進而指出，由於利銘澤與不少港府高層如布政司麥道軻及洋行大班
如藍道（D. F. Landale）、瓊斯（J. R. Jones）及摩士等頗有交往，構思獲得
一定支持，令港府最終答應，並劃出黃竹坑側的南朗山山麓的地皮作為俱
樂部的會址（利德蕙，1998）。綜合各方面的分析，我們不難發現，重光
之後，港英政府已深刻地了解到本地華人在建設及保衛香港方面曾經作出
了極為巨大的貢獻，他們的公民及政治權力其實不應長久被貶抑，並曾嘗
試調整過往近一個世紀歧視華人的政策，有意開放較大的政治空間，讓本
地居民參與（Tsang, 1988 & 2004; Snow, 2004）。利銘澤等此時提出創立高

舉多元共融旗幟的社交組織，自然切合了港英政府的政治需求，因而能夠獲得正面回應。

政府的拍板並劃出大片土地作為會址的舉動雖然令人喜出望外，為俱樂部的籌組工作打下強心針，但籌辦過程卻一波三折，一點也不順利。原因是創會經費——尤其是建築會所及文娛設施的開支——並非小數目，籌集勸捐需時，工程因而未能隨即全面展開。到經費逐漸到位之後，圖則的繪劃、建築工程的審批又需一定時間及手續。而首期建築工程投入不久，又因中國大陸出現政權逆轉的問題，共產黨打敗國民黨，建立中華人民共和國後，不少商人頗為擔心解放軍隨即進入香港，對香港前途頗為憂慮。共產黨取得中國政權翌年，韓戰爆發，在美國的左右下，聯合國的「貿易禁運」隨即出台，香港的進出口貿易因而大受打擊，經濟氣氛變得更加低沉，俱樂部的建築工程亦戛然而止（Heady, 1992）。

針對當時經濟氛圍的疲不能興及社會人心的甚為不安，政府當然想盡方法，希望刺激市場的正面能量，增加公共投資成為其中一種手法，收回早前承諾的俱樂部撥地，則變成政府要求俱樂部籌組人繼續建築工程、增加就業的重要籌碼。幸好，參與其事的核心人員——除瓊斯及利銘澤外，後來還加入巴頓（H. Barton）、羅文惠、威爾遜（G. L. Wilson）及利孝和等人——鍥而不捨的盡力爭取，成功說服港府官員給予較長時限籌集經費，地皮才不被港府收回。而港府方面同時提出條件，要求俱樂部籌組人必須具備不少於 100 萬元的建築費，並應盡快落實工程，不容一再推延（利德蕙，1998）。

意識到籌集經費的不容有失，巴頓、瓊斯及利銘澤等核心人員想到以發行
債券籌集創會資金的方法，並在 1959 年 5 月通過了相關會議議決，發行每
張 5,000 元的債券。這裏的所謂債券，其實與一般債券頗為不同，此種債
券不會獲得派息，但卻可以獲得俱樂部的會員資格，享用各種設施。換言
之，這種債券的性質，其實較像創會會員費或永久會員費，與一般債券頗
為不同。

由於方法創新而甚受歡迎，加上籌辦人的大力推廣，到了 1960 年 2 月，
籌組委員會已收到 356 張債券，即已籌集 1,780,000 元（到了年底，更增加
至 420 張，令總集資額增加至 2,100,000 元），大大超越政府要求的 100 萬
元建築費水平。有了充裕的財政支持，各種工程與實質創會手續隨即展開
（Heady, 1992）。

然而，與不少大型工程一樣，在六十年代初興建的俱樂部各項設施工程，
亦因成本急漲而出現嚴重超資問題。為此，利銘澤等籌組委員決定「重施
故技」，再以發行無息債券換取創會會員資格的方式集資，並再次成功完
成任務，令俱樂部最終可以完成各項大小工程，順利在 1962 年 1 月 29 日
開幕，為會員提供服務（Heady, 1992；利德蕙，1998）。

據說，籌組委員會原計劃邀請港督主持開幕，但他事忙，只好改由首席按
察司何瑾（M. Hogan）負責，而何氏開幕時提到的一段話，則可以作為這
家高舉種族共融社交組織的一個註腳。他說：

此會將成不同國籍及社會人士會面之地。各種意見的交換、各種觀點的表達、各

種立場的辯論均可在這裏舒適的環境中友好地進行……我肯定這對未來香港社會的力量及穩定均是有貢獻的。（Heady, 1992: 13-14）

毫無疑問，高舉種族主義旗幟，以種族優越自居，並將非我族類排除在外的組織或心態，戰後確實有所收斂，而強調種族平等、和平相處，則日漸成為社會主流，鄉村俱樂部在六十年代的創立及投入服務，自然具有一定意義，在促進社會整合及融和方面，亦發揮了不可低估的作用。對利銘澤而言，有了這個設施齊備、景色怡人、空氣清新而會員又彼此尊重、相處和洽的環境，日後便可經常到那裏散步、暢泳，甚至是耍樂、會友，對個人生活素質實在亦有一定提升。

結語

毫無疑問，戰後的社會和經濟條件匱乏，百廢待舉，確實令不少企業和市民面對嚴峻考驗。投入重建不久，中國大陸又爆發新一輪內戰，國民黨軍隊的節節敗退，不但加速了大量難民連續不斷地湧到香港，為數不少的富豪巨賈亦舉家南來。這次前所未見的大規模移民潮，一方面令香港的人口大幅飆升，加重了糧食、日用品及房屋等的壓力，另一方面則為香港積聚了龐大的勞動力、資本、工廠設備及企業家精神等等，為香港在下一階段的脫胎換骨注入了巨大能量。

在那個風雲色變而危與機又繁衍相生的時代，無論是個人或家族，如何能從困境中看到曙光、危局中找到機遇，然後緊抓機遇，朝光明一方前進，往往成為化險為夷、化危為機的關鍵。毫無疑問，利銘澤能在香港重光之初那個混沌未靖的時刻，快人一步地將可能如水般迅即流失的東西盡量收

集採納，並憑著過人材幹和關係網絡而左右逢源，因而能有所成就、突破局限，帶領家族企業走上一條真真正正的康莊大道。

註釋

1. 利舞臺落成後，家族曾就舞台兩側一副對聯公開徵求，奪魁作品可謂對仗工整，意義深長。聯曰：「利擅東南萬國衣冠臨勝地；舞徵詔護滿臺簫管奏韵天」，道出利希慎長袖善舞，相識滿天下，舞台笙歌，冠蓋滿城之盛，作者則是皇仁書院老師李清逸（利德蕙，2006：58）。

2. 利德蕙這兒的反應似是過敏了。英國官場規矩嚴明，殖民地總督乃君主全權代表，與英商交往也官民有別。當年，總督專程造訪利銘澤，屬降貴紆尊，遇上其女兒也不避嫌，似有要事磋商，但又不便在官府辦公室召見，免留談話檔案紀錄，亦可見葛量洪對利氏刮目相看。雖然確實日期不詳，粗略推算，應是 1959 年，葛總督私下知會利銘澤，或是舉薦其擔任立法局議員，接替羅文錦為「華人代表」；正式任命手續需時，消息暫仍保密。故利銘澤事後叮囑年幼女兒，切戒多言，表面理由簡單直接，因而令女兒誤解。又利德蕙時年十八，同年赴加升學。故總督造訪的時間，推測應是 1959 年的春夏之交。

3. 為了落實這一種族共融的目標，俱樂部特別指定必須吸納不同國籍的成員。舉例說，在 1959 年的籌組委員會名單中，華人委員有 5 名、英人委員有 3 名、美國人委員有 2 名，而其他種族包括葡萄牙人、荷蘭人、法國人、北歐人、瑞士人及義大利人，則各有委員 1 名（Heady, 1992），可見其組織與早期的香港會及香港賽馬會等確實頗有不同。

第六章　地產

今時今日，我們常會聽到「地產霸權」或「發水樓」（利用公共或環保設施的「豁免」以套取可售建築面積）一類負面指責，批評地產商不斷鑽空子，賺盡利潤，甚至在明在暗抗議官商勾結，認為他們影響了社會的公平與正義（潘慧嫻，2010）。然而，若果我們深入一點看看戰後近 60 年香港社會及經濟的發展，則不難發現，地產商其實曾經作出一定貢獻，而政府一直沒有全面房屋政策 —— 七十年代之前尤甚，不肯在這方面作出承擔，但同時又要從中取利以彌補政府開支，並想盡方法減少政府在公共設施上的承擔，因而導致日後漸趨嚴重的「發水樓」問題。從這個角度看，社會的環境、問題及矛盾其實是環環緊扣、不斷轉化的，曾經成為推動經濟前進的核心力量，可以因為日漸坐大而支配了政府的決策，左右社會資源的公平分配。

若果挑選利希慎一生最重大的投資，相信非購入銅鑼灣利園山頭的地皮莫屬。華人家族最常被詬病的一點，是第二或第三代子孫只能憑藉先輩福蔭，坐享其成、坐吃山空。然而，若果我們看看利氏家族的例子，則可清楚地看到其「與別不同」之處。以利銘澤為代表的利氏第三、四代，不但沒有敗壞祖業，反而在上一、二代的基業上更上層樓，繼續發光發熱，將家族企業推向另一台階。本章先從地產發展的層面入手，從探討其核心業務的發展過程中，了解香港房屋問題的癥結所在及不斷變化。至於之後章節一方面會談談家族內部的分工與傳承，另一方面則會分析企業的專業化、多元化及國際化，從而思考家族企業的特質、內涵及調適機制。

屋荒

重光初期，香港可說是滿目瘡痍，經濟體系更因生產停頓、金融紊亂而幾乎陷於崩潰邊緣。隨著戰爭期間四散的人口陸續回流，加上中國大陸在 1947 年底再度發生內戰，大量難民湧入香港的情況再現。據估計，日軍投降時，香港人口不足 60 萬，1951 年已急速冒升至 240 萬，增幅高達 4 倍，到了 1961 年，香港的總人口更跨越 300 萬的歷史大關（Brown, 1971）。在人口急速增長的情況下，日常必需品如糧食及能源等顯得極度匱乏不在話下（鄭宏泰、黃紹倫，2005），住房方面更因大量樓宇在戰爭期間遭到戰火摧殘的此消彼長導致極為嚴峻的「缺屋成荒問題」（Pryor, 1973），更成為香港之後數十年一項一直難以解決的嚴重社會問題。

據研究香港房屋問題的學者指出，日軍投降翌年，全港大約有 22,716 幢住宅樓宇，合共約有 73,086 個樓層，當中的 93.0% 更屬舊式唐樓，每個樓層的平均面積約為 462 平方呎。推算數字還顯示，當時的樓宇存量，只能供應 73 萬左右的人口居住，但是，當時的市區人口（不包括新界、離島及水上人口），已超過了 100 萬。到了 1950 年，住宅樓宇的數目輕微上升至 24,621 幢，樓層面積約為 800,000 平方呎，但亦只夠供應 84 萬左右的人口居住，但當時市區的人口則高達 185 萬（Hopkins, 1972）。作為香港其中一個擁有大量物業及地皮的家族，利銘澤明顯洞悉箇中核心，因而順勢而行，大力發展地產業務，令家族財富大幅急漲。

由於當時的房屋供應與需求完全脫節，在龐大需求帶動下，物業的租金及價值自然持續攀升。為了防止租金大幅飆升，港府通過了管制租金的法例，一方面限制業主胡亂加租，另一方面則收緊業主單方面終止租約的規

定。制定政策的原意雖然正確，但這樣卻又衍生了所謂「租霸」問題，而舊樓難以有效重建，則抑壓了地產商進行舊樓重建的動力，減慢了物業供應的速度。六、七十年代粵語長片中一屋數伙、一伙數人，全部擠在一個數百平方呎破舊單位內受盡「包租婆」白眼的情景，正是那年代香港居住環境惡劣的最佳寫照。至於那些負擔不起昂貴租金的居民，則只能在郊野的山坡叢林間搭起木屋（或鐵皮屋），暫作棲身，難怪當時很多居民均將自己比作「無殼蝸牛」，生活質素極差（方國榮、陳迹，1993；馮邦彥，2001）。

在那個年代，普羅市民一般居住在唐樓、木屋或徙置區這三種質素極低的樓宇中。到底居住環境有多惡劣呢？方國榮與陳迹的一些描述，或者可以讓我們大略獲得一些具體的印象。首先，在唐樓方面：

唐樓（即中國式房屋）一般都是 3 至 5 層高，建造在寬 4 至 4.5 米、長 12 至 13.5 米的狹長地盤上。多數唐樓整層樓面出租，爾後又由租戶將樓面分隔成數間極小陋室，轉手再租給他人……唐樓除了可以全層或整個房間為單位出租外，實在沒有甚麼優越性可言。屋內小間以木製屏板分隔，這些屏板在從地板到天花板的 3 或 3.6 米高度中佔去 2.4 或 2.7 米。屏板之上，為防鄰人偷竊，往往還裝上鐵絲網。住戶的通風和照明只來自整幢建築的前部或後部，而為求通風和照明，就得犧牲隱私。分隔小間內往往都用雙層或三層的疊床。閣樓可搭建在房間內的任何部分，一般只能擱下一個床位，這些都加劇了居住的擠迫程度。除了那些極老的建築，樓內一般每層設一個廁所，廚炊設備是公用的，處理垃圾的方法既原始又不衛生，居民大多使用馬桶。（方國榮、陳迹，1993：28-9）

明顯地，這些房屋不但居住空間狹窄、設備不足，衛生條件及居住環境也極為惡劣，因而造成了許許多多諸如污水處處、垃圾堆積、疾病傳染及欠缺私人空間等問題，至於數戶（或伙）人因為輪候或爭用廁所或廚房而爭執，甚至大打出手的情況，更屬司空見慣的事情。唐樓的居住環境雖然惡劣，但已屬正規樓宇，水、電不缺之餘，安全也尚算有一定保證。比唐樓環境更差的，相信非木屋莫屬了。方國榮及陳迹這樣寫：

> 木屋區給人的總體印象是雜亂和貧困。木屋建築不循一定之規矩，其中約有三分之二基本上都用木料、薄鐵皮和石棉屋頂搭建而成……也有用石、磚、鋼筋混凝土建造的永久性房屋。木屋地板一般都是將水泥抹平即成，平均面積是3米／3.6米，通常用木板或硬紙板分隔兩小間。兩房子都得用作臥室，只是前屋一般並作家人起居和進餐之用。只有三分一的木屋裝有玻璃窗，有些根本沒有窗戶……許多木屋區沒有電力供應，居民普遍使用煤油燈。有些木屋區內，絕緣不良的違法電線縱橫交錯，從附近有電的屋宇搭出，散亂地懸垂於木屋和小徑上方，一直通進木屋或木屋區工場廠房，搭線偷電不時釀成火災和其他傷亡事故。木屋區最令人瞠目的景象是髒亂，暴露的下水道及不加清除垃圾。更有甚者，有些地方的下水道和陰溝旁隨處可見的糞便。八成半木屋居民沒有自用廁所，公共廁所和公用流動浴室由政府設置提供，平均每100名木屋居民有一個花灑，廁所全無抽水沖洗設備……木屋區一片髒亂的景象，部分原因在於缺電、缺水……大火、颱風和暴雨是木屋居民最為兇險的大敵。（方國榮、陳迹，1993：50-2）

也即是說，木屋居民不但要面對著極為擠迫的居住環境，還要承受沒水、沒電，欠缺基本設施等等的困擾，至於風災、水災及火災的威脅，更令他們時刻都要提心吊膽。

針對房屋短缺及安全存在隱憂等相互糾纏的複雜性，在1953年獲推選為香港業主聯會主席的利銘澤，提出了應該從大量增加供應入手，並認為當時的租務條例其實窒礙市場的供應，因而「代表此類業主發表意見」，尤其希望讓社會了解業界的困難，並向政府「請求准許業主加租」（利德蕙，1998：81），藉以鼓勵業主改善房屋質素，甚至加速舊樓重建的步伐。由於利氏家族乃香港其中之一的「大地主」，加上擔任業主聯會主席，利銘澤考慮問題時偏向保障業主利益，似乎顯得不難理解。

同年（1953年）聖誕節，石硤尾木屋區發生一場巨大火災，多達53,000人因而無家可歸，房屋問題更趨嚴重不在話下，居住環境的安全亦響起了警號。事實上，木屋區的火災可謂無日無之。Keith Hopkins的統計數字顯示，自1955至1962年這7年間，全港的木屋區一共發生了169次大小不一的火災，造成多達75,000人無家可歸，生命財產之缺乏保障，實在極為嚴重（Hopkins, 1971）。

石硤尾大火之前，殖民地政府可謂沒有甚麼「房屋政策」，亦絲毫沒有為市民的居住問題承擔責任（參閱本章另一節之討論）。除了為高級公務員提供洋房外，政府一直高舉「自由市場」的旗幟，將房屋供應交由私人地產商負責，自己只是袖手旁觀（Pryor, 1973）。更為嚴重的是，政府未能適應城市的急速發展而增加土地供應，令房屋市場出現了嚴重的「供不應求」現象，普羅市民因而需要面對無屋可住的困難，難怪有社會學者要以「香港是一個殘酷的社會」的詞語，來批評當時的社會，指斥港府一方面限制土地供應，另一方面又不肯為貧苦市民提供一些基本的房屋援助（Hopkins, 1971: 271）。

石硤尾大火之後，政府發現每月用於救濟災民的費用高達5萬元，「兩星期的救濟開支足夠興建1座6層樓高的徙置大廈」，正是因為政府覺得興建徙置大廈較為「化算」，因而才選擇投下資源，在「簡單快速而很有節制的條件下，開展了興建多幢徙置大廈的行動」（Commissioner for Resettlement, 1955; Smart, 2006）。到底徙置區的環境及居住空間如何呢？方國榮及陳迹這樣介紹：

> （徙置區）建築標準極低，每個成年人的可使用面積只有2.2平方米，10歲以下兒童減半。屋群由6至7層的H形建築構成，屋內僅在中央走廊設有公用的洗衣、廁所和沖涼設備。這類房屋無電、當然也無電梯，每個單位的標準面積是11平方米，供五口之家住用……這類屋村建築的內部是不加裝修的：不塗泥灰的四壁，不加塗料的毛糙水泥地板。住戶在搬入之前非花上一大筆裝修費不可。由於屋村內不供電，居民們就在屋外非法搭線偷電，不久之後便在屋群之間形成危險懸垂的「電線網」……頭十年建築的徙置區，幾乎沒有任何社區設施。（方國榮、陳迹，1993：54-7）

不論是唐樓、木屋或徙置大廈，其極度稠密而惡劣的居住環境，加上不斷湧入的移民人口，帶出來的清晰信息是，市場對住屋的需求既龐大又迫切，而對商業及工業用途樓宇的需求，亦同樣極為殷切。正如著名運動鞋 Nike 集團的總裁 Philip Knight 在中國改革開放初期即急不及待地要進入中國市場，並說自己看到的是12億雙沒穿鞋的腳那樣，在那個年代，當看到市民惡劣的居住環境及大小企業急需尋求辦公室之時，那些像利銘澤般目光如炬的企業家所日思夜想的，相信亦是那龐大市場的潛力，以及各種各樣能否有效滿足普羅市民與大小企業家需求的辦法。然而，當時某些原

本用來保障租客的制度，卻反過來阻礙了市場的有效供應，令不少業主及地產發展商感到頗為失望。

開山

正如第三章中提及，當家族在二十年代末面對巨大危機時，作為女家長的黃蘭芳堅持不變賣物業，這些物業在日軍侵港之時雖遭一定破壞，但和平後產權獲得確立並經修葺後變成了「搶手貨」。在市場巨大需求的帶動下，自五十年代起，香港的物業價格及租金均因「屋荒問題」而大幅飆升，利舞臺在重光不久經修葺後重新啟用，為家族企業帶來穩定而豐厚收入，相信令利銘澤等家族成員大感鼓舞，並看到市場潛在的機遇。當然，這些機遇不單單只是收租一途，將「荒山野嶺」開闢成高樓大廈明顯更能帶來巨大回報。或者正是基於這種考慮，利銘澤等決定在那個關鍵時刻大刀闊斧開發家族名下的大批地皮，此舉最後證明十分正確，不但令家族的財富以幾何級數上升，原來發展相對「落後」的銅鑼灣亦隨之蛻變（鍾寶賢，2009）。

到底利銘澤是怎樣帶領一眾家族成員開山闢地的呢？過程有何波折呢？在壯大家族核心業務的同時又如何改變整個銅鑼灣的面貌呢？由於當時的利希慎置業及利綽餘堂都是私人公司，賬目不須向大眾公佈，我們不知其盈利及業務狀況，但若細看早期一宗買賣，則多少可以感受到地產投資的獲利豐厚。在《霍英東傳》中，一直被形容為現代「紅頂商人」的霍英東，在講述個人發跡故事時，提到 1953 年時，聽說利氏家族有意出售銅鑼灣其中一個物業 —— 使館大廈，他前往察看了解後，很是喜歡，與利銘澤會面洽談後，雙方同意以港幣 280 萬元的價格作交易[1]，他當時甚至像現時部份

內地居民來港購物一樣，拿著一大袋現金親赴利銘澤辦公室支付該項買賣（冷夏，1997：119-121）。

我們知道利希慎當年（1924年）是以385萬左右的價錢從渣甸洋行大班手中購入整個銅鑼灣山頭的（鄭宏泰、黃紹倫，2011）。若以此價值作比較，則不難發現，在不足30年後，單是一幢數層高的大廈，已可收回總投資額的七成多（與當年價格作比較，不含利息及建築成本等），難怪社會往往會以「寸金尺土」來形容香港的地產業。

當家族因為利希慎被殺而出現重大危機之時，作為女家長的黃蘭芳尚且「堅不變賣任何產業」（利德蕙，1998：18），為甚麼到了五十年代初家族實力已今非昔比，甚至可謂財雄勢大之時，反而要出售一直被認為屬於「優質資產」的物業呢？家族為何最終會同意此一舉動呢？家族財政是否出現危機呢？這次出售一直被視作優質資產的行動會否令利氏家人感到後悔呢？利德蕙在《築橋》一書中的介紹，或者可為我們提供一些答案。

利希慎在生之時，曾因政府計劃移山填海而打算將利園山剷平，砂石轉售政府，開闢出來的土地則用於興建樓宇，達至一箭雙鵰之效。可惜，項目一直未能與政府達成協議。三十年代，家族曾牛刀小試，將利園山腳的一小部份砂石運至北角填海，然後再以優惠價格從政府手中買回所填的海旁地皮，並興建了兩間工廠，其一是鐵廠，其二是油漆廠。後者在1948年時轉售太古集團，換取該集團的部份控股權，開始了家族企業與太古集團的夥伴關係[2]，雙方從此成為對方的策略性股東，彼此互惠互利地開始了連串合作（利德蕙，1998）。

有了三十年代移山填海、造地建樓的成功經驗，在五十年代物業價格不斷攀升的環境中，自然又再想到開山闢土的生財之道。結果，一來在取得家族內部一致意見後，二來則在獲得政府批准後，連串大型工程隨即展開，而一幢幢簇新的樓宇如新寧樓、嘉蘭大廈、崇明大廈，加上前文提及的利舞臺等等，先後在銅鑼灣拔地而起，令人眼前一亮。至於別具家族與鄉梓色彩的道路名稱如希慎道、蘭芳道、開平道、新會道、恩平道等的陸續開闢以供市民使用，亦令該區的商業活動日趨頻仍，遊人大增。明顯地，不用數年間，原來綠草如茵、巨樹處處的利園山頭，已搖身變成大廈林立、人流如鯽的商業區了（鍾寶賢，2009）。

從這個角度看，利銘澤在1953年出售使館大廈的重要原因，很可能是連串大型工程導致資金緊絀，加上五十年代初因「貿易禁運」、轉口貿易突然停頓而令香港經濟一度陷於衰退，銀行借貸之風險及代價可能遠比想像中高，因而才迫於無奈地做出違背本來「堅不變賣任何產業」原則的決定，藉出售一小部份資產換取流動資金，支持各大工程的繼續發展，以免因為工程延誤而引致其他一環緊扣一環的更大虧損。

可以這樣說，出售使館大廈一事或者曾令利銘澤感到不是味兒，但家族藉此資金而能支持整個移山填海、開拓地皮，進而起樓蓋屋的計劃，實在可說是無可厚非的，亦是得多失少的。事實上，當各項工程相繼落成，然後或售或租地將原來的投資化為利潤時，家族企業的實力便出現了脫胎換骨的轉變。不但地產的核心業務有了很大的擴展，亦有更多資源可投放到其他業務及生意上（參考〈企業〉及〈投資〉等章節的進一步討論），為家族的長遠發展打下重要基礎。

樓市

相對於整個社會極為嚴重的「屋荒」問題,一個家族的努力顯然只屬杯水車薪。不過,由於利銘澤自 1953 年起出任市政局議員(參考〈政治〉一章),同時又獲選為建築條例委員會委員(1953 至 1960 年),後來又相繼獲委任為立法局議員(1959 年)及行政局議員(1961 年),加上本身又屬留學英國註冊土木工程師,對建築行業有深厚認識等優勢,因而較能憑著其身份、地位及專業知識出謀獻策,為舒緩「屋荒」問題作出更大貢獻。

若果深入一點分析導致「屋荒」問題的癥結所在,則不難發現多項問題值得關注,而政府政策的逐步調整,以及地產商在各種歷史條件下的「捐窿捐罅」(想方設法),尋找應對方法,則令市場的供不應求差距漸漸收窄。至於經濟結構、社會環境及政治條件在六、七十年代的巨大蛻變,又令香港的城市建設及物業市場發生了天翻地覆的變化。

首先,讓我們以利銘澤出任不同政府公職的一些言行舉止,粗略了解那時期港英政府在房屋問題上的方法與政策。由於身為土木工程師,利銘澤知道戰後的技術已大有提升,因而大力推動放寬樓宇高度及建築比率等落後規定(《工商日報》,1956 年 4 月 4 日),並促成了《1956 年建築物計劃條例》的通過,此條例不但放寬了樓宇的地積比率,亦提升了樓宇的高度、間格、設施和質素等要求,對香港物業市場的進一步健康發展有很大作用。

另一方面,由於在 1954 年起利銘澤又被委任為特別房屋調查委員會委員,因而曾針對地少人稠,木屋、天台屋及舊樓雜亂四散,安全設施又未符標

準等問題，在不同場合及媒體上反覆力陳市民生命財產難有保障等隱憂的同時，甚至提出應加速清拆舊樓，進行大規模重建的建議（《大公報》，1957 年 4 月 3 日）。與此同時，他還公開呼籲政府應該彈性執行《業主住客條例》，例如容許業主與住戶自由商討租賃條件：「任何屋宇的業主及住戶，如果同意不受上述條例的拘束，則協調一經簽訂，此等屋宇俟後可豁免管制」（《工商日報》，1960 年 3 月 17 日），因為這樣才能減少當時常常出現的所謂「租霸」問題，調動業主改善居住環境及提高供應的積極性。還有，利銘澤又曾針對天台屋及山邊木屋林立而生活環境又極為惡劣等問題，多次要求政府採取積極政策加速安置及遷徙的步伐，並認為有關部門的行政效率太低，值得檢討（《工商日報》，1961 年 3 月 23 日）。

到了六十年代中期，利銘澤更提出改建舊樓以加速市場供應的主張，他甚至認為若果部份人士不肯遷出或轉手，政府可成立組織，集資收購小業主手上的物業（《大公報》，1965 年 3 月 12 日）。除此之外，利銘澤還建議香港業主聯會應帶頭改建舊樓，而重建的方式不應只是一座一幢零零星星地進行，因為這樣會製造很多危樓，影響市民生命財產。他這樣說：「這些樓宇是倚靠相建，所以一時尚未傾塌，如果一家拆卸改建，則倚靠之勢頓失，危險性大增。如鄰近之處打樁，則危樓雖有樁頂，恐亦難得安全。」由是之故，利銘澤提出了「數條街一起拆建」的方法，因為這樣利用土地「最化算」（《大公報》，1965 年 4 月 22 日）。

當然，我們同時必須指出，由於家族乃香港其中一個大業主，無論是推動放寬樓宇建築高度，或是要求調整某些可能窒礙房屋供應的法例，甚至是要求廢止租務管制條例及鼓勵業主有效落實舊樓重建等問題，利銘澤的建

議及觀點未必能獲得社會上所有人的認同與掌聲，有時亦會招來維護本身利益的負面批評，但其針砭時弊，有助政府及市場逐步解決本身糾纏複雜的房屋問題，顯示其努力及貢獻應該獲得充份肯定。

相對於政府行為的「踢一踢才願動一動」的情況，在巨大利潤吸引下的地產商在開拓物業市場的舉動明顯較為積極。今時今日的香港，買賣樓宇的手續及過程總是被形容為「像買棵菜般容易」。然而，在上世紀五十年代前則並非如此。其中原因除了按揭制度的尚未普及之外，還與樓宇契約的未曾「分割」有關。原來，在五十年代前，本地樓宇的買賣普遍採用「一次性付款」及「整幢出售」的方法，因而大大地窒礙了市場的流動性。有鑒於地產市場的制度過於僵化，一些像深懂靈活變通之道的新崛起華資企業家——例如前文提及的霍英東，率先想出了革命性的融資方法——「分層出售、分期付款」，令物業市場出現了翻天覆地的巨大轉變（冷夏，1997；馮邦彥，2001）。

所謂「分層出售」，即是將整幢樓宇按樓面面積的間格或大小分成若干單位，每個單位擁有獨立業權，因而可以按各自的能力或需要自由買賣。至於所謂「分期付款」，即是在新樓動工之前，買家先行支付部份「訂金」或「首期」（例如三成或五成），之後再按樓宇落成的比例或年期（例如每期一成或每月某個定額），分成若干期或若干年份攤付餘款。由於這個全新的方法擺脫了過往樓宇買賣手續繁複，一次過付款又極為龐大的困難，多少給人「化整為零」的味道。

革命性的方法出台後，地產商可以更有效地利用「賣樓花」（即樓宇預

售）的機制吸納資金，加速資金回籠，在減少利息等開支的同時，縮短商業周期，並可降低投資風險。有意置業者則可利用樓宇按揭及提前供款等方法減輕一次性付款的沉重負擔。由於新方法具有多方面優勢，不但地產商及金融機構樂於採用，中上人家或新崛起的中產階級更是趨之若鶩，令市場的購買力大大地釋放了出來，物業市場從此變得活躍起來。

雖然，1965 年的香港經濟氣氛曾因「銀行危機」而一度顯得十分低沉，令投資者卻步[3]，而之後的 1966 及 1967 年又曾發生大規模的社會動亂（參考〈政治〉一章之相關討論），加深了市民對社會前景的憂慮，甚至誘發了部份居民選擇變賣恆產，舉家移民海外[4]，但自推出「分層出售」及「分期付款」創新方法後所產生的巨大市場力量，則並沒因此而停止。

香港大學教授 Keith Hopkins 在 1969 年左右所做的一項社會調查，清楚顯示了物業市場的不斷發展及「屋荒」問題的逐步獲得改善。舉例說，在 1957 年，市區的私人房屋吸納了 127 萬人口，約有 25 萬戶，可出租私人單位只有 10.5 萬間，住戶平均人數為 12.1 人，人均居住面積中位數只有 19 平方呎而已。到了 1969 年，市區的私人房屋居住人口已升至 150 萬人，住戶數目已上升至 30 萬戶，可出租私人單位已大幅升至 26.3 萬間，住戶平均人數大幅下降至 5.7 人，而人均居住面積中位數則上升至 61 平方呎（表 6.1）。由於當時的殖民地政府並沒參與任何私人物業市場的供應，這時期居民居住環境的改善，可說全靠自由市場的力量，而地產商則屬這股力量的核心，其貢獻值得肯定。

表 6.1：1957 至 1969 年市區私人房屋一般居住條件撮錄

居住條件	1957	1966	1969
私人房屋的居住人口（萬人）	127	144	150
住戶數目（萬戶）	25	不詳	30
私人擁有可出租住宅單位（萬間）	10.5	22.3	26.3
住戶平均人數（人）	12.1	6.5	5.7
居住單位面積平均數（平方呎）	155	不詳	408
人均居住面積中位數（平方呎）	19	不詳	61

資料來源：Hopkins, 1971: 319

順帶一提，由於戰後致力發展地產業的絕大多數為新崛起的華資商人，歐資商人反而較為保守，一眾華資地產商人在 1965 年牽頭創立香港地產建設商會，統合地產界力量，目的在於「聯絡會員感情，溝通官商意見，以及如何訂立合理分層售樓辦法與管理制度」（香港地產建設商會，1965：11），首任會長為霍英東，利榮森加入成為創會成員，並出任會董（董事）一職，而利銘澤則以行政局非官守議員的身份主持創會典禮，一方面對地產商人在過去二十年的貢獻表示謝忱，另一方面則寄望他們日後更加努力，為改善市民居住環境作出更大貢獻，同時亦可積極參與公共政策的制訂（《工商日報》，1965 年 7 月 16 日）。

六十年代末、七十年代初，殖民地政府在戴麟趾（D. C. C. Trench）及麥理浩（M. MacLehose）任內，先後推出如下數項對香港社會長遠發展極為關鍵的政策，改善政府施政及管治：其一是賦予所有非本土出生移民連續居港七年或以上者永久居民身份及權利，消除他們心中一直揮之不去的「沒有永久感覺」問題；其二是厲行廉政建設，掃除積習已久的貪污腐敗

問題；其三是落實 9 年免費教育，讓所有 15 歲及以下兒童獲得平等教育機會；其四是開拓新市鎮，大量增加土地及房屋供應；其五是增加公共醫療及社會福利等等的承擔，讓普羅市民獲得較基本的保障（Chadha, 1982; Tsang, 2003）。在這五大重點政策調整中，發展新市鎮，並大量增加土地及房屋供應一項與地產商的關係最為密切，而政府想出來的絕妙辦法，則令香港城市建設發生天翻地覆的轉變，地產商再次成為落實城市建設的核心力量。

事情是這樣的。據《北京條約》規定，新界土地並非如港島及九龍半島般屬於割讓英國的「皇家地」（crown land），而是屬於租借地。當英軍在 1899 年接管新界時，又曾發生一場「六日戰爭」，遭到新界鄉民的奮起抵抗。「戰事」平息後，殖民地政府向新界鄉民重申「善美風俗，利於民者，悉仍其舊，毋庸更改」的管治原則，安撫原居民，讓原居民的房屋、太公地、祖祠及山墳等等，獲得了法律保護（Hase, 2008）。由是之故，當港府提出發展新市鎮的計劃時，必然因為徵收土地、興建道路、橋樑、房屋及各種設施而需大量增加公共開支。

由於港府一直高舉「小政府」旗幟，英國政府更不願為著建設「租借回來」的新界而大花金錢，如何讓民間力量（即港府口中的「自由市場」）「自己搞掂」（自己辦妥）乃成為港府一心籌劃的重點。在這種指導原則下，港府想到了「甲種及乙種公函換地權益書」（Letter A and Letter B）的方法，情況就如企業上市集資一般，利用印製股票的方式吸納公眾資金。所謂「甲種及乙種公函換地權益書」，是一種土地交換的制度，意思是政府徵收土地時，向原業主發出一封信函，答允日後政府推出土地拍賣時，

持信人可按比例（一般是五比二）及補地價後向政府認購土地，更為重要一點是，該信函是可以像股票般自由轉讓的。據早年任職於建築拓展署的 Roger Nissim（1998）所言，兩種權益書的名稱雖然不同，但實質作用無異，如果是居民與政府達成協議的，稱之為 Letter A，如果是政府直接徵收土地的則稱作 Letter B。由於 Letter A 很少，所以一談到換地權益書時，一般泛指 Letter B。

由於換地權益書可以自由轉讓，地產商乃四出向新界鄉民收購，然後向政府競投土地，用於建設新界，令政府的發展新界計劃順利展開，市民居住環境日漸獲得改善，而今時今日的一眾地產巨擘如郭氏家族的新鴻基地產、李嘉誠的長江實業、李兆基的恒基兆業，以及陳廷樺的南豐集團等等，則因看到制度背後潛藏的巨大財富，並先人一步地大量收購，進軍新界，因而能夠迅速致富，並將原來財力雄厚但只是留守港島及九龍半島的英資洋行比了下去。

對於華資商人大力開拓新界的情況，擔任新界理民官要職的鍾逸傑（2004：23）這樣描述：「這個簡單的五比二方程式，不但為日後的城市化鋪平道路，隨地價飆升，地主賣出建築用地的地權，以致富可敵國，有錢得難以置信。」可以這樣說，港府此一創新政策可謂一箭雙鵰，既不用承擔為居民建屋的責任（或大部份責任），又可從高地價政策中獲取巨額收入，以充庫房。至於地產商人則成為推動新界建設的核心力量，並在這個過程中憑著銳利目光及「捐窿捐罅」能力賺取令人難以想像的巨大財富。

回頭看，政府一直著意挑動地產商積極性的政策，日後卻造成了地產商

的坐大，因為他們在巨大利潤吸引下不斷鑽空子，甚至用盡各種政策優惠——例如藉著為居民提供行人天橋、隧道、文康設施及休憩空間而模糊樓宇實用面積的計算及樓宇價格訂定時的有欠透明等，演化成今時今日的「發水樓」問題。一句話，社會環境總是不斷轉變的，政府政策亦很難一成不變，在不同時代應該作出調整。同樣地，以今日之眼光或尺度，評價過去的情況，甚至否定當前政策在過去的某段時間曾經作出的一些正面作用，實在亦有欠公允，甚至有可能令人產生以偏概全之感。

地產

今時今日，說希慎興業乃利氏家族的旗艦相信不會有太多人反對，但到底這家企業是怎樣發展起來的呢？與利希慎置業有限公司及其他家族控股的企業有何關係呢？當香港地產業一片火熱之時，它又有何動作呢？在建設灣仔、銅鑼灣方面又發揮了甚麼角色呢？為甚麼要等到1981年才決定上市集資呢？背後是否另有打算呢？下文讓我們深入一點談談這家企業的發展歷程，從而了解家族企業的基本結構、發展特色及優劣長短。

綜合各方資料，我們不難發現，利氏家族戰前已創立了利綽餘堂（物業公司，應是利良奕時已創立）及利希慎置業有限公司（家族旗艦，不但持有不少物業，亦負責租務管理，轄下更有不少附屬公司，各有任務及職份）。戰後曾在業務及職能上作出一些調整，方便日常營運。到了七十年代，在香港商界頗有名聲的地產鉅子陳德泰，提議與利銘澤合作，共同發展灣仔及銅鑼灣地區的利氏家族名下地皮，合作方式是利希慎置業有限公司一方提供地皮，合作者則提供發展所需資金，主力則在於提供高級商住樓宇。

由於建設獲利銘澤首肯，合作正式展開，而 1970 年 10 月底成立的興利建設有限公司（Hennessy Development Co. Ltd.）則成為統籌並推動整個計劃的機構。公司註冊處的資料顯示，1970 年的註冊董事分別有利銘澤、利孝和及利榮森，股份則絕大部份由利希慎置業有限公司擁有。該公司之下，還成立不少子公司，專職不同項目或業務，分散風險。初期，公司的發展目標是興建希慎道 1 號及禮頓中心，之後再籌建興利中心，陳德泰則參與其中的建築工程，而銅鑼灣的心臟地帶則在接二連三的塵土飛揚、鑽地打樁不絕於耳的重大建築項目中逐步蛻變（鍾寶賢，2008）。

到了 1979 年 5 月，即中國政府落實「改革開放」政策，並構思收回香港主權之時，一直被指最先獲告知中國政府決定在 1997 年 6 月 30 日後收回香港主權的利銘澤（利德蕙，1998；《大公報》，2004 年 2 月 20 日），在港督麥理浩訪問北京返港後不久，事有巧合地決定調整興利建設有限公司的發展方向，一方面再次注入家族擁有的優質地皮，提升企業的資本力量，另一方面則委任了利國偉、葉謀遵（新昌營造）及胡法光（菱電工程）等人為董事，壯大董事局的陣容。

完成興利建設有限公司這項公司重組工作不久，利銘澤又聯同部份香港華資巨商如郭得勝、胡應湘、霍英東及李嘉誠等組成財團，與廣州嶺南置業簽約，在廣州興建首家五星級大酒店 —— 花園酒店（參考〈政治〉及〈人脈〉等章節之討論），明顯地以實際行動支持中國政府的「改革開放」政策 【華資企業研究 —— 訪問紀錄：14042003】。然而，對於「改革開放」及收回香港主權的政策，不但國家領導人表現得十分審慎，以「摸著石頭過河」來形容，並不斷呼籲港澳華商大力支持國家現代化建設（*South*

China Morning Post, 27 December 1980）。海內外人士亦甚為小心，害怕出現亂子，影響投資，而一直被視作香港經濟中流砥柱的英資龍頭企業——怡和洋行，更對中國政府的相關決定表現得缺乏信心。

事實上，自中國政府宣佈將會收回香港主權開始，香港社會便出現了「信心危機」問題，而股票市場則成為量度投資者信心強弱的一種指標。資料顯示，自 1975 年起，股票市場即逐步走出 1973 年股災的陰影，到了 1979 年底，恆生指數升上 879.38 點的水平，升幅較 1978 年高達 77.5％，之後的 1980 年亦表現突出，指數在年底時升至 1,473.59 的水平，升幅達 67.6%。然而，進入 1981 年，受「前途問題」所困擾，股票市場變得十分反覆，不少商人對於一些較為長遠的計劃顯得裹足不前（鄭宏泰、黃紹倫，2006）。

雖然面對相對低迷的投資氣氛，利銘澤卻選擇再次調整公司的發展策略，而這次的重要目標，則是將興利建設有限公司改組，並易名為希慎興業有限公司，新公司獲注入更多家族長期擁有的優質資產之時，又吸納一些深具實力的策略投資者，從而提升其綜合競爭力。到了 1981 年 8 月 28 日，利銘澤正式公佈希慎興業公開招股集資，計劃上市（《工商日報》，1981 年 8 月 27 日；《大公報》，1981 年 8 月 27 日）。

資料顯示，希慎興業當時的發行股份共有 5 億股，每股作價 1 元，集資 5 億元，而主要資產則分別有禮頓中心、興利中心、新寧大廈、新寧閣，以及灣仔半山堅尼地道 74 號至 86 號佔地多達 8 萬平方呎的地皮，當時的估值約為 47 億元，預測市盈率為 20 倍，派息比率約達 4 厘半（《大

《公報》，1981年8月27日及28日）。由於當時的投資氣氛欠佳，認購額只有2倍而已（《工商日報》，1981年9月4日）。

希慎興業正式上市的同時，公司計劃發展的重要項目——灣仔半山堅尼地道74號至86號佔地多達8萬平方呎的地皮（原利氏家族大宅），證實獲政府批准，可以著手興建。該項目日後發展成一個合共有6座達345個單位的高級住宅屋苑，名字則為竹林苑，與利銘澤祖父母安享晚年的地方——竹林里——相近，背後的原因可能是為了紀念其祖父母。

公司註冊處的資料還顯示，上市後的希慎興業，公司董事除了利銘澤及利榮森外，還吸納了陳斌、胡法光、郭得勝、葉謀遵、Ian R. MacCullum、Per Jorgensen 及 Michael Jebsen 等人，家族中的利漢釗及利國偉亦於此時加入，顯示企業實力壯大的同時，管治團隊亦作出調整，藉以提升公司管治。至於認購股份較多的企業，除了利氏家族擁有的利希慎置業有限公司及公利地產有限公司（Atlas Realty Ltd.），則有如下數家看來與董事局成員有關的企業：Jebsen & Co. Ltd.、Brynma Co. Ltd.、Keegan Enterprises Ltd.、Chong Yuan & Sons Estate Ltd.、Jumbo Realty Ltd.、Hang Seng (Nominee) Ltd.、Hung Kai Finance (Nominees) Ltd.、Ryoden Electric Engineering Co. Ltd. 及 Fender Transport Corp.（此家公司的地址在瑞士）等。

雖然公司的資產相當優勝，負債相當輕微，預測市盈率及派息亦相當吸引，但股份在上市後的表現卻未如人意，股價更由認購價的每股1元，逐步下跌至最低時（1982年12月）的0.39元，令一眾小股民怨聲四起。有研究者甚至提出十分刻薄的批評：

1981 年，利家趁地產市道下跌之前，透過股票市場將部份資產注入希慎興業公司
上市，套現 5 億元。由於市盈率高達 27 倍，息率祇有 4.5 厘，甫上市便跌破底價，
下挫至 4 角，小投資者經歷這次教訓，對利家的印象，是感到富人從「乞丐缽上掏
飯吃」。（唐宋，1990：65）

事實上，希慎興業上市後股價表現未如人意的情況，並非反映企業的
資產質素變差，或管理層管理不善，而是純粹因為香港投資環境受
「前途問題」困擾迅速滑落所致。就以恆生指數為例，希慎興業決
定上市的 1981 年 6 月份，指數曾升至 1,700 點的水平，但年底已回落
至 1,405.82 點。1982 年 9 月，英國首相戴卓爾夫人歷史性訪問北京，獲
鄧小平接見，並明確地公佈中國政府將收回香港主權，恆生指數隨即大
幅急跌至 1982 年 12 月 2 日的 637.18 點，年底收市時略為回升至 783.82 點
（鄭宏泰、黃紹倫，2006）。若果拿恆生指數在 1981 年 6 月的高位
與 1982 年 12 月初的低位作比較，當時的指數其實亦跌了 62.5%。可見希慎
興業其實是「生不逢時」，初期的股價表現不濟屬於「非戰之罪」。

對於家族旗艦上市後未如人意的表現，自 1976 年由美返港加入家族管理團
隊，並出任董事一職的利漢釗在日後憶述時這樣說：

（希慎興業）在 1981 年上市。一上市，香港的 market（股市）便跌下來了，我還記
得上市那天，（股價）跌得低於上市時的價格，take a long time to go back。因為後來
我們的 family 在銅鑼灣有很多物業，都是舊物業、舊 apartment，所以我們上市的公
司和 private family 便將它們買回來重建，所以今日我們有了格蘭中心、AIA Building、
111 禮頓道、利舞臺。而利園酒店也是買回來，再建起了（今天的）Manulife Plaza

雖說希慎興業上市後股份表現差乃大環境問題，但利銘澤人前人後受到投資失利股民埋怨似乎又屬難以避免之事。面對這些不太公平的評價，利銘澤據說曾對利漢釗有感而發地提出個人感受，認為：「不要希望每個人都讚美你，若沒有人說你壞話，你已經做得不錯了」（利德蕙，1998：90）。

經過一段低沉歲月，隨著《中英聯合聲明》後市民對香港前途的信心逐步恢復，希慎興業的股價亦漸有突出表現。至於公司在銅鑼灣區的投資及發展項目，亦不斷增加，並取得不錯成績。時至今日，希慎興業在灣仔及銅鑼灣區一共擁有希慎道18號、希慎廣場、利園、利園二期、利舞臺廣場、禮頓中心、希慎道1號、竹林苑及新寧閣等9個優質物業，成為該區最大商用物業的業主，在寫字樓、商舖、住宅及停車場市場上佔著不容低估的位置（《希慎興業：2009年年報》，2009）。

結語

世界上大部份成熟的經濟體系，物業地產幾乎被視為社會穩定及經濟前進的核心力量。從利氏家族發展灣仔及銅鑼灣區的歷程中，甚至從利銘澤直接及間接參與港英政府制度建築與房屋政策的舉止上，我們既能十分清楚地看到戰後香港城市建設的蛻變，又可感受到港英政府一直依賴「自由市場」力量所言非虛。若果我們同意利氏家族在開拓灣仔及銅鑼灣區的事情上曾經作出一定貢獻，那麼，我們亦應該不會反對地產商在建設香港的問題曾經發揮過積極作用。

人生亦好、家族亦好，甚至是社會亦好，其發展及前進軌跡總是不斷變化、時起時落，某種政策在某些社會環境下收效，並不表示可以長期適用，反之亦然。土地與人口不斷增長的緊密相連便是例子。戰前香港人口流動性甚高，羅湖邊境管制寬鬆，重點在於拒絕「不受歡迎人士」出入境。抗戰勝利的國共內戰前後，情況逆轉，先有逃避戰亂之難民，後有逃避多番政治運動的百姓，令彈丸之地承受龐大人口壓力。既是殖民地，港英政府在土地利用 —— 尤其界限街以北土地 —— 特別小心，目的希望發揮商人積極性，爭取有限資源的最大效益化。1952 年石硤尾大火後，政府由救濟改為徙置，但只局限於界限街以南的香港島及九龍半島。直至 1972 年方發展新界，推行十年公共建設計劃，務求滿足全民住屋需求，可見「高地價政策」是果不是因，地產商曾有貢獻。在既有土地建設優先於新土地開發之政策下，加上回歸過渡期限制每年新增土地，而房屋長期求過於供，樓價自然高企，「發水樓」問題在回歸後尤其變本加厲，市民埋怨地產商當道、巧取豪奪，「地產霸權」乃高唱入雲。

註釋

1. 此大廈不久拆卸，然後興建成蟾宮大廈。據說，在這個一買一賣、一拆一建過程中，霍英東獲利多達千萬元之巨（冷夏，1997）。

2. 利榮森曾任太古工業的董事，利孝和曾任太古旗下的國泰航空的董事，而太古集團的代表則曾先後出任希慎興業的董事，彼此組成了西方常見的「連鎖董事」（interlocking directorate）聯盟（參考本書其他部份之討論）。

3. 面對 1965 年「銀行危機」引發的經濟蕭條，以香港地產建設商會為首的工商界人士，曾率先提出建議，要求港英政府放寬移民法例，「凡在港置業 10 萬元以上的人，應獲准在港（永久）居留」（《星島日報》，1966 年 4 月 19 日），而利銘澤則被傳早已居間協調、遊說，認為建議有助刺激地產業，從而復甦香港經濟（《華僑日報》，1965 年 2 月 24 日）。

4. 《星島日報》在 1966 年 8 月 2 日曾刊登一篇題為〈認為香港係出路、百萬居民迷茫〉的「民意調查」，表示當時的香港約有兩成半人口希望離開香港，到別處定居，而導致他們有

這種想法的其中一個原因，則是香港沒法給他們一種「永久」的感覺，意思指當時的港英政府沒有給予永久居民的身份（鄭宏泰、黃紹倫，2004）。

第七章　企業

經濟結構的基本單位乃企業，而「有限公司」體制的創立，則可視作現代資本主義持續發展的核心，該制度自十九世紀初在英國創立之後，即在世界各地廣泛流傳開去，原因是此制度可令企業獲得了法律上「自然人」的權責及地位，若遇企業經營不善，出現資不抵債的情況時，償還責任以公司財力為上限，股東個人不用像「無限公司」般為負債「包底」，因而可以有效降低投資風險，有助提升企業家的創新及開拓精神（鄭宏泰、黃紹倫，2011）。

家財豐厚的利希慎生前雖然已經分別成立了利綽餘堂公司、利希慎置業有限公司及多家附屬公司，分門別類地發展地產及娛樂生意，但自五十年代開始又再動作頻頻，積極開拓其他投資門路，其中原因除了是投資策略上的分散風險，相信亦與第三代子孫人數眾多，而且絕大部份已長大成人、各有所長，因而必須彼此分工，藉以減少家族成員因過度集中而產生磨擦與矛盾的問題有關。正是出於不同考慮與現實需要，家族企業的發展亦日漸走出過往相對單一、集中的格局，而「有限公司」的企業制度，恰恰可以配合其日趨多元化、專業化及國際化的需要。以下讓我們挑選其中部份較具代表性的投資例子，藉以說明投資的多元化，亦可作為那些子孫眾多家族企業如何在成長過程中因鼓勵開枝散葉而發展成「榕樹式家族集團」的註腳（Zheng, 2009）。

汽水

正如本書各章中提及，利銘澤兄弟姊妹眾多，各人雖然均有獲得父親分配的家族企業股份，但參與公司運作的，則是一眾男性成員。在眾兄弟中，

除利銘洽及利榮傑幾乎「消聲匿跡」[1]，而利榮康自從在美國普林斯頓獲取博士學位後轉赴堪色斯大學任教，沒有參與商業活動外，其他兄弟或多或少參與企業的經營和管理，其中開拓汽水飲料業、進軍酒店及創辦電視台，則可作為一眾兄弟各領風騷、獨當一面的最好例子。

據利德蕙的記述，戰後初期，利氏家族已入股士巴食品有限公司（Spa Foods Company Limited），引進各種西方飲料。到了 1953 年，由於利榮達在美國波士頓大學畢業回港，家族乃買下士巴食品有限公司的大部份控股權，然後成立聯合汽水廠有限公司（General Bottling Company Limited）。公司註冊處的資料顯示，1955 年時，登記董事分別有利銘澤、利孝和、利榮森、利榮達、林思桂及徐鏡波，但實際打理這個企業的家族成員相信是利榮達，而利銘洽、利榮傑及利榮康等家族成員看來沒有參與其中。

一來因為家族的巨大財政後盾，二來因利榮達的全情投入，聯合汽水廠有限公司不久即取得名牌飲料 —— 玉泉汽水 —— 的代理權，之後再獲得另一重要牌子 —— 七喜汽水 —— 的經營權，業務蒸蒸日上。對於利榮達早期專注開拓汽水飲料生意的情況，利德蕙這樣介紹：

七叔（利榮達）時常自己坐在送貨車上跟著送貨，他的美國作風令本地人看得頗不順眼（老闆決不會坐公司的送貨車 —— 原註）。我還記得七叔公司的貨車，在聖保羅男女校上課中間休息時間，免費送七喜汽水給學生喝，這真是個很好的市場推廣方法。七叔後來在飲料界非常成功，他將 7-Up 命名為七喜之後，所有中國的嘉慶宴會為討吉利，都喜歡用七喜。（利德蕙，1998：86）

資料顯示，經過十多年的持續開拓，在盈利節節上升的業績支持下，公司宣佈在 1970 年香港股票市場迅速開放的年代上市，利用公眾資金的力量攻取更大市場佔有率（《工商日報》，1970 年 11 月 8 日）。公司上市後，主席一職仍由利孝和出任，利榮達仍舊負責實務工作，開拓市場則一如既往地成為他日常工作的最大目標，而利榮森則仍出任其中一名公司董事（《聯合汽水廠有限公司：年報》，各年）。

在更為雄厚的公眾資金支持下，聯合汽水廠的發展明顯取得了更大突破，不但營業額持續錄得顯著上升，不同飲料生產商委託聯合汽水廠有限公司代理的牌子亦愈來愈多，當中的例子包括了忌廉汽水、湯力水（tonic water）、乾薑水（ginger ale）及薑啤（ginger beer）等等（《聯合汽水廠有限公司：年報》，各年）。由於家族同時經營電視台（參考下一節之討論），不但各種戲劇或表演場合很多時會「不經意地」出現聯合汽水廠公司代理的飲品牌子，不同廣告時段亦會有其汽水牌子的宣傳，部份紅極一時的明星更曾充當玉泉或七喜汽水的「代言人」，令該公司供應的汽水，成為不少小孩子的恩物，不論是上學、郊遊或節日喜慶，餐前餐後均是一瓶在手、歡欣無限。

1980 年 6 月 27 日，利孝和溘然逝世[2]，令家族與聯合汽水廠的關係產生變化。利孝和去世之初，公司主席一職由麥加林（I. R. A. MacCallum）[3] 出任，兒子利憲彬只加入成為公司董事。或者因為利憲彬等家族成員對經營生意缺乏興趣，亦可能是家族另有打算，利孝和去世一年後的 1981 年，由利榮達及和利有限公司（Mutual Investment Co. Ltd., 這家公司的主要董事包括利憲彬、陸雁群、戴鎮華及利榮森）持有的 68.1% 聯合汽水廠股權，

決定轉售予一家名不經傳的企業——老智有限公司（Melowise Ltd.），而那家老智有限公司，原來由佳寧集團及楊協成企業共同擁有[4]。此交易除涉及汽水飲料業務，還有廠房的地皮，而聯合汽水廠有限公司的名字，則在1983年9月9日起易名為楊協成企業有限公司（《聯合汽水廠有限公司：年報》，各年；《工商日報》，1981年7月5日），正式結束家族與汽水生意的關係。

電視

相對於開拓汽水飲料生意，創辦電視台當然屬於更為重要，亦更有影響力的舉動，但核心問題明顯仍是為了讓不同家族成員在不同層面及崗位上各展所長、各領風騷有關，避免家族內部所謂「相見好，同住（或共事）難」所產生的矛盾與衝突。正如前述，自利希慎從渣甸洋行大班手中買下整個利園山頭後，即開辦了利園（遊樂場），然後又興建利舞臺，可說是香港最先進軍消閑娛樂業的家族之一。其中的利舞臺，更成為戲曲表演的重鎮，乃吸引區外遊客的好去處。至於家族與消閑娛樂、表演藝術這種深厚淵源，相信既耳濡目染、潛移默化地培養了家族成員的藝術涵養，亦可能令他們與相關行業的翹楚或經營者建立起一定的人際脈絡及商業關係，同時更易獲得重要資訊，洞悉市場空間。

在絕大部份香港人眼中，本土文化在上世紀七十、八十年代的興起，與免費電視台的啟播可謂息息相關，而香港電視廣播有限公司的創立，則與利氏家族密不可分，其中的利孝和，更幾乎成為早期電視廣播界無人不識的名字，較今時今日的邵逸夫有過之而無不及。到底利孝和為何會想到開辦電視台呢？他本人是否早已擁有這方面的經驗及人脈關係呢？家族成員間

如何分工呢？

在憶述利孝和當年決定進軍電視廣播事業的問題時，利漢釗這樣說：

1967 年暴動時，利孝和有一個構思，他認為香港沒有電視（台），那時雖有麗的呼聲，他也是麗的呼聲的董事。（他構想）要辦一個無線電視（台），所以才有今天的 TVB，他是 founders 之一，曾經做過 chairman [5]，工作很辛苦。那時我還身在美國，我讀完書後 —— 我是電子工程師，便在 RCA（Radio Corporation of America）工作。他時常到 New York 找我傾談。我對他說：「三叔，香港那有這方面的人材呢？你們如何懂得一些電子的東西呢？」他說：「你太傻了，有錢便可以了。」他說中了，請（別）人（協助）便可以了。【華資企業研究 —— 訪問紀錄：27022003】

很明顯，除了人盡皆知的經營利舞臺之家族背景，青年時期在牛津大學修讀法律專業的利孝和，原來曾出任香港麗的呼聲（Rediffusion Hong Kong）的董事[6]，因而能對經營傳媒及電子廣播生意有較深入的認識及經驗，並可對社會急速發展過程中產生的巨大休閒娛樂生意空間有充份了解，從而能早著先機，快人一步地提出創辦電視台的構思。

當然，我們同時必須注意，洞悉市場機遇只是成功企業家的其中一種必備條件，如何採取適切有效的方法攫取或捕取可能一瞬即逝的機遇，同樣考驗一個企業家的開拓與應變能力，而知人善任，吸納有能之士為我所用，則屬成功企業家必備的其中一些特質。利漢釗這裏透露的，正是今日社會所經常提及的引入專業人員概念。

長遠以來，很多人直覺上認為家族企業是一個不光彩的名稱，頗多評論把家族企業看作落後混亂組織的代名詞，亦有分析指家族企業排擠非家族成員的專業人材，認為家族企業充滿矛盾、爭執。然而，若果我們深入分析，那一家企業沒有矛盾與辦公室政治，對家族企業的負面印象，其實是把企業的擁有模式、管理手法和人事安排等十分籠統地混為一談而已（黃紹倫，2009）。家族企業重視血緣，因而十分強調企業的擁有權，即家族必須牢固地控制及支配企業，但除此之外的管理手法及人事安排，其實是可以很有彈性及重視實效的。也即是說，家族企業的管理同樣可以容納專業、唯材是用。利漢釗續說：

家族企業不一定是全由家族成員來做的，你可以請外人，你沒有這些known-how是可以請回來的……我們家裏的人就認為，如果你（家族）做不來，可以請（外）人來做，請人只要用錢，一定要用錢，賺錢來生錢，這便是一個例子。所以利孝和（的名字）到今時今日，仍然有人提起他……所以我這位三叔，我是很羨慕他的，他當年找很多人討論，組織起無線（電視台），並不是那麼簡單的事。到了今天雖然他已過世（多年）了，邵逸夫則（將之）take over並發揚光大，他也做得好好。【華資企業研究——訪問紀錄：27022003】

回到創辦電視廣播有限公司的問題上。當港府在1965年宣佈開放廣播空間，發出專營牌照時，利孝和率先與社會上的商業精英組成財團，計劃競投。這集團的核心人物包括了和記企業的祁德尊、邵氏兄弟的邵逸夫、經緯投資的余經緯、匯豐銀行的賴理、太古有限公司的甘敏、英國國際電視企業的史德靈、民樂有限公司的利榮森及南海紡織的唐星海等（《大公報》，1966年1月27日）。

相對於早已在香港經營電視廣播的香港麗的呼聲，以利孝和為首的財團明顯缺乏實際運作經驗，技術層面可能會受到質疑。為此，利孝和等找來英美等地五家知名公司作支援指導，他們分別為 A.B.C. 電視、安格利亞電視、電視國際企業、N.B.C. 國際電視及時代生活廣播有限公司。另一方面，電視廣播有限公司又特別指出新公司將發展成本地電視台，製作切合本地市民口味的節目，包括文化、娛樂、曲藝及新聞報道等（《工商日報》，1966 年 4 月 13 日）。

當然，要由無到有地啟動本地無線電視廣播的行業，最大的問題還是資源——即投資能量的評估。由於利氏家族乃當時其中一家最具實力的企業，加上利孝和又憑本身與匯豐銀行及太古洋行的長期關係拉攏他們加入，而另一家實力雄厚的和記企業亦大力支持，再加上邵氏兄弟在電影娛樂方面的背景，其投資能量之雄厚，實在不容置疑。

正是因為具備了以上各種有利條件，而不足之處又看似獲得有經驗人士提點，並考慮周詳地找到補救方法，該財團的取勝機會可謂相當高。結果，電視廣播有限公司竟然擊敗了包括香港麗的呼聲在內的八家競投財團[7]，成功獲得經營牌照（《大公報》，1966 年 1 月 27 日），並在籌備一段時間後在 1967 年啟播，掀開了香港廣播事業及娛樂文化的新篇章。

為甚麼一家電視台的創立對香港的娛樂及本地文化發展會產生那麼巨大的影響呢？最大的原因是當年社會的物質條件沒有今天般豐富，消遣娛樂的種類選擇不多，就連體育活動的場地亦十分有限，男女老幼放學下班或休閑在家時最好及最經濟的享受，便莫如聚首一堂欣賞電視節目。正因如

此，當年不少連續劇集（如《網中人》、《親情》等）、綜合節目（如
《歡樂今宵》及《香港小姐選舉》）及新聞報道等，均深受歡迎，並幾乎
成為全港市民共同生活的必不可少部份（馬傑偉，1996）。

可以毫不誇張地說，自從有了免費電視服務，普羅市民不但獲得了多種多
樣的休閑娛樂機會，談話的內容亦多了共同話題，進而豐富了社會大眾
的精神生活，而無線電視有限公司在利孝和等人的銳意發展下不久即形成
一台獨大的格局，令該電視台「成為凝聚大眾文化的霸主」（陳啟祥，
1995：85），日後甚至搖身一變成為本土文化的重要推動者，乃無數香港
人集體回憶的泉源。

酒店

正如〈重整〉一章中提到，香港重光不久，利氏家族即全力投入建設，大
興土木，除了利舞臺的項目，其實還有新寧大廈。由於早年社會普遍側重
地產投資（property investment）——即興建物業（尤其辦公室、商場及停
車場等）用作長期收租，地產發展（property development）——即興建物業
（主要是住宅）後全數（或絕大部份）出售套現——並不流行，新寧大廈
的項目亦屬地產投資類別，五十年代初落成後即闢作公寓，是為新寧招待
所，可見家族在經營酒店相關業務方面一點亦不陌生。

六十年代初，當利園山逐漸被剷平之時，家族成員明顯已被日漸熾熱的
物業市場所吸引，因而計劃在利園山新開闢的土地上興建出租住宅及辦
公室。可惜，工程開展不久即碰上了 1965 年的「銀行危機」、與 1966、
1967 年的動亂。受社會不穩、投資氣氛低迷而移民外流又轉趨嚴重等連串

問題的打擊（鄭宏泰、黃紹倫，2006），相關的建築工程亦被迫停了下來。

動亂過後，隨著社會信心的逐漸恢復，利銘澤等重新評估投資環境及市場狀況，並得出住宅及辦公室的出租回報率未必理想，反而改裝酒店則能帶來較好回報的結論。由於家族早已具有經營新寧招待所的經驗及網絡，利孝和本人又曾擔任城市酒店主席一職（參考〈投資〉一章），顯示家族對酒店行業的市場資訊及脈搏頗有深刻了解及掌握。

管理靈活、決定快捷一直被視作家族企業的其中一項特質，利銘澤等人那時迅速調整投資方向的舉動，正是一種具體的證明。既然投資策略大變，原來的樓宇設計自然必須作出適當修改，並必須獲得政府批准。為此，利銘澤昆仲據說曾與家族長期合作的著名建築師——歐亞混血的甘銘（Eric Cumine）——深入商討，獲得他的大力支持、配合，並在修改各項建築圖則與規劃後順利通過不同政府部門的審批手續，工程因而可以隨即展開。

1970 年左右，佔地近 4 萬平方呎的地盤終於豎立起一座擁有 22 樓層，近 900 個房間的酒店，是為利園酒店，標誌著銅鑼灣進入一個嶄新年代。對於這次重大投資方向調整，曾參與其中的利漢釗憶述時不無感歎地說：

（原）設計下層是商場、office，以上各層樓是住宅。暴動一來，信心全失，不敢動工……我們很保守，馬上停止興建，那時剛興建至 podium 那層。後來，香港的情況轉好了一點，才繼續興建，（用途則有改變），第一做停車場，第二想做酒店，但 design 則全是 for apartment 的……（要改變圖則），Eric Cumine 說不用怕，他會弄妥，結果終建起了酒店。但當然裏面沒有 ballroom，function room 又不三不

四，corridor 又左轉右轉的。利園酒店都很出名。【華資企業研究——訪問紀錄：27022003】

利德蕙（1998：86）亦指出，「原本計劃建造住宅及出租辦公室大廈」，但後來則因 1967 年動亂後投資信心疲弱一度停工，七十年代初則因旅遊業興旺、旅館供應短缺而改為興建酒店。

完成建築工程後，家族立即展開裝修工作，並在完成各種消防、衛生及牌照經營等手續後於 1971 年 12 月 28 日正式開業（《工商日報》，1971 年 12 月 29 日）。至於酒店開業後負責日常實務管理，出任總經理一職的，則是在酒店業界經驗豐富而頗具名望的貝式輝，再次顯示利氏家族重視引入專業人員以提升管理及補充家族專業性不足的風格。

公司註冊處的資料顯示，創立之時，只有利銘澤、利孝和及利榮森三名董事，之後因為加入太古國泰企業（Swire Pacific Ltd.）、會德豐（Wheelock Marden & Co. Ltd.）、馬士基航運（Maersk Line Ltd.）、渣甸洋行（Jardine Matheson & Co. Ltd.）及大昌地產等策略股東而擴大董事局的組合，其中的太古洋行主席布朗（H. J. Browne）獲推舉為利園酒店的主席[8]，利銘澤、利孝和、利榮森、Peter Griffits、陳德泰、Per Jorgensen 及 David Newbigging 等則出任董事職位。至於酒店的業務蒸蒸日上，不但吸引了國際旅客入住，亦成為重要舞會及宴會的場所，其建築物更成為該區的地標。

為甚麼一間由家族絕對控股的公司，家族成員既沒出任主席一職，又沒擔任總經理一職呢？這不是與我們一直強調的家族往往會緊握企業控制權一

點互相矛盾嗎？表面上看，家族成員交出主席及總經理兩個重要職位頗讓人有「不可思議」之感，但實際情況應是出於推廣業務的考慮，亦沒有影響家族的控制權。原因很簡單，利家在擴大股本及董事局前，應已先行修改公司一般章程，增設常務董事，並由股東委任。董事會議之法定人數為三人，而其中一人必須為常務董事。大股東在大會具投票控制權，只有其提名人選，方可獲委為常務董事。在此種安排下，大股東可隨時召開董事會，通過任何議案。反之，其他董事不能繞過大股東，召開董事會，通過對其不利之議案。利園酒店從未上市，故其組織章程沒有公開，亦因公司並非上市，股份不能自由交易，控股權亦不會受到威脅。其次，布朗出任主席一職只是酒店開業初期，不久即由利孝和接任，顯示布朗的任命只屬臨時性質，目的可能是為了方便酒店業務的開拓，或是為了爭取顧客及投資者的信心。

綜合而言，家族在六十年代末決定將興建中的出租住宅與寫字樓項目轉為酒店的舉動，一方面反映了家族企業隨機應變、順勢而行的特質，另一方面又牽扯出不同層面的人脈關係及社會關係的交叉重疊與環環緊扣。舉例說，利銘澤擔任南華體育會主席及利孝和擔任旅遊協會主席等工作，顯然與家族經營酒店之間，頗有互惠互利的效果。至於利銘澤日後在廣州牽頭創立廣州花園酒店（參考〈離世〉一章之討論），看來亦有一定連繫，可見家族不同生意、投資及社會公益服務之間的糾纏關係及不同考慮，其實較我們想像中的複雜，我們實在難以三言兩語地說得清清楚楚。

分工
正如我們在《一代煙王：利希慎》一書中提到，利氏家族的發跡很可能始

於利良奕及利文交兩兄弟的關係軸心。二人在舊金山淘金美夢大行其道之時飄洋海外，在積聚一定財富後選擇返回故里，不久又鑒於香港具有更大發展潛力而南來，並在禮昌隆的基礎上逐步壯大起來。到了利希慎一代，雖然我們未能確定他與一眾兄弟之間的具體合作情況，但無論是在澳門，或是在香港，明顯讓人看到不少以兄弟關係為主軸的合作身影。

有了上一、二代的兄弟關係軸心，第三代的利氏成員在分工合作的問題上自然「有例可循」。簡單而言，這套合作模式基本上可以分為兩個層面，其一是開拓不同生意或投資，讓不同成員各有一展所長的舞台，減少因為將所有家族成員集中在同一生意上的矛盾與衝突。其二則是職位上的清晰分工，讓不同的兄弟子姪各有權責，一方面可以達至各司其職、互不干預的目的，另一方面則可確立促進競爭、互相監察的機制。例如家族成員中一人出任主席，作名義上的領導，主要工作是參與社會事務，發揮家族的影響力；一人統攬實務，負責日常運作，讓企業穩定發展；另一人或者屬於專業人士（如法律、會計），在開辦自己專業事務所的同時，為家族提供相關意見及服務，兼負監察角色。

在接受我們訪問時，身為家族第四代領導的利漢釗，便這樣介紹家族企業的內部分工。他這樣說：

家族……揸 fit 的……是大祖母（黃蘭芳）……直到後來利銘澤畢業回來，而我另一位三叔利孝和，他也是從牛津大學畢業回來的，他是一位大律師，他很少參與業務，沒參與一些 day-to-day 的工作。利銘澤便 take up chairman 了。後來我有位四叔，叫 JS（利榮森），他在未解放前是在燕京大學的，後來去了倫敦的中國銀行

工作，爭取經驗。到第二次世界大戰結束，他回來香港，當時公司是由利銘澤當主席，而 day-to-day 的工作則由利榮森處理……他們三人（利銘澤、利孝和、利榮森）對家族企業有最大貢獻。當然，由四幾年、五幾年到六幾年，利銘澤成為行政局議員、立法局議員，那時候是 colonial 制度的，他和那些港督的交往是很好的，他是負責對外的。而利榮森則負責對內的工作，打理事業。【華資企業研究——訪問紀錄：27022003】

利漢釗這裏的介紹雖然輕描淡寫，但卻帶出一些值得玩味的要點。（一）利銘澤負責對外，參與不少政治及社會事務；（二）利榮森集中管理家族企業，負責內部事務；（三）利孝和較傾向於尋找新機遇，創立新企業；（四）其他兄弟中既有選擇成為專業人士，亦有傾向享受生活，不太願意參與家族企業的管理。一句話，由於兄弟子侄人數眾多，專長、興趣及人生觀各異，在考慮現實需要之時，尊重各自差異及選擇，顯然較利家族企業的長遠發展。至於現代社會的公司組織，明顯可有效地配合這種分工，為家族企業的現代化添加新的內涵。

除了兄弟子侄各有分工，利氏昆仲還刻意引入家族以外的策略性股東，一來可藉此增加管理團隊的多元性，提升透明度，優化企業的綜合競爭力，二來則可更為有效地約束家族的內部矛盾，甚至可擴大家族的人脈網絡及商業聯盟，既有助爭取更多生意及投資機會，亦可減少經營風險，實乃家族企業日漸走上國際化及多元化的必不可少組成部份。

雖則如此，我們又必須承認，家大業大、投資層面無孔不入的利銘澤昆仲，看來亦難免因人多口雜、觀點各異而偶有意見分歧、矛盾頓生之時。

面對這樣的困局，理性討論，以大局為重，放下一己之見等等，總是被理解為最能解決矛盾及分歧的方法。在談到這方面的問題時，利德蕙這樣回應：「在執行家族事業時，利氏兄弟常有不同意見，但問題一定在家族內部解決，對外則是同一陣線」（利德蕙，1998：88）。

若果我們將利氏家族在投資物業及娛樂生意之餘，仍不斷開拓其他生意，並創立不同企業以分散風險，讓兄弟子侄被安排到不同崗位上，藉以避免家族成員（人力資源）過份集中的個案，結合其他本地不少大家族的例子，則可以更為清楚地看到，華人家族企業發展上的某些與別不同特色，而網絡家族主義（network familism）及諸子均分制度（equal inheritance system），看來應是主導這種發展模式的核心力量。

簡單而言，由於華人社會重視多子多福，富貴人家尤其枝茂葉繁，家庭內部無可避免地會出現不同層面的矛盾，諸子均分、地位平等的原則又加劇了兄弟之間的競爭。為了化解家族內部矛盾、減少虛耗，加上文化上固有的獨立自主精神，家長一方面會直接或間接地利用家族網絡支持並鼓勵有志創業者另闢蹊徑、自立門戶，另一方面又會刻意安排子孫接受不同專業訓練，讓他們日後可以投身不同專業例如律師、醫生、高級政府官員等，在各自的舞台上盡展所長。若果子孫均有興趣加入家族企業，則會在工作性質上進行分工，讓各人在不同崗位上擔任不同角色，減少衝突、矛盾與爭執。較為常見的例子如父親擔任企業主席，子侄們則分掌行政、生產、財務、市務等部門，各人又為董事局成員。

可以這樣說，家族內部在不同層面上的這些人事安排，應該可以減少內部

衝突及矛盾，並有助壯大家族的基礎。另一方面，隨著企業的不斷壯大，以及子孫教育水平的顯著提高，傳統的商業營運結構不能避免地受到挑戰，企業也自然地出現多元化和國際化的變革。例如企業的焦點往往會由原本的只集中於某行業（如製衣），擴大至不同產業（如娛樂旅遊、物業地產、銀行金融等），各子侄也由分掌不同部門轉為分統不同生意，獨當一面。至於家族網絡則在不同層面上配合各種生意的擴張和營運。

與此同時，我們亦會發現，由於華人社會重視血脈及內外之別，對家族成員往往會覺得較外人可信，並傾向於委任有興趣參與企業管理的成員擔任重要職位，令人不免產生家族企業排斥外人的感覺。但是，我們同時必須指出，這種特質並不意味非家族成員的專業人士便沒有用武之地，他們同樣可獲得信任，被吸納進董事局，成為管理層。當然，家族成員數量愈小，企業規模愈大，業務性質對專業人材需求愈強，吸納非家族成員為我所用的比例便愈高，反之亦然。

若單從家族發展不同企業以達至子侄分工，在降低投資風險的同時又尋找新機遇的角度看，華人家族企業往往會從原本的只是單樹單幹逐步成長為枝繁葉茂，甚至是多幹多枝的形狀，情況就如榕樹的成長一樣。初期，榕樹只是單幹成長，略為壯大即會出現分枝（子女分工），枝幹上會長出氣根（自立門戶的傾向），氣根接觸地面（有了基礎）不久，即可以壯大成樹幹（自立門戶），新樹幹表面看來自成一系，但實際上與原來樹幹仍密緊相連。若果土壤及氣候等條件理想，一棵榕樹可繁衍相生地長成一個榕樹林。

正因華人家族企業的發展模式與榕樹的成長過程頗為相似，我們可稱之為「榕樹式家族集團」（banyan-style family consortium），意思是這種企業反映了中國文化重視諸子均分、強調家族網絡主義。從結構上言，「榕樹式家族集團」呈現出多幹多枝的狀態，核心內容是不同家族成員從事不同生意，發展不同事業或專業。在法律層面上，不同子侄之間未必持有各自創立企業的股份（股權），某些子侄之間的生意甚至存在互相競爭的問題，但在較深的層面上，他們均吸收或享受著同一家族的名聲、地位及網絡，因而存有一些微妙而隱藏性的關係（鄭宏泰、黃紹倫，2004；Zheng, 2009）。

這樣的商業組織模式會否欠缺效率，給家族企業帶來不良的發展呢？我們或者可以簡單地將家族企業一分為二。一種是中小型企業，另一種是大型（或上市）企業。由於中小型企業的規模較小，組織架構較為簡單，家長的領導和監察，也較為直接和有效，員工的一舉一動，家長也瞭如指掌。在一種備受監察的環境下工作，員工的工作效率，一定程度上是有保障的。而將管理權集中家族成員之手（自己人），更可以收「保守秘密」之效，因此中小型企業不一定效率不足。

至於大型企業，情況也並不如坊間流傳般差。（一）大型企業通常經歷數代人而建立起來的，就算創業一代教育水平有限，第二、三代成員的教育水平則十分突出，因此他們本身便具有相當高的資歷；（二）大型企業成長是由小型成長起來的，這些企業本身便經歷過不同階段的改革和重組，是從競爭中成長的，因此企業結構基本上已作出調適和演化，可以應付內外環境的挑戰；（三）家族成員往往只是控制上層管理，中下層職務通

常很少有家族成員擔任，部份專業人材更會被吸納進管理核心階層。在資訊發達的香港社會，大型家族企業的管理，基本上與西方的同類型企業無異。換言之，籠統地批評華人家族企業在管理、結構和組織上欠缺效率，也是有待商榷的。

在討論家族企業發展的模式及格局時，很多學者會將日本的家族企業與華人家族企業作比較（Pelzel, 1970; Chau, 1991；王崧興，1985），認為日本的長子繼承制（primogeniture）有利資本累積及經濟發展的功能，制度化及企業化又可減少對個人關係的依賴，故能出現很多歷百年而不衰的老店。相反，華人企業則因受制於諸子均分的原則而常有分裂，過於強調親疏有別及人脈網絡又抑壓了非家族人材的貢獻，使企業在競爭上失去優勢，企業往往競爭力不足和「富不過三代」。因此，他們推論中國無法走上資本主義現代化的道路。

這種過於簡約的分析，其實未能道盡事實的真相，亦無助於理解香港、台灣、新加坡等以華人或華人文化為主的地區為甚麼經濟可以發展蓬勃。對經濟改革後的中國大陸，經濟發展迅速的現象，就更欠缺解釋力了。在此，我們要釐清一點：均分制是否阻礙經濟發展呢？我們在其他研究上已發現，均分制不但不會阻礙經濟發展，恰恰相反，由於這個制度提供了競爭動力和啟動資本，對經濟發展是有推動作用的。而家族成員分工化、企業多元化，又在某程度上可以保障家族企業的長遠發展和優勢，因此對企業和經濟的發展，可以說是正面而又有裨益的（鄭宏泰、黃紹倫，2004；Zheng, 2009）。

由於中、日兩國文化各有不同，因此其企業發展模式，自然出現分別。由於日本繼承制度強調長子繼承，而非血緣關係的養子或女婿都可繼承家業，家族企業上確有其綿長不斷的優勢。華人家族企業則強調開枝散葉，認為枝盛葉茂才是興旺，那位子孫能出人頭地，都是一項光宗耀祖的事。因此，較多家族成員選擇自立，另闢蹊徑。這也是華人家族往往會像利銘澤家族般出現一門數傑那種「榕樹式家族集團」的現象，其他本地著名家族如羅鷹石家族、李國寶家族、羅桂祥家族等亦是如此（潘少權，1995；蔡寶瓊，1990），父子兄弟各領風騷、各自精彩的情況，其實並不罕見。

正因如此，我們才會發現日本家族企業的發展，是縱向的，就像竹一樣，不斷往上成長，陳其南及邱淑如（1984：17）更形象化地指：「（日本企業）外殼非常堅硬，內容卻空空的，沒有血緣的內涵」，說明日本企業並不重親人血脈；而華人家族則是橫向的，像榕樹一樣，極為重視血緣及連繫，甚至讓人有凌亂、矛盾及競爭激烈之感。一句話，日本和中國的家族企業發展，其實各有特式，也各有優劣，我們實在不能一概而論。

結語

現代資本主義社會的發展，實在離不開企業化。企業被界定為法人——尤其是有限公司制度確立下來之後，更因投資風險可以在適當範圍內得到有效控制而刺激起企業家的開拓精神，令資本主義社會可以持久保持經濟發展動力。家族企業其中一些備受爭議的問題，是子女眾多所衍生的內部矛盾與衝突，其次則是經營管理上的欠制度化及欠現代化，而生意過於集中，當遇投資失利時無法降低風險引至全軍盡墨，更常被指為缺陷所在。

無論是從分散投資風險的角度，或是從激勵兄弟良性競爭的角度，甚至從引入現代企業及管理制度的角度，我們不難發現，早已接觸西學，對西方世界認識頗深的利氏家族，不但大多曾經接受西式教育，對吸納西方企業制度以優化家族競爭力方面可謂盡得精髓。姑勿論管治或投資層面上的如何部署問題，單從利氏家族設立諸如利東公司、利綽餘堂公司、民樂公司、利希慎置業有限公司及希慎興業等以分門別類，便於監管，已可粗略了解家族在分散風險方面的深思熟慮。若再看看其他企業如利園酒店、聯合汽水廠、香港電視廣播、紅磡海底隧道、廣州花園酒店、加華石油、香港電話及香港中華煤氣等的組成和投資，更可窺探兄弟分工、互補長短，以及引入著名策略投資者以提升本身實力的清晰影子。

註釋

1. 利銘洽似乎沒有參與家族企業，坊間資料極缺，其長子利漢釗日後成為領導核心（參考本書其他討論）。利榮傑應有參與家族業務，但行事低調，絕少曝光，其獨子利定昌，早年留學英國，主修土木工程，回港後加入家族企業，2002 年接替利漢釗任希慎興業主席兼總裁，可惜英年早逝，殁於 2009 年，其主席職務現由利孝和次女蘊蓮接任，總裁則外聘專才接替。現時的希慎興業管理層，全由外聘專才擔任，可說是體現了控股權與管理權完全分家的現代管理信念。

2. 利孝和，1909 年出生，早年曾在澳門生活就學，之後與利銘澤一同留學英國，獲牛津大學文學及民事法學士學位，1932 年成為執業律師，1949 年迎娶陸雁群為妻，育有一子二女。除了征戰商場，參與不少企業的創立和管理，利孝和還先後出任中國平準基金會主席、民國政府外交部顧問、民國政府駐聯合國首席代表特別助理、旅遊協會主席、秘魯駐港領事、香港出口促進會委員等公職（參考其他章節內之相關記述）。

3. 高露雲律師行（Wilkinson & Grist）首席律師，利家法律顧問。

4. 利榮達及和利有限公司決定出售控股權的原因可能有如下四點：（一）利榮達家庭變故，其幼子利子儉考不上大學，在英國自盡；（二）利榮達健康變故，受喪子之痛打擊，利榮達中風，時年五十多歲，其後在 1987 年再次中風（何文翔，1992：114-5）；（三）行業營運變故，汽水容器由鋁罐及塑瓶取代玻璃瓶，故需調整生產線，更新機器，連接容器生產與汽水生產以配合，而無論是自行投資或與容器製造商合作，均所費不菲；（四）地產市場熾熱，佳寧集團出價潤綽，價格吸引，予利家套現良機。

5. 利孝和出任電視廣播有限公司主席一職長達 14 年，之後才由邵逸夫接任。

6. 香港麗的呼聲乃英國麗的呼聲的子公司，公司業務分為電台廣播及電視廣播兩類，其中的電台廣播始於 1949 年，電視廣播則始於 1957 年。電視廣播屬於有線收費性質，與不久興起的無線及免費性質截然不同。公司註冊處的資料顯示，利孝和在創立電視廣播有限公司之前，曾出任香港麗的呼聲的董事。

7. 當年港府以「拓展」廣播空間為由，招標營辦免費電視，因為收費電視以有線廣播。免費電視需採用無線廣播，方合乎成本效益，而香港採用通行之歐洲制式（PAL）。但這些卻帶出一些謎團：（一）英國亦採用歐洲制式，麗的呼聲財團理應較利孝和財團為優，因後者倚賴美國顧問及技術，但為何前者落選？（二）假若當局擬保留收費電視服務，麗的呼聲理應不合投標資格，因若其入選，應不能兼營有線電視。既然接納麗的呼聲財團入標，何不提早終止收費電視服務？（三）歐洲制式的無線電視彩色畫面質素，遠較麗的黑白有線收費電視為佳，港府何不一勞永逸地同時換發新牌照，提早終止收費電視服務？事實上，數年後，麗的電視亦轉為彩色無線廣播。若麗的當年同獲發免費電視牌照，歷史或許改寫，兩台或可平分春色，不會出現當今一台獨大的局面。

8. 布朗擔任主席一職的時間不太長，之後便由利孝和接任，而利孝和在 1980 年去世後由利銘澤接替，到利銘澤去世後則由利榮森繼任。

第八章　投資

在金錢掛帥而高舉回報率或盈利率的商業社會，普通人的投資觀念總是片面或簡單地以「錢搵錢」作標準，並認為掌握某些分析技巧便能在「利用勞力或學歷換取金錢」之上更有效地積累財富，然後可過著豐裕生活（Kiyosaki, 1997）。同樣相對狹隘的觀念，是只看到投資獲利的一面，對於投資背後的風險，則所知不多，甚至常常估計不足，或是視若無睹（Chong, 2004）。正因如此，能夠真正利用投資策略取得豐碩成果者並不多見，不過不失者較為普遍。至於因為投資失利賠上身家財產者，亦屢見不鮮、時有所聞。

在利希慎家族或利銘澤的眼中，投資的意義明顯超出回報或獲利的層次，一方面是投資目光看得更遠、投資觸角更為敏銳，另一方面則是投入心血更多，參與程度既深且廣，影響及貢獻相對較大。正因本身對投資問題的別樹一幟、另有體會，家族一直能在本地或國際商場上自由馳騁、盡領風騷。前文提及上世紀二十年代中從渣甸洋行手裏購入利園山投資項目的點石成金便是最好個案，本文則希望利用股票市場左右逢源的例子作出更全面的說明。

股市

眾所周知，股票市場乃現代資本主義社會中一項極為重要的「金融制度創新」，既是測度政治、經濟及社會發展的晴雨表，亦是觀察不同背景投資人士角力的場域。透過上市集資，企業可以獲得源源不絕、成本低廉的資金，從而可以開拓一些資本投入高、投資期長，但回報同樣較高的市場。至於公眾人士則可將手上零碎分散的資金投放到適合自己需要的企業上，分享企業發展的成果，從而尋求較大的回報。也即是說，股票市場可說是

資金的「紅娘」——將渴求資金（需求）的一方與渴求為資金找出路（供應）的一方有機地結合在一起，從而推動了經濟的持續發展。

作為香港其中一個根深葉茂的大家族，自先祖利良奕一代即飄洋海外，接觸西方的商業與社會，對世界局勢與經營之道已有一定了解和認識。到了利希慎一代，由於財富大增，投資層面更趨多元，對各種金融投資工具的認識及應用自然更加充份。舉例說，利希慎曾購入中國製糖公司、牛奶公司、電車公司、匯豐銀行及中華電力等對本地經濟舉足輕重企業的大量股份，並擔任部份公司的董事（利德蕙，1995）。1925 年「大罷工」期間，由於股票市場曾經出現不規則及不尋常交易，港府因而宣佈成立「股票市場調查委員會」，利希慎則獲港督委任為其中一名調查委員（鄭宏泰、黃紹倫，2006 及 2011），可見家族在金融投資方面的經驗匪淺，與股票市場的淵源更是甚為深厚。

重光不久香港經濟逐漸恢復昔日動力之際，在利銘澤帶領下的利氏家族企業亦重新上路，除了致力開發銅鑼灣利園山頭及周遭地區，亦因分散投資風險的考慮而將部份資金投放到那些盈利前景理想、回報相對優厚的公眾公司（即今天所謂的上市公司）之上，令家族財富與本地經濟的發展動力更有效地結合起來。舉例說，在 1969 年的股票市場開放之前，全港共有 59 家上市企業，其中 37 家屬英資企業，16 家屬華資企業，餘下 6 家則具有猶太及菲律賓背景。在 16 家華資企業中，由利銘澤及利孝和擔任主席的，便佔了 4 家，這些企業分別有維多利亞國際投資有限公司、城市酒店集團、香港電話有限公司及香港中華煤氣有限公司（鄭宏泰、黃紹倫，2006），乃當時香港其中一個實力雄厚的家族。

自走出 1967 年的動盪不安局面之後，香港社會逐漸在各行各業大張旗鼓的帶動下顯得生機蓬勃。舉例說，在 1967 年，香港的生產總值為 148 億元， 1968 年微升至 157 億元，1969 及 1970 年則分別急升至 185 及 220 億元，之後的 1971 年略為回落至 218 億元，但 1972 年則大幅飆升至 306 億元。在進出口貿易方面，1967 年的進出口貿易總值為 192 億元，1968 年上升至 230 億元，1969 及 1970 年則分別上升至 280 及 328 億元，之後的 1971 及 1972 年更大幅攀升至 374 及 411 億元（《香港年鑑》，1967-1973）。

雖然經濟體系動力無限，但股票市場則頗為封閉，社會上只有極少數人像利氏家族般可在交易所自由出入，買賣股票。踏入 1968 年，隨著經濟的逐步復甦，外資蜂擁到港的步伐也顯得份外急速，而本土經濟經過五、六十年代急速發展也積累了頗為巨大的財富，亦產生了資金尋求投資出路的動力。舉例說，到了 1968 年 10 月左右，全港銀行的總存款便已多達 100 億元，相對於 1967 年動亂時期的銀根緊絀可謂不可同日而語。由於游資充斥、經濟增長強勁，加上社會秩序已全面恢復，股票市場自 1968 年下半年起便顯得份外熾熱，至於股票交易所的門前亦經常出現長長的人龍，排著隊做買賣，令交易額和股票價格屢創新高（鄭宏泰、黃紹倫，2006）。

然而，在 1969 年底之前，企業上市或股票買賣均只能透過香港證券交易所進行，但該會對企業上市的審批、經紀的資格，以及股票買賣的手續等，均限制得極為嚴格，因而令很多渴望上市集資、投身經紀行業或投資買賣股票的人不得其門而入。1969 年 12 月 17 日，以李福兆為首的華資財金精英終於衝破重重障礙，率先成立遠東交易所。這一歷史性的壯舉，不但打

破了香港證券交易所過往獨大的壟斷局面，亦標誌著香港的股票市場進入了全面開放的年代，令行業產生了劃時代的巨大變革（鄭宏泰、黃紹倫，2006），至於利氏家族旗下若干企業的發展，亦在這個急速轉變的年代呈現不同程度的蛻變，其中的聯合汽水廠有限公司，更在 1970 年迅速上市（參見上一章的討論）。

股市全面開放之初，投資者對香港的投資環境仍頗為審慎，到了 1972 年，受到連串利好消息的刺激，市場氣氛顯得異常活躍。該年的 2 月 17 日，美國總統尼克遜打破外交常規，歷史性地踏足北京，進行新中國成立以來的首度國事訪問，消息使一直劍拔弩張的中美關係得到改善，而國際格局也出現了重大轉變（參考〈政治〉一章之討論）。同月 20 日，籌建經年的紅磡過海隧道終於正式通車（參考本章另一節的討論），象徵一海相隔的九龍和港島從此緊緊地連結在一起，令香港的經濟實力像武俠小說所描述的「主人翁打通任督二脈後武功大進」般迅速地成長起來。受到內外利好消息的刺激，不但股票市場變得熱火朝天，土地及物業買賣也顯得極為暢旺。

說來有趣，利氏家族不同成員對各種投資工具雖然頗有認識，參與股票市場的管理及運作又十分積極[1]，但被認為屬於家族旗艦的希慎興業，則要等到八十年代初才上市。或者正是這個緣故，當那些新崛起的地產商在七十年代初大張旗鼓地上市集資，藉吸納公眾資金以開拓更大市場空間時，一直被視作老牌地產商，並對投資方面具有富豐經驗及網絡的利氏家族，則像另一老牌地產商——何東家族般，只是按兵不動，多少讓人覺得未能充份利用金融市場的巨大力量，因而錯失了進一步壯大的良機。

為甚麼政商各界大紅大紫、投資知識十分豐富的利銘澤昆仲沒有在六、七十年代乘時而起、更上層樓呢？家大業大、核心業務必須獲得家族大多數成員支持，投資行為變得保守，可能是原因之一；家族本身財雄勢大，固定收入——尤其租金——相當豐厚，不缺資金以拓展業務，因而沒有太大上市集資壓力，可能是原因之二；兄弟之間早有分工，令各人專注於各自業務，無暇他顧，可能是原因之三。由於資料所限，首兩大原因不易獲得證明，但第三項推斷則可從利銘澤身兼多職、公私皆忙，並且亦政亦商——尤其擔任一些上市公司領導職位——中找到一些支持。

事實上，若要具體說明利銘澤的投資之道，或是更為全面地描繪他對本地商業發展的貢獻，除了統領本身家族企業之外，曾經領導諸如香港電話公司、香港中華煤氣公司及香港紅磡過海隧道公司等支撐本地經濟命脈企業的事跡，相信最受注目，亦最令人津津樂道。下文便讓我們以利銘澤參與這數家非家族控股上市企業的管理為例子，說明其全情投入、一展所長的一面，並在談論的過程中浮光掠影地勾勒香港社會不斷前進與股票市場日漸國際化的軌跡。

電話

作為國際金融中心，香港的通訊網絡可謂無遠弗屆、四通八達。到底這種遍佈世界暢通無阻而快速高效的通訊網絡是如何建立起來的呢？過程又有何曲折挫敗之處呢？與利銘澤有何關係呢？兩者的互動過程又如何能加深我們對香港「小漁村變身大都會故事」的認識和了解呢？

電報通訊方興未艾之際，英國的 Eastern Extension Australia and China

Telegraph Company 即在香港設立據點，鋪設電纜及興建通訊設備，提供相關通訊服務（電訊管理局，沒年份）。貝爾（Alexander G. Bell）發明電話並註冊成為專利翌年（1877 年），香港人已能利用這種在當時而言屬於先進科技的通訊工具進行溝通（Hong Kong Telephone, 1981）。當然，真正令電話通訊逐步走向普及，不斷縮短人與人之間距離的事件，相信是 1925 年香港電話公司的成立。至於公司獲港英政府批出長達 50 年的專營權（電訊管理局，沒年份），並在「大罷工」浪潮席捲全港之際堅決上市集資，則曾經引來社會各界的議論紛紛（鄭宏泰、黃紹倫，2006）。

資料顯示，戰前（1941 年），全港共安裝了 25,000 台電話機，日佔期間減少至不足 10,000 台，重光不久的 1946 年則上升至 20,000 台，並在 1953 年將電話線路伸延至新界（Hong Kong Telephone, 1981）。1962 年，利銘澤獲當時的香港電話公司主席格里蘭（H. R. M. Clenland）邀請，加入董事局，參與公司管治（利德蕙，1998），而公司的業務則一直能夠保持不俗增長。舉例說，利銘澤參與公司管治翌年（1963 年），全港市民裝置電話的數目，已大幅上升至 131,511 台的水平（Hong Kong Telephone, 1981）。

1965 年 1 月，利銘澤赴日考察，返港不久（3 月）即獲香港電話公司董事局推舉為新任主席，接替年老退休的格里蘭（《華僑日報》，1965 年 3 月 31 日）。該年，「海通」（SEACOM）——海底電纜——啟用，並與英國大東電報局（Cable & Wireless）合作，首次以電纜傳輸國際電話。在此之前，國際電話只能採用高頻率無線電（high frequency radio）的傳輸方式進行（Hong Kong Telephone, 1981），新網絡大大提升了香港與國際社會的溝通地位。利銘澤指出，「海通」啟用一年之後，與英國的電話通訊

增加了 130%，與菲律賓增加了 59%，與美國增加了 151%，與日本則增加了 31%（《華僑日報》，1967 年 3 月 31 日）。

與此同時，公司又在 1966 年引入另一新技術 ——「脈衝電碼調制」（pulse code modulation），提高電纜使用率，並在港九各區加速興建電話機樓，以及招聘更多本地華人加入，甚至送他們到海外受訓，藉以提升員工的專業水平。資料進一步顯示，截至 1966 年底止，全港共裝置超過 30 萬台電話，即每百人口中有 8 台電話（《華僑日報》，1967 年 3 月 31 日）。

1967 年 9 月 15 日，電話線路接駁至離島 —— 大嶼山、坪洲、大澳及長洲等，居民與港九新界可以「連成一線」，利銘澤以公司主席的身份主持「通話儀式」，打了第一通的電話到長洲鄉事委員會。至於香港區用戶致電離島時可撥「980」，九龍區用戶致電離島時可撥「5980」，由電話機樓的接線生代為轉撥，便可與指定用戶通話（《華僑日報》，1967 年 9 月 15 日及 16 日）。不久，公司宣佈推出自動接駁系統，跨區電話不再需電話機樓的接線生代勞。為了方便系統的使用，公司決定採用「地區電話號碼字頭」的方法，便於線路（數據）應用。香港為 5 字頭，九龍為 3 字頭，新界用 12 字（1981 年起改為 0 字）。

由於公司投入鋪設電話網絡的進展理想，港英政府在 1968 年宣佈，當電話公司的專營權在 1975 年 6 月 30 日屆滿後，再延長 20 年至 1995 年 6 月 30 日（電訊管理局，沒年份）。專營權年期雖沒像 1925 年時獲批出 50 年那麼長，但亦算是不錯的時限了。1969 年 12 月 11 日，利銘澤再以電話公司主席的身份公佈業績，同時更談到香港電話網絡的發展情況。他表示，香港

已安裝了 50 萬台電話，以數量計，在亞洲僅次於日本及印度（《工商日報》，1969 年 12 月 12 日）。在現代社會，資訊可謂決定了社會的綜合競爭力，香港能在五十年代踏上工業化的路途，並迅速躍升為「亞洲四小龍」的一員，與資訊相對流通普及不無關係。日本的資訊網絡佔亞洲之首當然不講自明，印度屈居其後則頗令人驚奇。既然那時的印度電話網絡已穩居亞洲次席，為何經濟反而沒有突出表現？甚至要等到二十世紀末才能較有表現呢？情況可謂令人玩味。

之後的數年間，公司業務仍增長迅速。舉例說，1970 年，公司在荔枝角設立第一座半電子機樓（semi-electronic equipment exchange），並採用先進的 ESK 設備，提升服務質素；到了 1973 年，全港用戶數目更增加至 746,653 家（Hong Kong Telephone, 1981），顯示公司在引進設備及技術方面相當進取。在 1974 年的業績發佈會上，利銘澤便曾充滿信心地宣稱，公司率先在香港引入一種名為「微波線路」（microwave routes）的服務，藉以改善通訊的質素，並指該公司乃世界上第二家率先採用那種技術的企業（《大公報》，1974 年 5 月 16 日）。

雖則如此，報章不久透露連串令人大惑不解的消息：受 1973 年股災之後的經濟低迷及國際石油危機所影響，香港電話公司的經營狀況出現虧損，原因則與增長放緩有關，包括新裝電話增長率、使用長途電話的增長率及等候裝置電話的增長率等，均出現前所未見的倒退，而流動資金更出現緊絀問題。為此，公司宣佈需要在香港經濟極為低迷的情況下大幅調整收費，以免公司走上破產之路，利銘澤以年屆退休之限的理由而「不再競逐」主席一職，其他董事如簡悅強（東亞銀行主席）、亨利・凱瑟克（Henry

Keswick，渣甸洋行大班）及白禮宜（政府代表）等，則以不同原因請辭
（《華僑日報》，1975 年 3 月 29 日）。消息一出，不但小投資者大感不
滿、普羅市民怨聲四起，港英政府亦極為關注。

深入的資料還顯示，由於財政緊絀而考慮增加收入，公司在
「1974 年 8 月 27 日，向政府申請調高電話租金及其他收費」，令負責審
批的財政司夏鼎基（Philip Haddon-Cave）大為震驚，認為「實有需要進一
步調查電話公司的組織和結構，及其將來擴展業務的政策和所牽涉的財政
問題」，因而在 1975 年 1 月 22 日的立法局會議上要求成立獨立調查委員
會[2]，進行深入調查，其焦點則集中於如下多個層面：（1）公司管理及組
織、債務及盈利能力；（2）出現資金周轉不靈的原因；（3）業務擴展計
劃及其對公司財政的影響；（4）公司服務及計劃提供之服務是否足夠、
效率和質素是否達標等問題（*Report of the Commission of Enquiry into the Hong
Kong Telephone Company Limited*, 1975）。

與此同時，報章上的傳聞指出，調查委員會主要將調查公司在 1973 年舉
借的一筆龐大債項，因該債務令公司的負債由 1972 年的 25,700 萬元暴增
至 1973 年底的 43,200 萬元，原因是債務以瑞士法郎計算，而瑞士法郎則在
過去一段時間大幅升值，令公司債務負擔加重[3]，財務狀況惡化（《華僑日
報》，1975 年 3 月 29 日）。然而，當時報章的報道與利德蕙的記述略有出
入。雖然其中的一項原因與瑞士法郎升值有關，但導致債務暴增的底蘊則
不同。報章的說法是借貸，但利德蕙（1998：143）的說法則是為了採購
電訊設備。她這樣寫：

父親一向對德國機器深具信心，所以決定採購德國電訊設備（應是指前文提及的 ESK 設備——作者註），來改進香港電話系統。當時 Jardine Fleming 建議父親用瑞士法郎採購，豈知後來法郎兌港幣巨幅升值，令購買成本非常昂貴，但父親仍堅持電話費不漲。此次採購引起不少爭議，也令父親倍受責難。李國寶的父親李福樹亦是電話公司董事之一，（他）認為父親是誤信不當的建議，而導致錯誤的決定。

雖然利氏家族與李氏家族關係良好、往來密切（參考〈人脈〉一章），但李福樹所指的「誤信不當的建議」而犯下「錯誤的決定」，顯然屬於不輕的指控，認為利銘澤確實犯了錯誤。

回到電話公司的巨大虧損問題上，消息傳出一個多星期後，公司召開周年股東大會，「入場手續十分嚴密，股東須提出證明然後可以入內。數名西人在外把守，新聞界被拒於門外，此為公用事業機構年會所罕見者」（《華僑日報》，1975 年 4 月 11 日）。會上，公司秘書除了宣佈一如早前消息所指的業績大幅倒退之外，亦宣佈利銘澤「不再連任」，其他董事亦以不同原因請辭，令董事局「大換血」。結果，主席一職由羅士（G. R. Ross）出任，簡悅強胞弟簡悅隆、渣甸洋行的紐璧堅（P. K. Newbigging），以及寶和公司東主黃炳禮，則獲選為董事，頂替簡悅強、亨利·凱瑟克及白禮宜等人的空缺（《華僑日報》，1975 年 4 月 11 日）。

1962 年利銘澤加入香港電話有限公司董事局時，全港只裝有 10 萬台電話左右；到 1975 年宣佈辭去主席一職時，全港已完成 100 萬台安裝電話的紀錄（Hong Kong Telephone, 1981）。若以此數據作一簡單計算，在短短的 12 年間，總增長數額近 90 萬台（即增長達 9 倍，平均年增長率則約

達75%），其增長步伐之急速，相信世界上甚少地方能夠追趕得上。

雖然利銘澤任內的電話公司無論是拓展電話網絡或引入先進設備方面均取得一定成績，但公司同時亦因急速擴張而犯了一些錯誤，前文提及的投資失誤導致嚴重虧損之外，公司員工還捲入貪污問題，令不少人對管理層的管治能力及監察深表質疑（Goodstadt, 2005: 111）。利德蕙（1998：190）則提到：「一九五零年代及一九六零年代時，由於電話線路嚴重短缺，電話公司受賄猖獗，甚至還有黑市行情」，意思在於說明貪污受賄的問題，早於利銘澤加入香港電話有限公司之前已經出現，而且十分嚴重。

事實上，早年的香港社會貪污問題確實極為猖獗，而且人盡皆知。自1962年即在港生活的顧汝德（Leo Goodstadt），在《遠東經濟評論》（*Far Eastern Economic Review*）上便曾經作出報道，指香港的貪污極為嚴重，連港督亦牽涉其中。他這樣寫：「據說是多麼的腐敗，他（某位港督）需要騰空整條船的位置，才能運走他退休時掠奪得來的東西」（allegedly so corrupt that he needed an entire ship's hold to carry away his loot on retirement）（引自 Lethbridge, 1985: 28）。在這樣的社會環境下，電話公司難以獨善其身自然顯得不難理解。

當然，我們必須指出，在1960至1965年間曾經擔任「兩局」議員（參考〈政治〉一章），又屬反貪污諮詢委員會委員的利銘澤，獲選為香港電話公司主席後，政府及社會大眾應該對他有較高期望，認為他能夠有所作為。出任公司主席期間，利銘澤雖然希望整頓公司歪風，但看來受公司的長期惡習所限，未能完全如願，公司貪污問題未能根除不在話下，

更鬧出嚴重的醜聞。其中又以公司總經理梅爾（Charles Male）涉嫌收賄，最後要出走南非一事最為轟動，亦最受社會關注。利德蕙（1998：143）這樣敍述：

父親擔任電話公司主席期間，發現管理部門問題很多，又傳聞公司有員工受賄，甚至總經理梅爾都有涉嫌……但是由於涉案主嫌梅爾早已走避南非，而香港與南非之間無引渡條例，無法將他送返香港接受問話，此案也只有不了了之。

對於梅爾的一走了之，作為主席的利銘澤在明在暗間受到批評責難實在無法避免。為此，利銘澤據說曾經提議由姬達（Jack Cater）接任梅爾留下的總經理空缺，希望藉姬達精英幹練及果敢硬朗的作風肅清陋習，令公司可以撥亂返正。然而，由於港督麥理浩那時執意委任姬達出掌新成立的廉政公署要職，提議最終告吹（利德蕙，1998）。

針對這次香港電話公司面對的巨大財政及管治危機，由百里渠領導的調查委員會經過連串聽證及調查之後，在 1975 年 11 月下旬完成一份長達 224 頁的報告，呈交港督麥理浩。報告中，調查委員會認為，前總經理梅爾（任期 1965 至 1974 年）掌管公司事務，「實際上擁有無限權力」（virtually unlimited power），反而身為主席的利銘澤只在政策方向上給予指示（deal with matters of policy），因他一人「擔任 40 家公司的董事，其中 10 家更屬主席之職」（he was a director of 40 companies, and chairman of 10 of them），實在無暇處理電話公司的日常事務。

由於董事局對於做人處事被形容為「獨裁、難以接近、嚴苛……並拒絕下

屬意見」（dictatorial, unapproachable, hard and strict......refused to accept advice from subordinates）的梅爾一直十分信任和依賴，他在發展業務及採購設備上亦漸趨獨斷獨行，其中以較昂貴價格採購 ESK 設備一項，更曾犯下嚴重錯誤：其一是因為該項採購牽涉巨大資金，其二是該種設備與電話機樓的原設計不符，各種支援系統（甚至保險）不能配合，其三是引入新設備之初只視作「試驗性質」（on a trial basis），但梅爾則全面訂購。更為不幸的是，該項採購以借貸方式支付，而非採取配股集資的方式在股票市場上集資，因而大大增加公司的債務負擔，採購之後即遇上內外經濟環境逆轉——股災及石油危機（鄭宏泰、黃紹倫，2006），則令利息開支大幅飆升，公司業務亦由盈轉虧，並且出現財政危機，需要大幅增加電話收費以舒緩巨大債務壓力。

雖則如此，調查委員會則一致認為：「沒有獲得任何證據，可以支持對任何人提出貪污撿控」（not in possession of any evidence which would justify a charge of corruption being brought against any person），並指出公司向政府提出大幅增加收費的申請，乃「反應過度」（over-reaction），認為「公司在技術層面上健全」（the company is technically sound），而「財政收支一直穩妥」（financial return has always been steady and adequate），只增加具專業知識的執行董事，並要給予一些時間，「公司將迅速重獲財政活力」（the company will quickly regain financial viability）（*Report of the Commission of Enquiry into the Hong Kong Telephone Company Limited*, 1975）。由於報告評論正面，事件最終平息，而公司亦一如所料地在不久之後即走出低谷。

然而，對於出任香港電話公司主席期間的風風雨雨，甚至是不同層面公

開或私下的指責，利銘澤看來很難一笑置之，亦頗有感觸。在 1974 年財政年度的公司年報上，他曾表示：「本席在本公司困難時期離職，甚感抱歉」，而身為董事局成員的簡悅強，在同一報告上亦提到：「利先生對其不能使電話公司脫離目前困難而負起重任，一定深感遺憾」（《華僑日報》，1975 年 3 月 29 日）。然而，社會大眾──尤其傳媒，並不會因為利銘澤一句「甚感抱歉」而輕輕略過，各種批評及責難紛至沓來實在無可避免（《華僑日報》，1975 年 3 月 29 日至 4 月 15 日；*Far Eastern Economic Review*, 28 November 1975），令他感到重重壓力，顯然亦屬不難理解。

據說，利銘澤曾因此事向《文匯報》前總編輯費彝民[5]表示：「香港市民遲早有一日會明白，他對改善香港電話系統所做的一切」（利德蕙，1998：144）。姑勿論孰是孰非，亦不管真實情況如何，自經歷此一巨大危機之後，香港電話有限公司在各方面目光的注視或監察下，不斷作出不少自我完善與改革，既大大改善了企業的營運效率，亦增加了管理層的透明度，而本港的內外通訊網絡亦在各方面努力下不斷取得諸如率先落實國際電話直撥及鋪設光纖電話網絡等的重大突破（電訊管理局，沒年份），令香港的綜合競爭力獲得進一步提升，從而鞏固了本身作為國際金融中心的地位。

隧道

受本身獨特地理環境所影響，彈丸大小的香港，陸上交通一直均受制於水深海闊的維多利亞港，令九龍與香港島之間的巨大鴻溝難以逾越。早期，兩地的往來只以渡海小輪接駁，但隨著社會的日漸進步，人流及經濟活動的日趨頻繁，渡海小輪顯得無法應付日常所需，在維多利亞港

築建跨海大橋或隧道，超越自然障礙，乃提上議程（《工商日報》，1955年4月6日），利銘澤出任「兩局」議員期間的適逢其會，並因本身乃註冊工程師而成為其中一位重要推動者（利德蕙，1998）。

經過多方面探討，興建跨海大橋的構思被指風險較大，跨海隧道——雖然造價較高，但卻相對可行。由是之故，政府終於拍板，朝興建跨海隧道的方向進發，利德蕙（1998：141）則這樣介紹：

從一九五五年開始，政府與民間就不斷公開研討興建跨海大橋，或海底隧道，以改善香港、九龍之間交通問題的可能性。跨海大橋會受氣候影響，尤其在颱風季節安全堪慮，而海底隧道工程牽涉問題又太過複雜，且建費更高。經多年研究討論結果，香港政府終於在一九六三年五月，推翻跨海大橋的設想，全力集中促建海底隧道。（利德蕙，1998：141）

同樣據利德蕙（1998）的記述，1963年初，利銘澤與會德豐船務（Wheelock Marden Shipping Co. Ltd.）的馬登（George Marden）、和記集團的祁德尊，以及中華電力的嘉道理（Lawrence Kadoorie）等聯手組成了維多利亞城市發展有限公司（Victoria City Development Co. Ltd.），為興建海底隧道做籌劃工作。同年11月20日，貫通九龍與沙田的獅子山隧道鑿通，寫下本港建築工程及交通網絡發展的新一頁，亦為跨海隧道工程計劃打下了強心針。兩年後，當計劃獲得落實，並可獲政府批出專營權（即落成後獲得30年專營權）時，利銘澤等於1965年4月26日成立跨海隧道有限公司（The Cross-Harbour Tunnel Co. Ltd.），著手進行實質的興建工程。

公司註冊處的資料則顯示，跨海隧道有限公司的主席為馬登，董事局
成員則分別有祈德尊、利銘澤及嘉道理，其中的 John Pearce 及 Michael
Kadoorie 則分別為祈德尊和嘉道理的替代董事。在公司表面結構之外，利
德蕙還提到一個要點，指出在籌建海底隧道的整個過程中，利銘澤一直與
費彝民保持緊密聯絡，並曾多次邀請費氏參觀施工情況，了解工程進度，
亦獲得對方的大力支持，認為興建跨海隧道乃有效解決本港交通問題、便
利民生的事情。

在公司籌組過程中，父親曾拜訪《大公報》發行人費彝民，徵詢興建海底隧道時
機的意見，我相信父親所指的是政治時機。費彝民告訴父親，香港絕對需要此隧
道以解決交通問題，便利市民，並對父親保證香港穩定的政局將會長期維持……
當第一節沉箱沉下海底時，父親便邀請費彝民至工地參觀，在隧道開放通車的前
夕，父親又請費彝民與他經海底隧道由香港驅車至九龍。父親並沿途對他解釋通
風空氣循環系統，及防海水滲透等工程方面的技術問題。費對父親全程參與每個
細節，一絲不苟的治事精神非常佩服。父親對海底隧道構想的實現非常自傲。（利
德蕙，1998：143-144）

到了 1972 年 2 月，耗資約 3.2 億元，興建多年的跨海隧道（亦稱紅磡海
底隧道）正式貫通（《工商日報》，1972 年 2 月 20 日）。之後，在完
成各項內部裝修及安裝消防系統等設備之後，隧道在同年 8 月 2 日正式
通車，投入服務，令港九的交通網絡發生巨大轉變（《工商日報》，
1972 年 7 月 23 及 8 月 3 日）。自此之後，隧道便成為連結港島與九龍半島
的紐帶，全港居民可以驅車在兩地自由馳騁[6]。至於利銘澤對於此一壯舉
順利完成，則說出了如下的一段感受：「海底隧道的落成，不僅顯示各

方對香港前途充滿信心。也說明了只要我們有決心，甚麼困難都可迎刃
而解」（利德蕙，1998：141-142）。

跨海隧道落成之時，剛好碰上香港股票市場正炒得熱火朝天，而一場企業
收購戰——置地公司收購牛奶公司的「置、牛大戰」——則將利銘澤的
位置突現了出來。事情是這樣的，由於股票市場氣氛熾熱，但牛奶公司的
股價則表現停滯，置地公司董事局因而在 1972 年 10 月 30 日宣佈，以 1 股
換 2 股的方式收購牛奶公司，消息令牛奶公司的股價由原來的每股 94 元
大幅飆升至 135 元（《工商日報》，1972 年 10 月 31 日）。以周錫年為領
導的牛奶公司董事局大為緊張，同時亦不肯示弱，除了拒絕被收購外，還
提出反收購，使牛奶公司及置地公司的股價同時大漲（鄭宏泰、黃紹倫，
2006；《工商日報》，1972 年 11 月 3 日）。11 月 9 日，牛奶公司更宣佈大
股拆細股——即每股分為 5 股，然後每股派送 1 股紅股，令原來的股份由
1 股變為 10 股，以為這樣可以增加置地公司的收購障礙。13 日，置地公司
發表啟事，極力拉攏牛奶公司股東加入置地公司，並稱「人盡皆知，荒山
野嶺只能生長青草，絕不會生長盈利，閣下當然得知其中道理」[7]，含蓄地
批評牛奶公司經營不善（《工商日報》，1972 年 11 月 14 日）。

牛奶公司雖然陷於困境，仍堅拒置地公司的吞併，並向全體股東發出通
告，甚至拉攏當時仍名不經傳的華懋公司作支援，力圖保持本身的獨立
性。在那個講求「速戰速決」的環境下，亨利·凱瑟克據說曾找利銘澤出
手襄助[8]，增加置地公司的勝算。結果，到 11 月 29 日，置地公司宣佈已擁
有牛奶公司八成股權（《工商日報》，1972 年 11 月 29 日），顯示這場收
購戰已大局底定，並成立牛奶公司新董事局，主席為亨利·凱瑟克，總經

理仍由柯霖（P. N. Oram）出任，而利銘澤、馬登、簡悅強及羅文惠等，則出任董事局成員（《工商日報》，1972 年 12 月 14 日；《星島日報》，1972 年 12 月 15 日）。

置地公司成功吞併牛奶公司的大約半年光景之後，香港股票市場即碰上股災，泡沫爆破，恆生指數由高位的 1,774.96 點（1973 年 3 月 9 日），持續急跌至 1974 年底的 433.68 點及 1975 年 12 月 10 日的 150.11 點（以最高點計，約 30 個月內，恆生指數下跌達九成多，情況可謂極為慘烈），不但投資者虧損嚴重，甚至傾家蕩產，企業因資金無法周轉而走上倒閉之途者亦多不勝數，香港經濟進入了持久的衰退期（鄭宏泰、黃紹倫，2006）。

雖然面對投資氣氛的疲不能興，一直反對炒賣活動並強調長期投資的利銘澤，則認為香港的投資前景其實不錯，並指隧道公司具有穩定回報的公用股份特質，因而力排眾議地決定在 1974 年 7 月將跨海隧道有限公司上市（《工商日報》，1974 年 7 月 19 日），一來藉吸收公眾資金以支付早前為著籌建工程所舉借的貸款，減少利息開支；二來則藉企業上市而提升公司的形象，並可優化公司管治。一如所料，由於投資市場氣氛欠佳，股票認購並不踴躍，但公司則決定如期在 1974 年 7 月 30 日在交易所掛牌（《華僑日報》，1974 年 7 月 20 日）。公司註冊處的資料顯示，包括香港政府、Hongkong & Shanghai Banking Corporation（Nominees）Ltd.、Granville Trust Ltd.、Kwong Wan Ltd. 及 Victoria City Development Co. Ltd. 的機構，則成為該公司的策略投資者。

今時今日，我們或者不會給近半個世紀前的籌建跨海隧道行動所吸引，認

為那乃重要壯舉。同樣地，我們亦未必會認為當股災陰霾仍揮之不去之時
將企業上市乃信心及勇氣的表現。但是，若果我們可以返回歷史現場，站
在那樣的位置上看問題，則不難感受利銘澤的銳利目光及精確分析，這相
信亦是他能成為當時社會領袖的核心素質所在。

煤氣

香港開埠二十多年後的 1864 年 12 月，歐資商賈即因本地缺乏能源供應而
引入煤氣供應——尤其是為港島約 500 盞街道上的煤氣燈供應煤氣一項最
讓人印象深刻，而充當此一重要角色的公司，則是香港中華煤氣有限公
司。初時，公司以煤炭為原材料，生產煤氣，因而較為污染，而煤氣的供
應區域亦十分有限，全港的煤氣管道總長度只有 24 公里而已[9]，除了中環
政府山一帶的重要機關及半山以上部份歐洲人居住區外，太平山一帶的華
人居住區甚少有供應，絕大多數華人仍以柴炭為原材料（香港中華煤氣有
限公司，沒年份）。

深入的資料顯示，戰前的煤氣公司發展步伐並不急速，重光後才因應社會
及經濟環境的一日千里而調整發展策略，一方面將市場覆蓋面伸延至九
龍半島及新界等地，另一方面則大幅增加投資，在香港及九龍興建輸氣
管道及煤氣生產工廠。到了 1954 年，公司更將總部由倫敦搬到香港，加
快本地化的發展步伐（《工商日報》，1970 年 12 月 18 日）。再過兩年後
的 1956 年，公司更在馬頭角興建首座煤氣鼓，為九龍區用戶提供煤氣供
應（香港中華煤氣有限公司，沒年份）。為了更有效配合本地化的發展目
標，公司在 1960 年宣佈大幅增加股本，藉股票市場吸納公眾資金支持開拓
業務。就在公司計劃大展拳腳的時刻，利銘澤加入了董事局，並在 1964 年

獲推舉為主席（利德蕙，1998）。

自接掌這家公司的領導權之後，利銘澤即著手籌劃進一步發展的策略，而引入全新的生產技術，看來此則成為其最主要目標。1966 年 1 月，利銘澤代表煤氣公司捐款 25,000 元給香港大學機械工程學系，用於添置燃料技術方面的設備，希望提升本地大學相關的科研環境（《華僑日報》，1966 年 1 月 7 日）。同年 7 月，公司宣佈斥資 275 萬元，在馬頭角道興建新型煤氣生產工廠，取代舊式生產設備，預計新廠落成後每日可生產煤氣 350 萬立方呎，令公司的總生產量提升五成，而為這個新型生產廠提供技術支援的，則屬國際著名的化學工程公司（《華僑日報》，1966 年 7 月 12 日）。

自新型工廠投入生產後，應用近一個世紀的以煤炭生產煤氣的方式即告終止，而以石油提煉煤氣的方式則成為主導，生產過程對環境的污染亦大大減低。由於新式生產更具成本效益，而市場需求亦在本港經濟迅速復甦的帶動下不斷攀升，利銘澤等決定加快興建第二座新型生產工廠，並在 1968 年斥資 350 萬元，興建另一座新型生產工廠（《華僑日報》，1968 年 8 月 7 日）。另一方面，公司還同時興建大型煤氣鼓以儲存煤氣，提升煤氣供應的穩定性，將業務發展推向新的里程（《華僑日報》，1970 年 12 月 18 日）。其次，利銘澤又針對煤氣生產技術的一日千里而堅持派員到英國重點煤氣公司（主要是英國的南方煤氣公司）受訓，加強香港與國際社會的技術及管理知識交流（《華僑日報》，1972 年 10 月 11 日）。

1973 年 3 月，香港股票市場因為過度炒作引發「股災」，投資環境逆轉
（鄭宏泰、黃紹倫，2006），但煤氣公司則按原來計劃宣佈全面改用優質
石腦油作為生產原材料，一來藉以提升生產效率，二來則可減低污染。可
惜，翌年即因石油危機而令生產成本急漲，公司被迫在 1974 年增加煤氣價
格。由於內外投資環境的日趨黯淡，不但股票市場疲不能興，失業率更是
不斷飆升。就在那個經濟環境未如人意的時刻，由渣甸洋行控股的香港電
燈公司在 1975 年 6 月發起收購香港中華煤氣公司的行動[10]，其消息引來了
市場一陣波動。

收購消息公佈不久，市場又有「煤氣公司亦將會增加收費」的傳聞，似要
製造公司「財政欠佳」的緊張氣氛。對於這場有備而來的收購行動，以利
銘澤為主的股東表示反對，並提出各種理由加以反擊。一方面，利銘澤針
對市場上傳出煤氣即加價的謠言作出公開澄清，指就算未來一年的工資、
原料及生產成本增加，煤氣收費亦不會增加。另一方面，他又提出多項
數據，指出煤氣公司的盈利及前景均較香港電燈好，若被香港電燈公司收
購，只會拉低煤氣公司的表現。其理據包括：（一）在過去 4 年半中，煤
氣公司股東的收益增長率為 18.5%，但香港電燈同期的股東總收益增長只
有 9.2%。（二）在 1974 年財政年度，煤氣公司的除稅後盈利為 57%，但
香港電燈同期的除稅後盈利只有 17% 左右。（三）煤氣公司的未來業務可
向新界進發，但香港電燈則只局限在香港島，最多只能伸延至鴨脷洲、南
丫島（《工商日報》，1975 年 8 月 2 日）。

由於公眾投資者認同利銘澤提出的「煤氣發展潛力勝港燈」論點，加上擔
心「一旦（香港電燈）壟斷（本港能源供應），不利消費者」，他們大

多堅持不出售手上股票給香港電燈（《工商日報》，1975 年 8 月 2 日），
令收購行動無法取得實質進展。到了 8 月中，香港電燈公司的董事會終於
在其「決定撤銷收購煤氣公司」的公佈中宣佈收購計劃失敗，為這場經
歷 40 多天的股壇角力劃上句號（《大公報》，1975 年 8 月 19 日），利銘
澤則以戰勝者的姿態繼續獲推舉為主席。對於此次成功擊退渣甸洋行的敵
意收購，利德蕙（1998：144）還透露如下消息：

父親與和記集團大班祈德尊（Douglas Claque）和著名股票經紀人球樣（Noel
Croucher）兩位公司董事多次會商對策。他們在勸諭客户拒絕將中華煤氣股票售予
香港電燈方面，付出極大心力。八月二十日，父親及各公司董事成功的防止了港
燈的收購行動[11]。

經過此次收購及反收購事件後，利銘澤更加專注於公司管理，令業務及盈
利一直保持增長勢頭。到了 1979 年 8 月，由於工資、原料及生產成本等的
持續上升，公司才宣佈自 1974 年以來再次調整煤氣收費，新收費是每一
熱量單位加價 0.3 元（《大公報》，1979 年 8 月 23 日）。在調整煤氣收費
的同時，公司亦宣佈加快煤氣網絡的建設——尤其計劃採購中國（廣東茂
名）的天然氣，並以跨海地下管道輸送來港，配合市民生活水平日益提高
之時對煤氣的巨大需求（香港中華煤氣有限公司，沒年份）。

與此同時，自中英兩國就香港主權回歸問題進行談判後，社會常常鬧出各
種與前途問題（或稱信心危機）有關的負面報道，當若干市民及企業以
「對前途缺乏信心」為由，計劃逐步撤出香港之際，利銘澤則選擇將煤氣
公司的註冊辦事處（Registered Office）由英國遷到香港，以示公司對香港

前途的信心（《工商日報》，1982年9月23日），與家族決定在那個關鍵時刻將希慎興業上市的步伐一致，但與不少英資企業如渣甸洋行日後將本港業務遷冊他地的做法截然不同，亦相映成趣。到1983年利銘澤去世時，這家在港經營過百年的老店，已經穩居香港大型企業前列，而日後的不斷發展，則令公司躍升為名聞中外、人盡皆知的著名品牌（梁鳳儀，1997；利德蕙，1998）。

石油

與不少缺乏天然資源的城市一樣，香港無論是糧食、食水、原材料、能源及資金等等均需仰賴外地供給。如何憑著本身不怕吃苦、肯捱敢拚，同時又懂得靈活應變的特質，克服天然資源匱乏的問題，為香港的建設及發展創造條件，則一直成為不少香港人努力的方向。但是，我們必須注意，並非所有努力均能取得成果，失敗而回者大有人在，亦屬無可避免之事，精明幹練的利銘澤，在開拓生意之時，亦會偶爾失意，無功而還。

1973年10月6日，一向信奉伊斯蘭教而與以色列水火不容的埃及和敍利亞，聯手突襲以色列，掀起了第四次中東戰爭，引起世界社會極大的關注。為了打擊以色列及其支持者，以阿拉伯為首的石油輸出國組織（Organization of Petroleum Exporting Countries，簡稱OPEC），決定以石油作武器，制裁那些偏幫以色列的國家。至於一直被視作「工商業血液」的石油，則因供應銳減而令價格大幅飆升，甚至有錢無貨、供應不繼，令環球掀起一場石油危機。

作為滴油不產的能源輸入城市，在這次危機的打擊下，香港無法獨善其身

實在不難理解，只是問題發生時，香港的股市泡沫剛剛爆破不久，因而令經濟雪上加霜，失業率隨即大幅上揚。在那個「油荒」熾烈的年代，市民及政府可以做的，除了盡量節省、減少浪費外，似乎別無他法。而這次事件明顯令利銘澤印象難忘，亦令他可更為深刻地意識到石油的重要性，日後甚至令他決定組織石油公司，踏上了石油開採之路。

據利德蕙記述，早在七十年代末，利銘澤與開採石油已經擦肩而過，但後來又在朋友的介紹下——尤其在加拿大著名石油開採公司的支持下——**轉趨積極**，在 1981 年與多家外國企業合作，由他本人牽頭，在港成立了石油開採公司——加華石油有限公司（Canadian & Oriental Oil Limited）。利德蕙（1998：148）這樣描述：

七十年代末期，加拿大卡格利（Calgary）的蘭格石油公司，希望能與父親合作共組公司，在中國勘採石油，但為父親所拒。後來這家公司便向英國的商業銀行倫敦漢堡斯（Hambros）銀行求助，經由銀行與姚剛[12]的關係和父親連繫，計劃成立石油公司在南中國海取得石油開採權。當時大家都認為南中國海域有蘊藏豐富的石油，姚剛認為這是非常好的建議，便與父親聯絡，他們二人認為這項計劃將對中國極有助益。

我們不禁要問：石油屬於國家戰略能源，一般企業極難置喙，一直對開採石油這類生意並沒太多認識的利銘澤為何會突然改變主意呢？又是因為那些因素出現突破？背後是否另有打算或另有文章呢？何解加拿大等外國著名石油公司在港組織開採公司需要利銘澤來牽頭？受資料所限，我們未能找到確實答案，但利銘澤在 1981 年年中接受《大公報》記者的一次深入訪

問，則可為我們提供一些頗令人玩味的資料，甚至可讓我們勾勒出一個若隱若現的圖像。

由於一直與內地保持緊密聯繫，利銘澤晚年經常接受本地左派記者——尤其《大公報》——的訪問（參閱〈政治〉一章），而這次的訪問，主題基本上集中於三個層面，其一是他剛從中國訪問回來，與石油部官員有深入交流；其二是他剛成立石油開採公司（即加華石油有限公司），想向公眾作介紹；其三是希望有機會參與發展海南島的旅遊業[13]，為國家的改革開放事業作貢獻（《大公報》，1981年8月4日）。

由於報道大字標題「南海油田開採權不久競投，本港加華石油公司將落標」，訪問的焦點亦明顯集中於此，而利銘澤決定「落標」一項，看來則最為關鍵，背後又與他早前曾到中國作私人訪問，與國家石油部門負責人見面頗有關係。記者這樣引述利銘澤的說話：「在訪問內地期間，曾與我國石油部負責人作長時間洽談，雙方主要話題集中於合作勘探開採南海石油資源方面。」接著，利銘澤又指出，與中國政府相關部門官員的會面，「主要目的希望在中國的四化建設——尤其在石油發展方面——（作出）貢獻」。至於中國石油部負責人則在會面期間向他透露，已有7間外國公司在南中國海進行勘探，並已經完成工作，向石油部門提交了報告，中國政府亦頗為自信地認為，「黃海、南海及海南島等沿海油區的發展很有希望」（《大公報》，1981年8月4日）。或者可以這樣說，利銘澤能夠與中國石油部負責人直接對話，看來應該是他獲得外國著名石油公司垂青，由他牽頭主持其事的重要原因。

換個角度看，香港註冊之加華石油有限公司，頗有濃厚現代版「官督商辦」企業的味道，利銘澤看來更是走在幕前為國家綢繆，引入國外技術開發石油工業。「官督商辦」，即是歷代鹽鐵等必需品由朝廷專賣、商賈經營之模式。當年中國大陸仍面對先進科技與設備的禁運，外資公司往往受制於繁文縟節的條例，未能直接投資。另一方面，中國大陸對外資仍有戒心，未能讓其直接在華投資。因此，香港註冊之中外合資石油企業，正好填補空檔，兩面俱圓，而利銘澤是中國政府的可信賴者，其合作方式，與抗戰前利銘澤計劃開發海南島可謂異曲同工（參考〈專業〉一章）。

綜合而言，利銘澤應該是在獲得國家石油部負責人某些提示或祝福之後，才決定聯合外國著名石油機構組成加華石油有限公司的。至於目的則極為明顯地只在於「參加南海油田開採權投標」（《大公報》，1981 年 8 月 4 日）。利銘澤接受《大公報》記者訪問不久，媒體上即作出報道，指加華石油有限公司已成功在盧森堡上市，發行股份共有 750 萬股，每股作價 10 美元，共集資 7,500 萬美元，投資者日後可以自由買賣（《大公報》，1981 年 8 月 7 日）。然而，自此之後，報章則再沒出現與該公司有關的消息。

從香港公司註冊處的紀錄中，我們發現，加華石油有限公司於 1981 年 7 月 5 日註冊成立，其中的股權部份曾作出調整，將 1,000 萬美元股本分成 1,000 萬股，每股作價 1 美元，當中的 750 萬股獲全數認購。主要認購者（超過 10 萬股）除了加拿大的蘭格石油有限公司及香港的 Hong Kong & Shanghai Banking Corporation Nominees Limited 外，還有倫敦的 Globe Investment Trust Limited、Cazenove Nominees Limited、Bank of England

Nominees Limited、Atlantic Nominees Limited。至於澳洲的 Pioneer Concrete Services Limited、蘇格蘭的 Scottish American Investment Co. Limited、Uberior Nominees Limited，亦有部份投資者來自新加坡、瑞士及盧森堡等，顯示這家企業的母公司雖然來自加拿大，但大部份資金其實來自英國，加拿大、澳洲、瑞士及盧森堡等只屬「配襯」。

董事局的資料顯示，利銘澤出任主席，其他成員則包括了蘭格石油有限公司正副主席 John Pierce 及 John Newman、Barclays Asia Limited 主席李福和、Henderson Administration Limited 主席 Raymond Cazalet，以及加拿大麥基大學（McGill University）的林達光教授等等，各人明顯頗有來頭。

到底這家公司最後有否獲得中國政府的開採權呢？其發展路向又有何特別呢？利德蕙這樣介紹：

> 一九八一年至一九八四年間，父親投資的石油公司在南中國海共鑽了三十五口井，但都未發現石油。後來全球石油價格下跌，蘭格石油公司便買回所有股份，將器材設備拍賣，最後加華石油有限公司被迫清盤結束營業。（利德蕙，1998：149）

正如十九世紀中葉利銘澤祖父利良奕等長途跋涉遠赴舊金山尋金一樣（鄭宏泰、黃紹倫，2011），要勘探石油、尋找油田，除了資金、技術，運氣亦十分重要。加華石油有限公司無功而還，公司最後被迫清盤，看來應是欠缺運氣，而利銘澤不久便因病去世（參閱〈離世〉一章），令企業失去重要牽頭人，相信亦屬不容低估的因素。事實上，利銘澤雖然未能在開

採石油方面取得成功，但他「一直深信中國沿海必有石油蘊藏」的看法，明顯是準確的（利德蕙，1998：149），因為中國沿海的很多地方——例如海南島三亞市崖城附近的海域及廣西省北海市潿洲島附近海域等等，自八十年代起即陸續發現藏有豐富石油，其成功開採為中國的經濟持續發展注入了重要力量（中國石油，沒年份）。

結語

對於那些一身兼數職，甚至擔任不同公營及慈善機構董事的社會精英，我們一般稱之為「公職王」。若拿此一稱號冠於利銘澤身上，相信十分適合，因為除了出任上述談及的不少主導香港經濟命脈企業的總裁或主席要職外，利銘澤據說還兼任多達數十家企業——包括電子計算業、製造業、鐘錶業，以至鋼管業及船務業等等——的董事或顧問等職（Manson, 1975），可見他對香港商業及經濟所作出的貢獻及影響，實在十分巨大。當然，對於某些企業，他只是象徵式的投資，或是作為名義董事，在關鍵時刻才提供意見，不會直接參與其日常管理，但對於像電話公司、煤氣公司及隧道公司等，則較為主導，可見這些企業的不斷壯大，其實傾注了利銘澤的不少心血。

換另一角度看，無論是香港由小漁村發展成國際金融中心的動人故事，或電話公司由人手操作，致電親友需要電話機樓的接線生代為轉接，到今時今日人人手中一機，既可與世界各地親友毫無障礙地聯繫，又可享用多媒體娛樂的奇妙歷程，甚至是昔日只有渡海輪連繫港九，現在則跨海隧道（包括跨海鐵路）多不勝數，往來港九更是輕鬆自如等等，並非一蹴而就。回頭看，這些成果的背後，實在是無數心血和汗水的混合，而如何在

困難及險阻出現時沉著應對，顯然是致勝關鍵所在。

註釋

1. 除了利希慎早年活躍於股市，並曾參與中華電力有限公司等的管理，以及擔任1925年的「股票市場調查委員會」委員外，利銘澤及利孝和曾出任不同上市公司的主席，利榮森及利榮達等雖較為低調，但亦分別擔任不少上市公司的董事職位，而利國偉及利漢釗日後更曾擔任香港聯合交易所主席之職，可見家族與股票市場的淵源深厚、影響巨大。

2. 調查委員會在1975年2月21日成立，主席由大法官百里渠（Alistair Blair-Kerr，曾主持葛柏貪污事件調查委員會，並建議成立廉政公署，肅貪倡廉，見本章註4）擔任，成員包括了麥蘊尼（G. M. Macwhinnie）、宋啟鄖、鄧蓮如、洪祥佩及陳立僑等人。

3. 外幣與匯率急速轉變影響企業債務的問題偶會發生，上世紀八十年代，香港地下鐵路集團便曾重蹈覆轍，原因是集團借入瑞士法郎以享低利息，但中途卻因美元轉弱，歐日貨幣齊揚而大失預算，加重債務。2008年，中信泰富亦因錯誤貨幣安排導致巨額虧損，影響了主要股東（榮智健家族）的部署及企業的結構。

4. 早年香港社會貪污之風甚盛，公務員——尤其警隊——公然貪污可謂司空見慣，不少捲入貪污醜聞的殖民地官員或公司高層，在面對刑事檢控時往往一走了之，曾任總警司的葛柏（Peter F. Godber）及擔任刑事偵緝警司的韓德（Ernest P. Hunt），便曾因逃避貪污檢控而出走，令社會嘩然（鄭宏泰、黃紹倫，2010）。

5. 有關利銘澤與費彝民的關係，請參考〈政治〉及其他章節之討論。

6. 紅磡海底隧道不單是貫通港九交通運輸的里程碑，亦是基建融資里程碑。此乃「官批商建」基建工程的先河，即先由商人墊支興建、再給予專利權經營，專營期屆滿後由政府收回，屬公眾所有，簡稱「建造／專營／歸公」（Build-Operate-Transfer）。無巧不成話，海底隧道的出口在銅鑼灣，而銅鑼灣則為利氏家族的發祥地及主要投資集中地，海底隧道通車後，整個灣仔、銅鑼灣區的經濟活動迅即活躍起來，物業地產價格亦大幅上升，可見交通樞紐對提升物業價值的作用，實在十分巨大。

7. 置地收購牛奶，純粹是覬覦其地皮，包括牛房、冰廠等，經濟機會收益極大。例如日後的薄扶林道牛房，便改建成住宅屋邨，即置富花園。是次收購戰，開創股市財技及收購公用事業及工業地皮發展之先河。華資新興巨賈如長江實業、新鴻基地產、恆基兆業等便爭相效法、且發揚光大。至於大約9年後的歷史重演，則主客易位，渣甸洋行控股的置地集團，旗下的九龍碼頭貨倉公司，便遭到環球航運（包玉剛）的狙擊，改變了香港的商業版圖。

8. 據利德蕙（1998：80）介紹，亨利‧凱瑟克為了尋求利銘澤幫忙，需要趁利銘澤早上在香港鄉村俱樂部游泳時「央求」其幫忙，才能打動利銘澤，獲他出手襄助。

9. 到了今日，公司在香港的供氣網絡可謂無遠弗屆，其煤氣管道總長度已達3,400公里。

10. 在1972年的置地公司收購牛奶公司行動中，利銘澤曾給渣甸洋行大班施以援手，但現時其出任主席的公司，反而成為其敵意收購的對象，商場上的時敵時友，可謂不言而喻。

11. 梁鳳儀（1997：65-66）在《李兆基博士傳記》中則提到，剛與郭得勝及馮景禧拆夥的李兆基，在那次「反收購」的行動中曾參與其事，並因暗中吸納不少股份而獲委任為公司董事，到利銘澤於 1983 年去世後更接任主席一職。

12. 有關利銘澤與姚剛的關係，可參考〈政治〉、〈公益〉及〈離世〉等章節之討論。

13. 利銘澤在訪問中還透露，他早前還在廣州會見了地方官員如任仲夷、劉田夫及梁靈光等，並與他們談到「發展海南島旅遊業的問題」，而廣東省政府則希望爭取利銘澤的支持。該報道亦指出，利銘澤「對該島十分熟悉」，亦對官員的建議表示「很感興趣」，指出「海南島的三亞海灘是一處旅遊的好地方，如果在交通方面解決問題，將會更吸引投資者」（《大公報》，1981 年 8 月 4 日）。有關此點的記述，與〈專業〉一章中提到的某些內容頗為吻合。

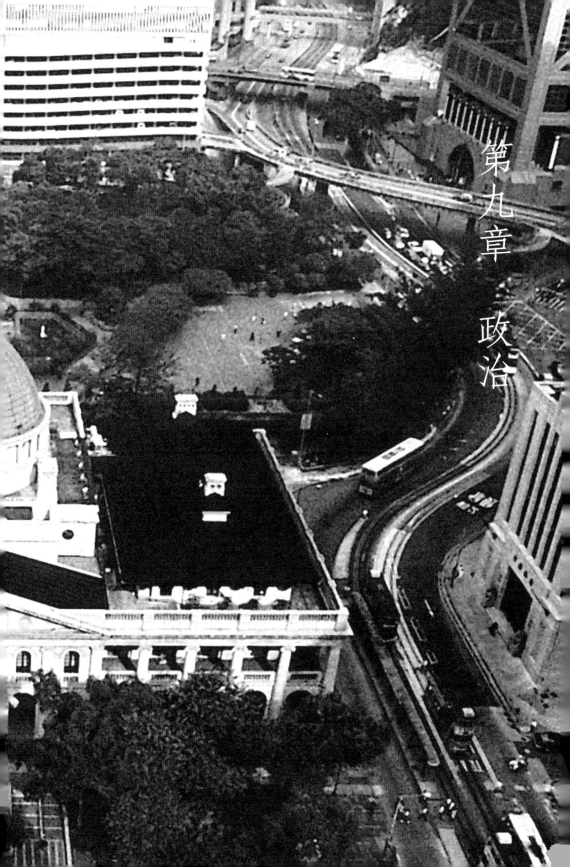

第九章　政治

長期以來，商業與政治之間的關係總是你中有我、我中有你的糾纏不清、互相牽引。雖然出身於大富之家，利銘澤看來不以賺錢為最大樂趣。相反，經商、做生意的陶朱、計然之術，很多時只被看作履行家族義務或責任，實非其真正興趣所在（利德蕙，1998及2006）。不論是求學於子褒學校之時，或是負笈牛津大學之際，甚至是返回香港投身社會之初，利銘澤的一言一行，很多時不單是個人或家庭的遭遇，而是流露出關心社會、胸懷國族的情感。

或者正是因為這種內心深處的驅使，亦很可能是基於家族企業發展過程中的某些現實需要，甚至可能是受身邊朋友的影響及互動，利銘澤在主持家族企業之時，亦直接、間接地參與本地、中國內地及國際問題的政治，因而被視為亦政亦商，或是溝通政商的一時人物[1]。到底利銘澤的政治主張有何特別之處呢？這些主張又如何影響他在不同層面——尤其奔走中港之間時——所扮演的角色呢？其政治網絡及人脈關係又如何在家族中延續下去呢？

參政

從資料上看，利銘澤關心社會的情懷，雖然早於求學子褒學校之時，但顯然並未成熟，或者只是「為賦新詞強說愁」而已。在皇仁書院求學之時，由於沒有太多紀錄，加上求學時期較短，我們所知不多。直到負笈英國而身在異邦之後，其關心社會的意識則可謂較為清晰地讓人覺察出來。舉例說，利銘澤赴英不久寫信給子褒學校師友的信函中，便流露了「今也中國如此之弱，處於列強之間，苟無人材，將何以救國」的感嘆（《十年子褒學校年報》，1922：7）。

入讀牛津大學之後——尤其是出任留英學會會長期間，由於結識不少來自中國的留學生，參與多項希望能讓國家走向富強的「救國」運動，而他們當中又有不少屬於思想前衛、具有強烈愛國情懷之士，利銘澤的思想及人生態度似乎亦深受影響，並在很大程度上決定了他一生的事業及人際網絡（錢昌照，1998）。三十年代返回廣州及海南島工作，以及之後的投身抗戰等等，在很大程度上雖然是受到愛國情懷所驅使，但同時亦不能排除其對參與政治方面的濃厚興趣或抱負（利德蕙，1998）。

正如〈重整〉一章中提及，香港重光之初，由於殖民地政府急需可以信任，同時又有一定社會名望的華人精英擔任某些「政治吸納」的角色，具有多重有利身份的利銘澤迅即獲得港英政府垂青，初時只擔任一些短期或相對不太吃重的角色，例如穀米局統制官（1946-1948）、稅務委員會委員（1949）等等，目的似是要「測試」利銘澤的辦事才幹及可信（可靠）性。經過若干考驗而逐漸獲得肯定後，殖民地政府再將某些更為重要的工作交到他手上，例如委任他出任市政局議員（1953-1960）、薪俸調整委員會委員（1953）、公務員敍用委員會委員（1952-1959），以及空運牌照局委員會委員等（利德蕙，1998），讓利銘澤有更大的發揮舞台。

逐漸獲得港英政府重用的利銘澤，顯然一點沒有怠慢，甚至做好各種事前準備，沉著應戰，因而能在不同層面上表現出過人材幹與識見，贏來社會各方掌聲及稱譽，港府高層亦另眼相看，給予充份肯定。下文讓我們列舉兩個重要例子作一簡單說明。

成立於 1952 年並以「協助政府保衛民眾安全」為主要任務的民眾安全

隊[2]，其處長於 1954 年 3 月底休假（一年）返英，但該團隊在同年的 4 月底卻計劃因應社會急速發展舉辦一場大型巡遊，向社會大眾示範如何在面對大型災難時怎樣扶危救災，而各種籌備工作及安排，可謂既繁瑣又沉重，利銘澤則在這樣的背景下在同年 4 月 2 日獲港督葛量洪（Alexander Grantham）委任為民安隊的署理處長，擔起整項活動的大旗（《工商日報》，1954 年 4 月 3 日）。

明白到大型公眾巡遊工作的只許成功、不許失敗，接任後的利銘澤在 4 月中即在紅磡舉行多次綵排及演習，讓各方熟習整個巡遊過程。「該隊今後巡迴演習，一改從前作風，而特別注視區域坊眾之密切聯絡，互相配合」（《工商日報》，1954 年 4 月 22 日）。除此之外，又針對某些巡遊重點加強練習，達至熟能生巧，減少出錯的目的。「由本週起，即一連多次，每晚由八時起假銅鑼灣皇仁書院運動場舉行預操訓練，中英籍高級首長人員親臨主持，依照決定公開演習程序，分別按項操演，全體隊員（巡遊隊）通力合作，緊密配合，每一節都有超水準表現」（《工商日報》，1954 年 4 月 22 日）。

到了 1954 年 12 月 25 日的大型巡遊當日，當利銘澤在早上 10 時檢閱儀仗隊後，巡遊正式展開。第一組別的主題集中於戰時狀態應變，第二組別的主題集中於樓宇倒塌應變，民眾安全隊員則示範如何爭分奪秒，救傷扶危。正因接任署長一職後利銘澤加緊訓練及綵排，整個巡遊及表演可謂十分成功，令公眾印象深刻，紅磡街坊會主席胡盛孫更代表市民大眾向民眾安全隊贈送一面繡有「鞏衛坊眾」的錦旗，以示嘉許及感謝。利銘澤在接受錦旗時既對紅磡街坊的支持表示感謝，亦希望民眾安全隊的工

作日後可以做得更好，為維護社會秩序作出更大貢獻（《工商日報》，1954年4月26日）。

完成這次大型公眾巡遊之後，利銘澤在推廣該團隊的工作方面仍表現得不遺餘力。舉例說，在同年12月，利銘澤還在電台及報章上多番向社會大眾介紹民眾安全隊的服務，推動其組織及工作，為該團隊的進一步發展打下重要基石（《工商日報》，1954年12月9日）。正因利銘澤能夠認真應對工作，並能在工作中突現個人卓越才幹及能力，因而令他贏得了港府及社會人士的讚許。

雖然是原職位因任者休假離港出缺，由利銘澤補上，但他署任期間並不會因為工作只屬臨時性質而敷衍馬虎，因而能夠深得各方欣賞，甚至獲得港府高層的信任，在機會來臨時交託更大及更重要的工作。舉例說，1955年3月，由於當時的立法局議員羅文浩休假，利銘澤獲港督委任為「暫委」（Provisional）立法局議員（《工商日報》，1955年3月26日），其任命看來似是要進一步考驗利銘澤的辦事能力及政治目光。

在獲委任為「署任」立法局議員期間，利銘澤在品評本港事務的視野明顯超越了地區事務的範疇。在某次市政局的會議上，利銘澤便從城市垃圾管理及食水供應等問題向政府提出個人看法和建議，認為當時的樓宇設計未能顧及公共衛生問題，令垃圾四處堆積，影響市民生活質素不在話下，疾病的傳播更可能危及市民健康。至於食水的供應，同樣牽動民生及經濟活動，要求政府既要採取長遠措施穩定本港食水供應，更不應在

食水上牟利。在結論時，利銘澤還指出，政府過往的重大政策改革取得不少成效，期望自己的建議可以進一步改善政府施政（《工商日報》，1955年4月6日）。

另一方面，利銘澤亦因積極參與社會事務 —— 尤其華人社會及慈善團體 —— 而逐步豎立起華人社會領袖的身份和地位。在參與或出席各種社團的社交活動及集會時，利銘澤更曾針對一些不良陋習 —— 例如開會不準時，令會議常常出現拖延過久的問題等等，帶頭高呼革除不良陋習，推動「集會守時運動」，在爭取媒體「曝光」的同時，建立個人作為華人社會代表的形象（《工商日報》，1955年8月8日）。

所謂「水之積也不厚，則其負大舟也無力」。自小即關心國家及社會，對政治參與一直表現出濃厚興趣的利銘澤，顯然十分明白個人事業的建立必須一步一腳印，聲望及社會認同的獲取更需逐點逐滴地積累。由是之故，每當他獲委任新工作時，利銘澤總是小心翼翼，全力以赴，「不以事小而不為」，或是「擇大而為」，因而能在各種工作中表現個人材幹之時，獲得更大信任及支持，為下一階段的向上擢升創造更有利的條件。

議員

在殖民地時期的香港，參與政治的最重要象徵，莫如加入市政局、立法局或行政局。由於當時社會沒有今天般的民主選舉，殖民地統治者為強化管治、籠絡民心，乃採取「精英吸納」的方法，將那些華人社會領袖吸納到港府的權力核心之中，作為「政治花瓶」。至於那些能夠獲得港府垂青的華人精英，一方面必須精通中英雙語，另一方面則需得到政府信任，而具

有出色才幹及社會名望亦必不可少（King, 1981）。

從不同資料上看，利銘澤無論是對中英雙語的掌握或個人材幹的表現均極為突出，社會名望——尤其作為華人社會代表，以及獲取港英政府信任方面，則需經歷一些磨練及考驗。上一節中提到的某些「臨危」受命，以及各種工作過程中表現出顧全大局、眼光獨到，顯然令他既可爭取港英政府信任，亦能讓他在華人社會中豎立個人名聲與權威。到了 1959 年，當羅文錦退任立法局華人代表議員（即非官守議員）一職時，利銘澤便在「眾望所歸」的情況下，獲港督委任進入立法局，走進香港的權力核心（Tsang, 1995）。

正式出任立法局議員要職之後，利銘澤仍然不改其勇於承擔及率直敢言的作風，在立法局的議事堂上經常雄辯滔滔，力陳香港時弊，督促政府施政。舉例說，針對無牌醫生行醫問題，利銘澤曾提出質詢，要求加強執法，整肅無牌行醫問題，保障市民健康（《大公報》，1961 年 2 月 8 日）。另一方面，利銘澤又因應當時「屋荒」問題引致木屋林立（參閱〈地產〉一章），市民生命財產欠缺保障而提出一些看法，要求港府妥善處理木屋清拆時產生的徙置問題（《工商日報》，1961 年 3 月 23 日）。

由於出任立法局議員的表現深得柏立基賞識，到了 1961 年 6 月，利銘澤獲兼任行政局議員，令其個人事業與政治地位更上層樓。有了「兩局」議員的顯赫身份，利銘澤在品評時政、督促官員施政，以及推動社會改革方面，更能揮灑自如，亦較可暢所欲言。舉例說，針對本地工業自五十年

代起的步伐急速，但香港人卻沒有給予足夠支持，而外國保護主義又開始抬頭等問題，利銘澤曾到電台作廣播，一方面講述本地製品的價廉物美，希望香港人大力支持，購買本地製品，另一方面則希望政府向外多作宣傳，在進一步推動本地工業化之時，消弭海外的貿易保護主義（《工商日報》，1962 年 1 月 11 日）。正因利銘澤的工作態度十分積極，並能取得社會大眾支持，到了 1962 年 3 月，他獲港府委任為行政局的首席華人代表，並指派他為「貪污問題諮詢委員會」主席（《工商日報》，1961 年 6 月 3 日、1962 年 3 月 24 日），進一步提升其政治地位。

明白到香港的最主要成就來自經濟表現的一枝獨秀，本身來自香港其中一個財雄勢大家族的利銘澤，在這方面的努力看來亦最為認真，亦最為關注，那怕某些立場讓人覺得會影響本身家族利益。舉例說，因應港英政府一直採取高地價政策，利銘澤指出，租金持續飆升及廠房供不應求等必然會打擊工業發展，要求當局應該正視（《大公報》，1963 年 3 月 19 日）。另一方面，針對當時社會曾經發生一座興建中（已建了十多層）大廈突然被當局勒令拆卸的問題，利銘澤曾從公眾安全及樓宇施工監管的層面提出質詢，要求政府當局 —— 尤其工務局 —— 必須作出澄清，同時必須加強巡查和執法（《工商日報》，1963 年 5 月 8 日）。

為了推廣香港工業，利銘澤又在同年 5 月以「兩局」的議員身份親赴西德，一來是參加國際展覽會，考察當地的經濟建設，二來則大力宣揚香港製造的產品，從而開拓香港產品的國際市場，並尋求工業合作夥伴，引進海外技術及投資。在前後長達 3 個月的旅歐訪問期間，利銘澤曾先後遊歷漢堡、柏林及維也納等重要城市，藉歐洲先進城市的考察吸取發展經

驗（《工商日報》，1963 年 7 月 20 日、8 月 11 日及 8 月 29 日；利德蕙，
1998）。

在參與本地政治的路途上，1964 年對利銘澤而言應該是十分關鍵的。該
年 3 月，對利銘澤相當賞識，並一手委任他為「兩局」議員的港督柏立基
任期屆滿。為了表達社會對柏立基的感謝，利銘澤牽頭組織大小本地社
團，與柏立基餞別、送行，並贈送《去思頌》，高度讚揚柏立基任內「一
切難題迎刃而解」，又將成功落實建立香港中文大學一項視為最受社會歡
迎的德政（參考〈公益〉一章的討論），而 3 月 31 日在政府大球場舉行的
歡送柏立基大型歡送會，更有多達 3 萬名市民出席，可謂情況空前（《工
商日報》，1964 年 3 月 24 日及 4 月 1 日）。

從種種跡象上看，利銘澤與港英政府的關係由濃轉淡應該從新任港督戴
麟趾（David C. Trench）在 1964 年 4 月 14 日宣誓就職開始。表面上看，
戴麟趾上任後的 5 月底，利銘澤即獲續任行政局議員的席位，但任期則
只有兩年（《華僑日報》，1964 年 5 月 30 日），與一般任期有別。同
年 7 月，利銘澤亦再獲推舉為民安隊服務處署理處長（《華僑日報》，
1964 年 7 月 11 日），任期為一年，顯示某些任命的時間似乎不斷在縮短。

另一方面，利銘澤在立法局議事堂上的言論，亦更見尖銳。舉例說，某
次在審批撥款用於承擔英國駐港英軍費用方面，便特別提及香港所承擔
的部份，一直相當龐大，這在當時社會而言，應該是頗有政治風險的。
他這樣說：

時常有人批評香港，說香港似乎不曾負擔（英國）駐軍經費的較大部份。現時我們準備採取的措施，將可向批評我們的人表明，我們正在分擔這種責任的重要的一份。香港跟英國之間的收支對比，經常是英國處於有利地位，我相信我這樣說是正確的。至於過去十年來，對英國有利的收支平衡的正確數目，雖然不容易確定，但是單在採購方面而論，照我所知，過去十年來，香港向英國採購所花的款項，共達六十六億一千零七十二萬元[3]。因此，我們即將付出的增加對駐軍的補助費，一定會使到英國在那方面的地位更為加強。（《工商日報》，1964 年 8 月 20 日）

接著的 9 月份，立法局就政府早前提出的《1964 年稅務（修正）草案》（*Inland Revenue [Amendment] Bill, 1964*）在多番辯論後進行表決，利銘澤以法案「有未盡善之處」投下了棄權票（《工商日報》，1964 年 9 月 25 日），其舉止應該同樣令港府高層頗感意外，因為委任議員其實是很少在某些重大問題或政策上與政府唱反調的。

接著的 1964 年底至 1965 年初，利銘澤在立法局會議上的發言再沒從前般踴躍。到了 1965 年 5 月 13 日，利銘澤更突然向港府申請離港外遊，原因是希望「前赴外地作短期休假」，離港期間，其「兩局」議員之職位則分別由簡悅強及司徒惠暫代（《大公報》，1965 年 5 月 14 日），而社會則傳出利銘澤與港府極高層意見不合的消息（利德蕙，1998）。大約一個月後，利銘澤結束度假返港，並隨即公佈辭去立法局議員一職，有媒體更指其決定已「獲港督批准」。消息公佈後，當記者詢問利銘澤請辭原因時，他只輕描淡寫地以「工作太忙，無暇兼顧許多事務」作回應（《華僑日報》，1965 年 6 月 14 日）。雖則如此，其「掛冠而去」背後的原因，一直頗引人猜想。

任何人每天均只有 24 小時而已，但工作量則可以輕重不一，如何分配，則明顯反映了個人對不同工作優先次序的選擇。同樣地，立法局議員的席位原則上是固定的，那些人獲得委任，那些人被冷待，顯然不純粹以個人材幹為圭臬，委任者的喜好及不同角度考慮，亦最為關鍵。自不再出任立法局議員後，利銘澤攜同妻子外遊的時間及頻率明顯增加了。舉例說，1965 年 11 月 26 日，利銘澤便與妻子飛往倫敦，「參加英國教會之會館會議，並料理私務」（《華僑日報》，1965 年 11 月 27 日），而停留的日子則頗長。

到了 1966 年 5 月，政府宣佈將行政局非官守議員的名額由 6 名增加至 8 名，但利銘澤則在任期屆滿後不再獲續任，完全退出港英政府的政治圈子。為甚麼一直被認為乃港英政府寵兒，在政商界炙手可熱的利銘澤，正處人生最輝煌時期之際會在戴麟趾上台後先辭去（或不獲委任）為立法局及行政局議員之職，以及眾多與政府有關的公職呢？背後是否存在一些不可告人的因由呢？

利德蕙對此提出的一些解釋，認為核心所在是殖民地政府不滿利銘澤「與中國的特殊關係，在六十年代引起部份人士的妒忌和猜疑」——尤其是有人批評利銘澤在安排東江水輸港的問題上（參閱〈公益〉一章之討論），「偏袒中方利益」。為此，港英政府曾要求利銘澤「與中國保持距離」，但其要求卻遭利銘澤斷然拒絕，因而令港督戴麟趾十分不滿，與利銘澤在意見上常有衝突。利德蕙這樣直截了當地描述：

父親與中國的特殊關係，在六十年代引起部份人士的妒忌和猜疑。雖然父親曾為

香港出力解決用水問題，但有些人批評父親在協商過程中，偏袒中方利益。香港
殖民政府需要中國支持時，就要父親幫忙，但又希望父親與中國保持距離。可父
親絕不會背棄在中國友誼深遠的朋友，所以父親和戴麟趾總督經常意見不和有衝
突⋯⋯父親認為，中國人只要中國方面准許入境，就有權去中國探親訪友，無論
如何他是個有自由的人，所以當殖民政府禁止父親回國，甚至母親返鄉探親，父
親的盛怒可想而知。父親一開始就看不起戴麟趾，認為他根本不夠資格做香港總
督，他相信戴麟趾要利用中國人，但又對中國人很差，令父親對他極為反感。李
國寶當時與父親每星期至少見面一次[4]，日後他告訴我，父親當時雖屬親英，卻無
法忍受殖民政府對中國人的侮蔑，在多次爭執後，父親憤而辭去所有香港政府義
務工作的職務。（利德蕙，1998：126）

所謂「貧不與富鬥、富不與官爭」，雖然家族在港財雄勢大，本身地位
崇高，乃華人社會賢達，但我們相信，在那種種族歧視仍十分濃烈的政
治環境中，敢於與擁有像上帝般權力的港督對著幹（葛亮洪，1984），不
肯賣賬，則明顯不可能只是為了意氣之爭。為何利銘澤敢於「太歲頭上
動土」呢？被指具有「親中背景」或者「偏袒中方利益」一直被坊間傳
為主要理由，但我們認為實情應該不如傳聞般戲劇化。

中英關係在五、六十年代的急速轉變看來值得注意，亦可能是利銘澤退任
「兩局」議員的核心。新中國成立後，政治運動接二連三，經濟下滑，
令香港「南方窗」的功能日益吃重，令英方不用擔心中方隨時收回香港。
同時，英方已基本上建立了外交及情報網絡，對幕前中介人倚仗日微。故
此，三朝元老（葛量洪、栢立基、戴麟趾）利銘澤選擇急流勇退，可謂明
智之舉。當年無論誰人接任總督，應沒法左右利銘澤自己選擇退隱的決

定。另一方面，六十年代的中國大陸政治氣候可謂日漸沉重，山雨欲來。1964年中共中央文化革命小組成立，神州風暴更是一觸即發，以利銘澤之敏銳精練、人脈網絡無遠弗屆，應早聞其風，衡量得失後，急流勇退，以免陷於中英夾縫、兩面不討好。還有一點不容忽略，1965年5月利銘澤突然請假外遊，一個月後返港，宣佈辭去立法局非官守議員職務。翌年（1966）行政局議員職位任滿後，更宣佈全退公職。在辭任前更先後兩度外遊，且在倫敦逗留日子不短，實情不問而知。若利銘澤當時仍出任「兩局」議員，1967年的動亂之時，肯定進退維谷，後果難以想像。利銘澤深明進退之道，政治智慧之高，不容低估。

順帶一提，政圈從來兵不厭詐，利德蕙或坊間流傳利銘澤與新總督不和，看來並不可信。一般而言，英國外派總督，隻身赴任，乃過客，斷不會與屬地精英過節、免鬧上倫敦耽誤宦途。戴麟趾是外派官僚，隸屬殖民地部，辦事循規蹈矩。況且，倫敦外交部派員駐港擔任政治顧問，統籌港府與中方公私事往來，總督不能擅作主張。利銘澤身為「兩局」議員，斷不會繞過政治顧問而獨行獨斷，總督應無猜疑之理。反之，利銘澤是兩朝舊臣，在倫敦人脈廣聲譽隆，能繞過官僚直達領導人，此方是戴麟趾所顧忌者，顯示利銘澤與港督鬧不和之說不太合理。其次，若果擔心利銘澤「偏袒中方利益」，為何機關算盡的港英政府仍會讓利銘澤擔任多家影響社會經濟命脈企業 —— 香港電話公司、香港中華煤氣公司、跨海隧道有限公司 —— 的主席或董事要職，而八十年代初利銘澤又為何會牽頭成立加華石油有限公司 —— 一家名義上附屬於加拿大母公司，但大部份投資來自英國的香港註冊企業（參閱〈投資〉一章之討論），參與中國沿海石油 —— 國家核心物資 —— 的勘探工作呢？至於利銘澤堂弟利國偉能在六十年代末先

後進入立法及行政兩局，顯示其「入局」若果沒有利銘澤的「背書」（擔保及推薦）似不可能。

當然，由於利銘澤與中國政府的不少領導一直往來緊密，又經常到內地遊歷，參加大小公私活動，因而常被指乃「共產黨員」。對於這些毫無根據的揣測或誤解，港府應該早有所聞，利銘澤很多時亦一笑置之，直至 1982 年某次接受外國記者訪問時，才直接作出正面回應。他說：「人們認為我是個共產黨。但是我不夠資格」（*Asian Wall Street Journal*, 28 December 1982）。利德蕙對於坊間的傳聞則這樣描述：

父親與中國領導人的友誼，常令人誤以為他是共產黨員。他總是說：「我不是共產黨員，就算我想入黨的話也沒資格，因為我是個資本家。」（利德蕙，1998：123）

毫無疑問，利銘澤這種「我是個資本家」的直接回覆，或是利德蕙的間接敘述，在上一世紀六十年代的社會應該是無容置喙，甚至屬於一看自明，不用多作解釋而足可令人信服的答案。事實上，在那個年代，港英政府對於利銘澤的家庭背景、人脈網絡等，均絕對比任何人都一清二楚，他們應該，亦極需要像利銘澤這樣在中港社會均極有份量，亦可以信賴的人物代為奔走斡旋，1967 年動亂期間利銘澤在不同層面的工作便是最好例子（Cheung, 2010），因而沒理由自毀長城。

若果我們綜合以上不同資料及利銘澤日後的言行舉止，則不難發現，利德蕙所指的利銘澤與港督常有爭執，明顯只屬很表面的行為，或是穿鑿

附會，說利銘澤乃共產黨員看來更屬無的放矢。眾所周知，政治人物很多時是「講一套、做一套」的，我們實在不用對一些表面行為或傳言過於注重。反過來看，我們甚至可以大膽地假設利銘澤與港督的爭執為「苦肉計」，讓大家有個「合理化」的下台階，或製造「分手理由」，因為不再擔任港英政府公職後的利銘澤，奔走各方時的空間與自由度明顯更大，亦更能達到理想效果。這亦可更為合理地解釋，為何不再出任「兩局」議員後的利銘澤，仍能在商業、香港供水及文化交往等層面上發揮巨大影響力。

新中國

殖民地時期，一提起愛國，總會讓人思想左傾、意識形態激進，或是與中國共產黨關係密切等似是而非的印象，甚至認為在高舉共產主義旗幟的新中國，商人不可能愛國，而共產黨亦不會與商人交心。經歷中國大陸的文化大革命（簡稱「文革」）及本地的 1967 年動亂之後，商人與新中國的接觸及交往，更被認定應該完全斷絕。然而，就在那種敵我矛盾極為嚴峻、壁壘極為森嚴的時刻，只有接觸及溝通才能消除猜忌、化解分歧、減少衝突，而香港亦中亦西、華洋薈萃的獨特位置，以及那些擁有像利銘澤般身份及人脈網絡的社會精英，才能在那個波譎雲詭的時刻充當起橋樑的中間人角色，溝通內外東西，這相信亦是利德蕙以《築橋》作利銘澤傳記書名的精髓所在。

正如前文不同章節中提及，利銘澤自少即表現出關心自己國家民族及歷史社會的情操，負笈英國之時又加入了留學生組織，推動「救國」運動。畢業返港後又選擇前往廣州的國民政府工作，與不少國民黨高層頗有私交。抗日戰爭爆發後，利銘澤更在支持抗戰、參與救災的工作上與不少共產黨

核心領導攜手合作，從危難與槍炮聲中建立起深厚友情。

抗日戰爭結束後，出生入死的朋友回到各自原來的崗位上，大家各自為著追求理想而奮鬥，而國家及個人的命運在四、五十年代的巨大轉變，則讓彼此踏上了截然不同的人生路途，只是原來的友情如舊而已。華人社會的其中一個特色是重視人脈關係（參閱〈人脈〉一章），新中國雖然高舉共產主義旗幟而利銘澤雖然屬於商人，並且來自中國南方邊陲一個被英國人佔領的細小城市，某些特殊理由、情感或歷史條件顯然令利銘澤走上了溝通內外的路途，當人人均認為新中國敵視商人、當大家不願接觸之時，他卻多次踏足國土，與不少國家領導握手言歡、建立友誼。到底利銘澤是那時開始與新中國的領導們往來及建立關係的呢？過程有何特別之處呢？利德蕙這樣描述：

每年的 10 月 1 日是中華人民共和國國慶，在 1950 年代時，父親是第一位，也是唯一的一位，受邀參加慶祝國慶的香港（非共產黨——作者原註）人士。父親多半都會參加。因為他覺得他不但應珍惜與中國領導人的友誼，同時也認為他與中國政要的特殊關係，能為香港居民帶來福祉。香港在各方面都仰賴中國，中國不僅是香港的貨物集散地，同時在食物及飲水方面無一不靠中國供給。（利德蕙，1998：123-124）

與利銘澤在英國留學時曾經兄弟相稱的錢昌照，則這樣介紹利銘澤在新中國成立一直保持接觸交往的情況。

六十年代初期，他（利銘澤）和夫人黃瑤碧（應為「璧」，原文之誤——作者

註）來祖國內地參觀訪問，對祖國的建設成就，感到鼓舞。第一次來北京，他夫婦和我夫婦老友重逢，憶舊話新，無比歡暢。他看到祖國正在四化征途上奮勇前進，青年時代的理想，不久將成為現實，無比興奮。他運用自己的地位和財力，幫助祖國建設。（錢昌照，1998：15）

綜合利德蕙與錢昌照的簡略介紹，我們應該不難察覺，利銘澤明顯認定香港的命運與中國緊密相連，並藉參加每年 10 月 1 日的國慶節而與中國領導自五十年代開始常有接觸交流。留學英國或抗日之時相識的老朋友，看來則成為其引薦介紹的主要助力及依靠。正是因為利銘澤經常到北京出席國慶活動，在「冷戰」——東西方社會因意識形態之爭而展開的一場以政治及外交為主調的對決及角力——氣氛的籠罩下，自然會招來不同背景人士的批評和指責，需要承受巨大政治壓力亦顯得不難理解。

以此推論，自五十年代末、六十年代初開始，一方面是與新中國的政治環境變得更為複雜吊詭，另一方面則是面對港英政府的政治考量與政治壓力日大，人脈網絡縱橫交錯而政治智慧又相當高的利銘澤乃選擇不再出任「兩局」議員之職，由公開層面走向較少公開層面，讓個人可以更為靈活地奔走於華洋中外之間。利銘澤卸任行政局議員翌年，香港發生歷史上最為嚴重的動亂，影響了社會穩定的根基，而問題的根源，一方面既與社會深層次矛盾（例如絕大部份居民沒有香港永久居民身份、貪污嚴重、屋荒熾烈等等）長期未獲有效紓解有關，另一方面則受中國大陸文化大革命浪潮席捲全國所牽連（Waldron, 1972；周奕，2002）。

事件的起因是 1967 年 4 月中，新蒲崗大有街一間人造花廠的一宗簡單勞資

糾紛。由於問題得不到妥善處理，不久即演變成警民衝突，然後在不同政治勢力的介入和角力下令問題變得愈加複雜，而左派工人有組織地以「文革」方式宣揚抗爭行動，衝擊殖民地政府的管治，以及殖民地政府的鐵腕鎮壓，又令事件不斷升級，令示威抗議及罷工罷市等行動一浪接一浪，而且漸趨激烈（Ma, 1967；鄭郁郎，1967；周奕，2002；Cheung, 2010）。

抗議行動仍沒演變成動亂之時，利銘澤與妻子到外地旅遊，但他過往經常到北京參加活動的「親中」背景，迅即成為某些人士批評的把柄，指他不敢留在香港，面對事件。由於激烈抗爭歷久不散，港府在 6 月 24 日以《特別憲報》（*Gazette Extraordinary*）的形式，公佈由即日起實施《1967 年緊急措施（防止煽動性標語）條例》（*Emergency [Prevention of Intimidation] Ordinance, 1967*），嚴禁任何人士在任何建築物、電車、火車及船隻上張貼煽動性標語（*The Hong Kong Government Gazette Extraordinary*, 24 May 1967）。

到了 7 月中，開始出現抗議人士向警局投擲炸彈的行為，而之後的「炸彈驚魂」事件更愈來愈多，引致社會人心惶惶、生產停頓、秩序蕩然無存，而原本身在外地的利銘澤，則選擇縮短行程返回香港。對利銘澤那時出人意表的行蹤，利德蕙這樣回應：

那年（1967年）夏天，父母親正在歐洲旅行，坊間便流傳，像利銘澤夫婦這種人物都已離開香港，香港局勢必更惡化，父母親聽到這消息，立刻返回香港，以正視聽。（利德蕙，1998：105）

對於利銘澤在動亂剛發生時離港而動亂日趨熾烈之時旋即返港的情況，《華僑日報》其實一直均有報道，其中在 1967 年 5 月 29 日的報道指出，利銘澤前赴西德「參加一私人商業機構會議，事畢將轉赴倫敦，然後返港」。同年 7 月 15 日，該報另一則相關報道則指早前「由港赴歐洲渡假及考察業務，遍遊德國、義大利及倫敦」的利銘澤，已「轉美國，再取道日本回港」。報道還提及，同時返抵香港的，還有在英結束休假的港府官員夏鼎基（《華僑日報》，1967 年 7 月 15 日）。夏鼎基作為政府官員必須返港或者不難理解，但為甚麼沒有出任政府公職的利銘澤亦要縮短行程返港呢？

以行動證明自己的光明磊落，不讓坊間負面流言繼續蔓延，顯然是利銘澤當時的重要考慮。事實上，在那個信息不完全流通、意識形態決定一切的社會環境中，不只是部份市民對利銘澤的「親中」背景懷有負面印象，就算是日後的研究者，亦存在一些誤解，認為利銘澤存心挑戰港英政府。舉例說，Philip Snow（2004: 324）在 *The Fall of Hong Kong* 一書中便提到，1967 年動亂期間，社會人心惶惶，而利銘澤則於那時以「私務纏身」（personal preoccupation）為由「辭去所有公職」（暗指包括行政立法局席位在內），並指「其辭職舉動被普遍認為染有政治色彩」（widely believed that his resignation had a political tinge）。但真實的情況是，利銘澤早於 1965 年已辭去大部份公職，行政局議員任期亦在 1966 年屆滿後沒獲續任，因而沒有出現趁動亂之時辭掉所有公職的情況（參閱上一節之討論），可見「曾參殺人」之類的流言蜚語，其殺傷力確實不容低估[5]。

利德蕙的記述還進一步透露，利銘澤不但沒有在那個民心慌亂的時刻推波

助瀾或袖手旁觀，而是運用本身與北京的緊密關係，在負責本港保安工作的港府官員姬達（Jack Cater）的要求下，居中斡旋，協助解決問題。利德蕙這樣介紹：

父親覺得此刻他有責任在香港盡一份力量，為香港請求中國政府勿再煽動群眾，或許能有所幫助。父親的朋友姬達當時是香港政府的保安司，在情況最混亂的時候每天都到父親的辦公室向父親求助。後來父親便請新華社社長梁威林及《大公報》發行人費彝民，代向周恩來請求勿讓暴動在香港蔓延下去⋯⋯後來周恩來總理特別指示香港新華社，在香港的立場要維持不變。（利德蕙，1998：105）

同年 8 月 5 日，新界邊界地區仍傳出有中方搬運工人越過羅湖英租界，繳收了戍守邊界香港警察的槍械，使市民以為中方會以軍事手段提早收回香港。但是，到了 9 月初，由於中共中央下令禁止在香港進行暴力鬥爭，左派反英活動迅即減少。曾一度停頓的廣九鐵路運輸，也告恢復通車，副食品供港數量也日漸增加。至於中方在 10 月 1 日依約恢復向港供水的行動，更令市民的憂慮大大消除。事實上，由於大陸依約給香港供水和供糧，加上中央政府表明不支持過激的抗爭行動，動亂基本上已「後繼無力」，雖然個別抗議示威或「炸彈襲擊」仍牽動著每個香港市民的神經，但很多人對暴徒破壞社會秩序，擾亂治安，並引起無辜市民傷亡的行為已深感不滿。當然，警方增加打擊力度，並雷厲風行地四出搜捕暴徒的行動，也使暴徒行動漸見收斂。到了該年年底，動亂基本上算是結束了。據官方統計數字，這次曠日持久的動亂一共造成了 40 人死亡，617 人受傷，而被捕人數更不計其數（Ma, 1967; Waldron, 1972；周奕，2002），可見動亂對民生、社會及經濟所造成的巨大衝擊。

經歷一段痛苦歲月之後，很多人對新中國難免心存芥蒂，甚至不願與之溝通接觸，但利銘澤則一如既往地堅持只有接觸溝通才能消除誤解矛盾的理念，並身體力行地作出證明，而其中一則「文革」時期遊歷中國的遭遇，則多少讓人感受到接觸溝通過程，其實並非想像中安全、沒有風險。利德蕙這樣介紹：

父母親在六十年代去中國旅行，他們在新華社秘書何銘思陪同下去到重慶，重遊戰時他們住過的地方。正當父親對何銘思敘述他在重慶的往事時，他們被成群的紅衛兵包圍，令何銘思驚恐不已。所幸這些紅衛兵並沒甚麼行動，他們只對父母親感到好奇。（利德蕙，1998：104）

事實上，雖然處身「文革」那種令人感到憂心鬱悶的氣氛當中，利銘澤仍常到北京。舉例說，1971年9月底，利銘澤便與一批港澳愛國巨商如何賢等一同北上，到北京參加國慶，其行動引起了社會一定關注（《工商日報》，1971年10月2日）。然而，堅持只有接觸溝通才能化解矛盾與衝突的，不只是利銘澤一人。例如一直主導國際秩序，並發起「冷戰」的美國，便在七十年代初秘密與中國高層領導接觸，謀求以溝通對話的方法化解敵對與分歧。正因如此，到了1972年2月21日，美國總統尼克遜（Richard Nixon）才能突然現身北京，與毛澤東及周恩來等國家領導人握手言歡，在中國展開長達一個星期的國事訪問。之後，中美兩國發表了歷史性的《中美聯合公報》，正式打開兩國一直互不開放的門戶（陳敦德，2000）。

當然，我們相信，利銘澤應該沒有參與這次中美兩國歷史性的對話與溝

通，但之後的各種交往，則可能在明在暗間奔走其中。舉例說，尼克遜訪華一周年後的 1973 年 2 月 13 日，作為總統安全顧問並一手策劃尼克遜訪華的基辛格（Henry Kissinger，日後出任國務卿）突然飛抵香港，除了會見美國駐港領事等要員及港督麥理浩外，還特別前往灣仔堅尼地道74號的利家大宅，拜訪利銘澤[6]。而利銘澤則設宴招待，以廣東鳳城名菜款客，林語堂及置地董事等人亦有出席。基辛格在利氏大宅逗留「至深夜11時始離去」，翌日早上 10 時 15 分隨即乘坐專機飛滬，加油後轉飛北京，計劃會見周恩來（《工商日報》，1973 年 2 月 5 日）。之後的 5 月中旬，利銘澤與香港新華社社長梁威林北上，會見了廖承志等高層官員（《大公報》，1973 年 5 月 26 日）。由於報章對兩則新聞的報道並不深入，我們既不知道利銘澤在家中招待基辛格時所談何事，亦不知他 5 月的北京之行是否亦與基辛格訪華一事有關，誠為可惜。

正如前文提及，華人社會較重視人脈網絡的經營及禮尚往來——尤其是過時過節的問候及關懷，利銘澤甘願承受社會一些批評指責，甚至寧可放棄港英政府的某些職位，亦要堅持與中國大陸保持聯繫、接觸，當然令他獲得了中國政府的禮待及欣賞。利德蕙這樣介紹中國政府以下一些柔性手法向利銘澤表示謝忱：

中國官方時常經由香港新華社在年節時將一些特別禮物，像香港市面買不到的中國特產水果和春節的牡丹花、金桔和小蜜柑送給父親，表示敬意。父親對中國送他的禮物覺得非常榮幸。（利德蕙，1998：130）

所謂「千里送鵝毛，物輕情義重」。中國政府贈送的那些土特產禮物，在

很多人的心目中，明顯不是甚麼貴重禮物，但卻反映了彼此關係的緊密、親近及相互尊重、信賴，這對利銘澤而言無疑屬於另一層面的認同和肯定。事實上，對於利銘澤一直致力促進溝通與接觸，但卻滿足於收取「中國特產」之樂，利漢釗在某次接受我們訪問時亦有間接作出回應，其觀點或者可以作為一個簡單的註腳。他這樣說：

他和中國的關係繼續搞得很好，他亦很愛國，如果以他的身份地位去賺錢，不知道可賺多少錢了。但他的興趣並不是賺錢，而是希望可以對香港人有幫助。【華資企業研究——訪問紀錄：27022003】

利銘澤不計較「賺錢」方面的回報，是因為家族本身已貴為香港巨富，而他「無求」的立場，則更能讓他贏得國家領導的真正信任，在六、七十年代那個波譎雲詭的政治環境中可以在促進溝通方面發揮無可替代的巨大作用。

1976 年 9 月 9 日，對近代中國影響巨大的毛澤東因年老力弱去世，享年 83 歲，消息轟動中外，不少香港市民感到難過。當時的駐港代表機構新華社，則設靈讓公眾致祭，利銘澤除了以個人名義送上花圈以示哀悼，亦曾親往鞠躬，並在媒體面前發表個人感受。他這樣說：

有毛主席的英明領導，中國才有今天。毛主席改變了中國落後積弱的面貌，大大提高了中國的國際地位。毛主席使佔世界人口四分一的中國人吃飽穿暖，帶領中國人民走上光明的道路，毛主席的偉大功勳，舉國推崇，他的逝世，是中國的重大損失，也是人類的重大損失……毛主席留下了光輝的思想。我深深相信，

全國人民學習他的思想，繼續努力，必將繼續取得新的成就。（《大公報》，1976 年 9 月 10 日）

隨著毛澤東的去世，一場令無數中國人賠上性命、吃盡苦頭的「文革」宣佈落幕，中國的政治環境亦進入另一異乎尋常的狀態。至於被毛澤東指「你辦事，我放心」而走上最高領導地位的華國鋒，其真正權力不久即落入以鄧小平為首的領導班子手中。由於新領導層不值江青、張春橋、王洪文及姚文元組成「四人幫」在「文革」期間的所作所為，因而採取迅雷不及掩耳的手段將之拘禁、清算，將這個世界人口最多但卻瀕臨崩潰的國家納回正軌（范錦明，1986）。

西北遊

毛澤東逝世一年後，亦即「四人幫」被拘禁及整肅不久的 1977 年 9 月 8 日，對中國前途一直極為關心的利銘澤，竟然在那個風雲色變的時刻，與太太黃瑤璧乘坐飛機北上，展開了為期 3 星期的西北遊。這次看來並不尋常的遊歷，不但讓利氏夫婦足跡踏遍了新疆的烏魯木齊、吐魯番，以及甘肅的敦煌及酒泉等地，之後還折返北京，停留一段時間，參加國慶活動，探訪朋友。

從甘肅檔案館中，我們找到一份被列為「機密」的文件，該文件題為《外事工作簡報》（第 13 期），副題為〈香港知名人士利銘澤在甘肅參觀簡況〉（下文簡稱〈簡況〉），由甘肅省革命委員會外事辦公室編制，發放日期為 1977 年 9 月 29 日。從〈簡況〉上看，利銘澤與夫人獲中央批准，並在外交部西歐司港澳處副處長鄧強的陪同下於 1977 年 9 月 16 日由烏魯

木齊乘火車到達甘肅柳園，分別參觀了敦煌文物研究所、敦煌縣南湖公
社、玉門油礦、酒泉夜光杯廠、嘉峪關城樓等地，之後於同月24日轉抵蘭
州，分別參觀了蘭化、蘭石、劉家峽水電廠、蘭州玻璃廠、東郊學校及省
博物館，並在蘭州等地觀看《大浪淘沙》、《三進山城》、《祖國啊，母
親》等國產電影。27日，利氏夫婦獲甘肅省革命委員會副主任李超伯設宴
款待。翌日則結束參觀，乘飛機轉赴北京。

〈簡況〉還指出，利銘澤夫婦在參觀期間表現得十分活躍，情緒高漲，態
度亦比較誠懇，並指出：

利一再強調他「是有愛國心的」，說「最重要的是希望大家不要把我當外人」，
說他「人雖然在香港，心是向著祖國的」，並表示「只要祖國需要我做的事，我
甚麼都願意做」，他的夫人還說：「叫他回來，他都願意」[7]。（〈香港知名人士
利銘澤在甘肅參觀簡況〉，1977：2)

報告接著提到，在參觀敦煌文物研究所後，利銘澤說莫高窟「不愧是藝術
寶庫」，並指「歐洲的文化要比中國晚的多，埃及雖然有一個金字塔，但文
物沒有中國的多」，因而建議當局應「加強對敦煌文物的保護研究」，並表
示「如果文物所需要甚麼設備，請告訴外交部或新華社香港分社轉告我，
我一定盡力幫忙」（〈香港知名人士利銘澤在甘肅參觀簡況〉，1977）。

在參觀玉門油礦時，利銘澤讚揚該礦取得巨大成績，並表示「慚愧的是我
過去沒有做多少工作，對祖國貢獻太少……（今後）要多做些工作」。
之後又讚揚該「油礦為祖國的石油工業做了很大貢獻」，並表示「我的老

朋友錢昌照曾建議我來玉門看看，我很早就想來，看了油礦建設，非常高興，只有毛主席領導，只有中國人才能靠自力更生取得那麼大的成績」。接著補充說：「作為一個中國人，一定要回來看看，不看是不行的」。他甚至有感而發地說：「如果我健康允許的話，過五年我再來這裏，一定有更大的變化」。當時同行的官員立即回答說：「利先生身體很健康，一定能再來玉門」，而利銘澤則說：「光身體健康不行，思想也要跟得上才行」（〈香港知名人士利銘澤在甘肅參觀簡況〉，1977：2-3）。到了五年之後，沒想到思想仍然緊貼時代步伐的利銘澤，健康卻未能如願，令這次甘肅玉門之行變成了他人生的「最後旅程」。

〈簡況〉還提到，當利銘澤在參觀時，「聽了各地關於『四人幫』干擾破壞社會主義革命主義建設的罪行介紹後，曾兩次提到『為甚麼四人幫能存在那麼久、有那麼大的力量』，對此表示『不理解』」（〈香港知名人士利銘澤在甘肅參觀簡況〉，1977：4）。正如前述，〈簡況〉不少內容應屬執筆者的主觀感受或潤飾，以利銘澤的政治智慧，加上長期關心中國事務，又與高層領導頗有交往的重要人物，未必會說出這種話，但另一方面則有可能是利銘澤表態支持鄧小平的行動及政策，間接說明那時中國政治環境的波譎雲詭。

另一方面，陪同利銘澤參觀的官員又表示，在與利氏的交談中，他曾提到：「解放以後，中國人在外國被人看得起了，但在六八年、六九年卻不行，被人看不起，現在又好了，希望今後不要再出現六八、六九年那樣的情況」。並指利銘澤的太太對香港前途流露出疑慮，說出如下一段話：「再有十九年就到期了（指租讓期限——原註），到時還不知怎麼辦，所

嘉峪關城樓。

以孩子們想到外面去，我們不阻攔，我們到時反正已經很老了[8]」（〈香港知名人士利銘澤在甘肅參觀簡況〉，1977：4）。這裏的「六八、六九年卻不行，被人看不起」，在當時的政治氣氛而言，相信是十分敏感的，執筆者的政治委婉用詞，再次突現了出來。當然，利銘澤太太對於「九七問題」所表達的憂慮，應是充份體現了當時大部份香港人的「無可奈何」，我們不應視若平常，輕輕略過。

還有，報告亦提到利氏夫婦在參觀過程中的一些其他感受，尤其是對社會公德及環境污染等的看法。

利在參觀中，對一些人在文化古跡上亂寫亂畫，表示反感，說「現在中國對人的教育還不夠」，建議加強管理。對酒泉夜光杯廠生產的高腳酒杯，利認為太西洋化了，反覆強調應保持民族特色。在蘭州，多次提到蘭州市的污染問題，說「一下火車就感覺到蘭州市污染很嚴重」，建議「盡快解決這個問題，這樣對民眾健康有益」。（〈香港知名人士利銘澤在甘肅參觀簡況〉，1977：4）

在〈簡況〉的下沿，還有如下一段值得注意的文字：

報：省委常委、省革委副主任、外交部。

抄：省委辦公廳、宣傳部、統戰部、省文化局、公安局、蘭州市、嘉峪關市委、酒泉地委、蘭州市公安局。（〈香港知名人士利銘澤在甘肅參觀簡況〉，1977：4）

其他資料則顯示，離開甘肅飛抵北京的利銘澤，曾出席國慶活動，之後

的 10 月 3 日更獲國家領導人葉劍英接見，同時出現的還有港澳同胞代表團成員莊世平等人，而一直主管港澳事務的廖承志亦有在場（《大公報》，1977 年 10 月 4 日）。之後，利氏夫婦才結束整個旅程返港。回到香港後，利銘澤還在 1978 年 1 月 11 日寫了一篇題為〈祖國西北行〉的文章，發表於《大公報》之上，簡略地闡述個人的見聞及觀察，甚至應華商銀行總會的邀請，到該會與一眾銀行家暢談西北行的見聞及個人感受（《大公報》，1978 年 1 月 11 日）。

可以這樣說，在那個風起雲湧的年代，利銘澤與太太展開了長達 3 星期的西北之行明顯不是今天社會的「自由行」般簡單，到底背後蘊藏了甚麼重大原因？是否錢昌照或廖承志代其穿針引線？其行動是否反映中央高層已在探索「改革開放」的道路呢？由於資料所限，我們未能一一作答，但利氏夫婦遊歷參觀過程中的一言一行，既能讓我們看到他們關心中國發展的態度，同時亦反映了他們對中國大陸某些層面的發展其實流於表面。雖則如此，在那個香港與內地甚少直接交往溝通的年代，他們的參觀遊歷訪友，粗略而言可以達至增加了解的一些效果。至於他們談及香港人面對主權回歸時的憂慮，毫無保留地宣之於口，亦可以作為實話實說、率直敢言的一個註腳。

回歸

在絕大部份香港人心目中，主權回歸、結束殖民統治，相信是其中一項極為重要的歷史事件。今時今日，我們大多以為中英兩國就香港主權問題進行談判的時間，始於 1979 年港督麥理浩訪問北京之後。事實上，中英兩國就此問題的暗中接觸、摸底，應該早在六十年代中已經展開[9]，利銘澤相

信便是其中一位最先知悉北京政府計劃的香港人（利德蕙，1998）。《大公報》的報道更清楚地指出，1982年6月15日，鄧小平在全國政協會議上首次提出1997年收回香港主權的決定，並表示「鄧老除了曾向香港個別人士利銘澤和包玉剛談及此事之外，向香港各界人士宣告這個決定，這還是第一次」（《大公報》，2004年2月20日）。

為甚麼利銘澤及包玉剛能先人一步（包括國家極高級官員）獲鄧小平告知中國政府決定收回香港主權這個國家重大決策的消息呢？背後是否隱藏一些原因呢？利銘澤又如何配合國家政策，在這個計劃收回香港主權的問題上施以援手呢？在回答這些問題前，讓我們先看看利銘澤在1977年完成西北遊旅程後的一些加強兩地溝通的舉動。

1978年5月，利銘澤聯同費彝民、李菊生等人，籌劃一項「中國出土文物展覽會」，在港展出包括國寶級文物「金縷玉衣」及「踏燕飛馬」在內99項，共136件漢代出土文物，讓香港人了解中國的歷史及文化（利德蕙，1998）。為了吸引市民大眾參加，展覽活動還加入一項「中國文物猜圖遊戲」，利銘澤在大力宣傳之時，亦送出名貴禮品，並親自主持遊戲的抽獎儀式（《大公報》，1978年5月13日及5月16）。同年8月，中國藝術團來港表演交流，利銘澤與夫人除了親自出席相關活動，觀看表演，還在表演結束後設宴招待，讓一眾表演人員大為感動（《大公報》，1978年8月23日）。之後的10月，利銘澤再赴北京參加國慶活動，期間曾獲李先念接見。接著的12月7日，利銘澤又再北上會見廖承志，並獲得對方設宴熱情招待（《大公報》，1978年10月4日及12月8日）。以上連串活動，既說明利銘澤一直致力推動兩地人民交

流接觸，亦顯示他與國家領導關係深厚，亦深得其信任。

利銘澤自北京返港不久的 12 月 16 日，經過漫長接觸和商討後，中、美兩國終於同時宣佈從 1979 年 1 月 1 日起建立正常外交關係，並從 3 月 1 日起雙方互派大使，在雙方首都建立大使館，結束了自 1949 年北京政權成立以來，中、美兩國外交上長達 30 年的不正常關係。兩日後的 12 月 18 日，中共中央第十一屆三中全會在北京召開。會上一致議決結束「文化大革命」以來的政治運動，並定立了經濟體制改革的方向。也即是說，從此時起，中華人民共和國決定放棄過往的「閉關鎖國」政策，實行「開放改革」。以上兩項重大政策，不但改變了億萬中國人民的命運，連帶美國及世界各國人民的生活，也受到很大的影響，而香港的經濟及政治氣候也出現了巨大而微妙的轉變。

由於香港一直扮演著溝通中國與世界的中介人角色，中國政府的開放政策，以及中、美兩國的建交，自然吸引了很多對中國經濟前景有信心的資金到來「落腳」，希望利用香港與中國的種種聯繫，協助他們打開擁有超過 10 億人口的龐大市場。至於大陸的公、私營企業，也陸續南下香港設立據點，希望藉著香港與西方世界接觸的有利位置，加強與世界各國的經貿往來。利銘澤則因本身來自商界又深具名望及影響力，加上得到國家領導信任，而成為其中一位重要推動者。

事實上，自開放改革政策出台後，利銘澤除了直接牽頭在廣州創立花園酒店（參閱〈離世〉一章之討論），改善當地旅遊服務設施（*South China Morning Post*, 27 December 1980），以及在香港成立加華石油有限公司（參

閱〈投資〉一章之討論），參與國家開採石油政策外（《大公報》，
1981 年 8 月 4 日），還安排不同中國政府官員到港考察、交流，吸取香港
城市建設與產業發展等經驗。雖然後者的活動並不容易被察覺，但利德蕙
下文披露的其中一件事，則可看作利銘澤以私人身份奔走於政商之間的一
種參考。

1981 年有一天，父親打電話給姚剛，要姚剛在下（接著的）星期三騰出整天時
間，幫父親接待一位由中國來香港訪問的部長。那天早上八時三十分，漢釗哥也
同在利園酒店，父親為姚剛介紹認識了當時是電子工業部部長的江澤民，父親對
姚剛說：『姚剛，好好招呼這位客人，他是個前途不可限量的人。』姚剛帶江澤
民參觀機場設施，特別是太古集團的國泰航空公司飛機維修部門，及政府在九龍
興建的廉價屋宇，江澤民特別感到興趣。姚剛並以豐盛的午宴款待江澤民，二人
就財經方面問題交換不少意見。父親認為姚剛與江澤民都來自上海，有許多共同
話題，是接待江澤民的最佳人選。後來才知道江澤民的副部長魏鳴一[10]，與姚剛是
北京大學的同室校友，在 1948 年時，是魏建議姚剛去英國為太古集團工作。江澤
民由香港結束訪問返國後，即出任上海市市長，姚剛還去上海拜訪過他，並成了
朋友。（利德蕙，1998：131）

華人社會的人情及關係，總是讓外國人難以理解的。利銘澤 1981 年在港接
待江澤民之後，雙方的關係明顯有增無減。從 1999 年第 6 期《團結》雜誌
刊登的一張江澤民、谷牧與錢昌照三人開懷大笑的照片中，我們注意到，
該照片原來攝於 1982 年的北京，場合則是利銘澤到訪，身為老朋友的錢昌
照設宴款待，「熱情歡迎利銘澤先生向祖國電子業投資合作」，而當時擔
任電子工業部部長的江澤民及主管貿易工作的國務院副總理谷牧則是座上

客（秉默，1999：48），背後的信息則不難讓人想到利銘澤與中央高層的人脈網絡正在不斷延伸及強化。

今時今日，若有內地高級官員來港考察交流，特區政府可以堂而皇之地打點及安排一切，一點沒有困難，亦不用非政府組織或人士居間協助。但是，在殖民地時期，加上中英兩國已就香港前途問題展開談判，大家互信不高，並在暗中較勁，若然找港英政府協助，則很可能會碰到不少糾纏複雜的問題，反而非政府組織及人士的幫助，較能來去自如、隨心所欲。利德蕙這樣形容自己父親在那關鍵時期的工作：「當時在香港僅有父親能與中國政府高層人士溝通，所以與中方協商的責任，便落在父親的肩上」（利德蕙，1998：124）。

從資料上看，中國政府決定收回香港舉動，不能只有口號而沒實質把握及防備。說實在的，要一窮二白並剛走出崩潰邊緣的中國政府，收回一個已被英國殖民統治近一個半世紀並且相對先進富裕的香港，其困難之大，更是不講自明的。國家領導亦完全明白，本身制度與香港制度的截然不同，很難不會令香港市民及投資者對回歸後的前途感到擔心。由是之故，中國政府一方面要說服英國政府自願交還香港，另一方面則要確保香港回歸後不會出現「人去樓空」的只有一個「爛攤子」格局，而最重要的保障，莫如說服以專業人士為中堅的中產階級，以及以華人資本為基礎核心的工商界繼續「留港建港」。至於像利銘澤及包玉剛般深得中國政府信任的工商界領袖，自然成為主要依賴及拉攏的對象，不但獲得鄧小平接見，最先獲告知中國政府決定收回香港的消息，亦尋求他們在各個層面的配合及支持，讓國家可以完成統一大業（《星島日報》，1984年1月22日）。

正如前文各章中提及，當中英兩國就收回香港主權問題進行談判之時，報章常常提出「信心危機」的問題，某些資金 —— 尤其以渣甸洋行為首的英國資金，更時有計劃撤出香港的傳聞，令股票市場頗為波動（鄭宏泰、黃紹倫，2006）。至於利銘澤則一方面宣佈將家族核心業務（地產）上市，另一方面則增加其他層面的投資，向市場發放對香港前途深具信心的正面訊息。其次，利銘澤又主動出擊，利用某些柔性場合安排香港的社會精英與中國方面的代表會面，增加彼此溝通，消除雙方誤解。利德蕙這樣描述：

父親為香港主權移交能順利進行，認為雙方需要對話。為了促進香港與中國雙方的交流，父親每年春節都會舉辦春茗，邀請願意與中國接觸，認識中方代表的工商界領袖、政府要員和父親自己的外國朋友參加。因父親在香港的人際關係，受邀者幾乎都會出席，如此一來雙方便能開始交往，繼續使所有人獲益。（利德蕙，1998：128）

雖然利銘澤在不同層面以實際行動證明自己對香港的未來充滿信心，亦積極促進各方的接觸及對話，但中外社會仍對香港前途問題表現得頗有憂慮。為此，利銘澤曾在1982年12月初接受外國記者（*Asian Wall Street Journal*）的訪問，暢談自己對未來的感受和看法。由於該訪問被視為接近中國領導核心的一手資料，報道一出即被本地傳媒翻譯轉載，並引起了中外社會的廣泛討論。

訪問中，利銘澤提到，北京政府願意在收回香港主權後維持其制度及社會現狀，又認為九七年後香港人的生活方式應該不會改變，並指維持不變

的核心，在於司法體制及貨幣銀行（經濟金融）體制的如舊運作。「我很肯定銀行及司法制度將不會改變，如果它們改變，香港就會倒下來。」他又表示，回歸後的香港設立為特區，由香港人自己管治，其構思應該「是可行的」。並指「大陸是一個大市場，香港在引進科技（入大陸）佔重要地位」。當記者問到，若果自己是企業家，他寧願觀望，不願立即投向大陸時，利銘澤則以「中國人不會等待，我從不等待，人們仍繼續買工業地（投資）」作回應（《工商日報》，1982 年 12 月 29 日及 30 日），藉以說明自己對香港未來的充滿信心[11]。

回顧歷史，不少殖民地的非殖化（decolonization）過程其實並不順利，甚至出現不少極為嚴重的問題，部份地方或國家更曾出現政治爭鬥不絕、社會長久不安，以及經濟發展停滯等糾纏不清的問題（Chamberlain, 1999）。香港能夠在波譎雲詭的內外政局中，順利完成各種主權移交的安排，平穩過度，日後又能保持發展勢頭，在不同層面上取得突破，一些像利銘澤般支持香港回歸的人士的努力，顯然功不可沒，我們應該給予肯定和讚賞。

結語

長久以來，我們總認為「生意還生意，政治歸政治」，覺得商人其實不大喜歡參與政治，政治人物亦較少拉攏商人。但是，這種看法明顯與真實情況頗有出入，利銘澤一生的活動，便屬最好證明。當然，到了今天，政商之間的關係較多被指「相互糾纏、過從甚密」，而「利益輸送、官商勾結」一類的指控，更常出現在某些示威抗議活動上，情況令人關注。

事實上，作為一個高舉自由市場旗幟的經濟城市，政府對商人階層較為依賴，希望靠他們的力量創造就業，應該是不難理解的，而吸納商人到政府管治團隊，讓他們的聲音及意見得到充份表達，亦屬正常不過的事情。問題的核心反而在於，如何利用有效及正規的渠道或機制讓他們一展所長，為香港的政治、經濟及社會建設作出更大貢獻。

註釋

1. 在討論利銘澤戰後參與中港政治事務之前，我們必須充份理解中外政治大氣候與中英外交上的微妙關係。日本投降後，中國元氣待復，英國趁機繞過正常外交接收香港，迫使國民政府同意暫時維持現狀。隨後國共內閧再起，1949 年改朝換代，國民黨偏安台灣。英國是外交老手，兩面俱圓，靜觀其變。一手承認北京新政府，派駐代辦，另一手隨國民黨播遷，在台北淡水設領事館。此兩手安排，一直維持至 1972 年聯合國承認北京為中國合法代表，取代台北為止。共產黨建政後，否定前朝所有不平等對外條約。翌年爆發韓戰，朝鮮（北韓）南侵失利，以美國為首的聯合國軍隊反擊，直逼中朝邊境。在蘇聯支援下，中國派遣志願軍抗美援朝，最終雙方協議停戰，恢復原來南北分界，但背後之美蘇冷戰，則變本加厲（鄭宏泰、黃紹倫，2008）。韓戰後，中英雙方互相猜疑日深，英方更擔心中方以非軍事方式收回香港。在此政治氣候下，利銘澤人脈廣濶，自能為中英雙方效「築橋」之勞，而利氏亦屢屢憑其智慧，化險為夷，為雙方器重。

2. 民眾安全隊（俗稱 RAP 或民安隊），前身為防空救護隊（Air Raid Precaution Corp），乃二戰期間的產物，和平後作出調整，主要工作在救傷扶危、服務社會，其英文名稱後來再改為 Civil Aid Services（CAS），中文名稱則仍然稱為民安隊。

3. 由於五十年代時香港尚沒有本地生產總值的統計數據，我們不妨以進出口貿易總值作參考，雖然此數字一般高於本地生產總值的數字。若我們將 1954 至 1963 年十年間的進出口總值加在一起（即 58.5+62.5+77.8+81.7+75.8+82.3+98.0+99.0+110.0+124.0），則可得出 869.6 億元的數字（《香港年鑑》，各年）。若以此計算，香港每年約需支付進出口總值的 7.6% 作為承擔軍費之用，比例之大，不可謂不驚人。這相信亦是利銘澤不無感慨地認為「我們正在分擔這種責任的重要的一份」的原因所在了。

4. 此點頗有権権之處，因為李國寶生於 1939 年，六十年代在英國劍橋大學完成碩士學位並工作一段時間後才返港，旋即加入東亞銀行，1977 年才進入董事局，不論年齡、輩份、資歷及社會地位均與利銘澤頗有距離，兩人見面時會否談及一些相對私人及敏感的政治問題，實在令人頗有不少疑惑。

5. 若果利銘澤那時仍是「兩局」議員，他所承受的政治壓力肯定極為巨大，很多活動亦必然更受關注，可以居間調停或發揮作用的力量亦會大大削弱。反過來說，利銘澤早於 1966 年已辭去所有政府公職，則有利他本人的工作，對中港政府的壓力亦可大大減少，顯示 1966 年

的「安排」，其實頗有「先見之明」。

6. 利德蕙（1998：45）表示，抗戰期間的利銘澤，對美國頗有一些成見，「父親為了私人原因拒絕政府在中國做工程師」。到她日後在英國完成預科課程計劃轉換學習環境時，亦只好選擇加拿大而非美國，以免引起利銘澤尷尬或不滿。

7. 此檔案未經利銘澤夫婦過目，解讀時需謹慎，部份內容更屬主觀感受，並非客觀事實。認識利氏夫婦的人均知道，他們從來是少說多做的人，應該不會整日把「愛國」等政治詞語掛在口邊，亦應該不須討好隨行招待之幹部，襄揚他們的地方建設（政績）。故此，〈簡況〉中記述的愛國讚詞，很多時只是記錄員的潤飾之語，值得注意。

8. 這段說話看似平常，但卻可以作為前途談判的先聲。談話一方面間接說明那時的香港社會已對前途問題感到困惑，另一方面則顯示北京政府已作出籌劃。

9. 有關收回香港主權的問題，日軍投降之時，蔣介石據說已計劃按受降程序順理成章地收回，但卻被英國的「香港規劃小組」（Hong Kong Planning Unit）捷足先登，而蔣介石最後又沒堅持原本立場，所以讓英國政府繼續統治香港（曾銳生，1985）。到 1949 年，新中國成立時，又以「暫時維持現狀」及「採取一切正確的有效方法，避免軍事衝突」為原則（鄧開頌、陸曉敏，1997：240），選擇不立即收回香港。

10. 魏鳴一後來參與成立中國國際信託投資公司（即中信泰富），並曾出任主席一職。

11. 由於利銘澤與中國多位國家領導關係密切，又對中國政府決定收回香港主權一事大力支持，並表示對香港的未來充滿信心，坊間據說傳出利銘澤可能成為未來香港「特首」的消息。對於這些傳聞，利德蕙（1998：132）半開玩笑地這樣回應：「當時各界都認為父親是 1997 年 7 月 1 日香港回歸中國後，最理想的特區首長人選。每當我聽到這種說辭時，我總提醒對方，1997 年時父親將年達 92 歲了。」

人脈網絡是社交資本的一個重要元素。社交資本理論認為，人脈網絡愈緊密，社交層次便愈深入，而社會嵌入性（social embeddedness）愈強，其攝取社會網絡資源的能力便愈強（Granovetter, 1973）。個人可以憑借在社會組織中的身份以獲取這個團體或圈子中的某些公共資源，並使同學關係、朋友關係、夥伴關係、社團關係等不同層次的社會關係，轉變成一種可以用來實現自身目標的資源——尤其是在關鍵時刻扶上一把，而參與的社會活動愈多，個人的社會網絡便愈大，愈能和社會上其他人士建立信任關係，或是進入某些具影響力的組織（團體），從而能更有效地發揮個人所長。

然而，由於社會資本或人際關係這些東西並非肉眼能見，或是可以被簡單地測度和量化，因而不易令人理解。至於人與人之間的交往、接觸和互動，雖然無孔不入，同時又屬「私人生活」的範疇，並且具有很大的秘密性和不透明性，加上很少會向外公佈，亦甚少有可供外人查閱的白紙黑字記錄，因而又令相關研究變得舉步維艱、極難入手。本文則嘗試從利銘澤的待人接物、交友處事及社會參與等舉止行宜中，了解其社會網絡的無出其右和盤根錯節。當然，我們必須指出，由於未能接觸其後人，進行訪談，而需倚賴公開檔案資料，受先天所限，分析或考察上難免出現秕糠錯漏。

資本

在西方學術界，關於社會網絡的論述，主要來自社會資本（social capital）

的概念，兩者名稱上雖然存在着許多操作上的分歧，但卻被廣泛應用，原因當然與此概念具有很大解釋力有關（Bourdieu, 1986）。一般來說，社會網絡及社會資本包含三個主要元素——即社會活動的參與、網絡和信任（Lin, 2001）。社會網絡之所以為「社會」，是因為它們存在於社會關係之中；之所以被認為屬於「資本」，則因為它們可以增值，是一種無形資產。參與社會活動或社團組織可以讓個體享用組織提供的內部資源，維持或增加其獲取社會資源的機會，也可促進社群的凝聚力；社會網絡可以讓個體找到歸屬感、認同感，並利用網絡以擴大我們獲取不同資源的渠道和機會；信任則是社會生活的潤滑劑，讓個體形成合作，減少交易費用，降低交易成本，因而令社會的運作更有效率（Williamson, 1975）。

社會網絡（或資本）作為一種社會組織的特徵，在於它能通過推動協調和行動來提高社會效率，促進相互利益的協助和合作，可說是具備了促進「私有財」和「公共財」的效益。Putnam（2000）因而簡單地把社會資本定義為一種充滿信任的自發、自願聯合或網絡。參與和信任更被看成是相互依賴的——個體和其他人的聯繫愈多，愈能建立彼此的信任。有研究者因而指出，在司法制度未見完善、社會環境尚欠穩定的時代，社會資本的高低顯得尤為重要，擁有較高社會資本的個體，「有助（他們）落實某種行動」（Coleman, 1990: 302）。

許多理論還指出，中國人的一切社會組織都是建立在以血緣關係的家族基礎上，這種家族文化導致對家族以外的其他人缺乏信任，因而是一種低度信任的社會，對一般人的「基本信任」（basic trust）或「普遍信任」（general trust）的信任值普遍偏低，是一種缺乏普遍信任的社會，但對親屬

圈則有較高的特殊信任（Fukuyama, 1995）。從社會學的觀點來看，信任是社會關係的一個重要維度，既是社會制度和文化規範的產物，亦是建立在法理（法規制度）或倫理（社會文化規範）基礎上至關重要的組成元素。

儘管關係建構的核心基礎是血緣紐帶的關係，但在後天生活中，人們仍能通過許多不同的方式把這種先天注定的家族關係進一步廣泛化，從而擴展和延伸到與沒有血緣聯繫的其他人的交往關係之中，形成了費孝通（1986）所說的「差序格局」。因此，雖然中國人對外人的普遍信任偏低，但中國人所信任的人群除了包括家屬、親戚和其他家族成員外，也包括一些與自己具有擬親屬關係、或有其他情感關係的外人（李偉民、梁玉成，2003），而這種建立在人際關係基礎之上的信任，一般稱之為「特殊信任」（specific trust），個人社會地位愈高、名聲愈隆，能夠獲取的特殊信任，顯然亦會愈強。

無論是用那個標準來量度，或是從任何角度來觀察，說利銘澤經濟資本及人力資本得天獨厚之餘，社會資本亦極為豐厚，相信不會有人反對。至於人脈網絡的無遠弗屆、個人誠信度極高，更屬人所共知。事實上，由於利銘澤一生極為傳奇，在經營家族企業的同時，又積極參與各種社會服務，同時又曾擔任聲赫譽隆的「兩局」議員職位，就算在推動香港與大陸的溝通方面，亦曾扮演舉足輕重的角色（詳見〈政治〉一章），社會地位可謂極為崇高。

到底利銘澤是怎樣一絲一線地編織起個人社會網絡的呢？與個人誠信的建立、名聲的提升及社會影響力的深化又怎樣相互配合呢？多項條件怎樣令

他可以更有效地發揮個人材幹呢？又如何面對各種各樣的挑戰呢？下文讓我們挑選一些重要例子，談談利銘澤經營個人商業網絡的風格及特徵，並在分析的過程中觀察中國近代歷史的風起雲湧，同時亦描繪香港在連繫東西、溝通內外中所扮演的重要角色。

華商

在費孝通（1986）眼中，華人社會的「差序格局」是以個人及家族為中心，一把、一紮或一挑地組織起來，甚至如石頭投進水中形成一圈圈水波一樣，由中心向外擴散。若以一己為中心，向外擴散的關係便是父母、家族、親屬、鄰居、同鄉、同宗、同事、同族、同種等等，親近度及信賴度等則隨著關係擴散而下降、淡薄。若果我們拿利銘澤編織個人網絡的歷程及特質作例子，則不難發現其類似的原則及狀況。

毫無疑問，利銘澤的網絡核心亦以個人及家族的血緣關係為主。正如我們在《一代煙王：利希慎》一書中提及，利希慎父親利良奕及叔叔利文奕在十九世紀中下葉，一同從新會家鄉遠赴美國舊金山謀生，之後則因不看好繼續留在美國的前景而選擇輾轉來港定居，但生意上則各有發展。利良奕育有利希慎等子女，利文奕則生有利樹培、利樹源等子女。到了第三代，利希慎生了利銘澤、利孝和及利榮森等子女，利樹培則育有利國偉、利錦恆等子女。利銘澤統領利希慎置業及利綽餘堂等企業後，其他胞弟亦參與其中，但卻甚少有堂弟、堂侄等的加入（參與〈企業〉及〈投資〉兩章的討論）。

相對於血緣關係，半血緣的姻親關係看來亦曾在利銘澤的社會網絡中發揮

重大作用。資料顯示，利銘澤胞妹利舜賢嫁給簡悅強胞弟簡悅慶為妻，令利、簡兩家締結了姻親的半血緣關係。簡悅強父親簡東浦乃東亞銀行主要創辦人之一，其他創辦人還包括李冠春、李子方昆仲，以及周壽臣、馮平山等人。深入一點看，簡悅強胞妹嫁給馮平山子馮秉芬為妻，馮平山的孖生子馮秉華娶李子方女李慧賢為妻，可見簡、李、馮三家不但共同創立東亞銀行，還結成姻親，關係可謂極為密切（鄭宏泰、黃紹倫，2004）。至於利銘澤亦藉姻親關係把人脈伸展入這個緊密的網絡之中，他於1968年加入了東亞銀行董事局，直至去世，而馮秉芬、簡悅強及李福和（李子方之子）等與利銘澤一樣，先後出任立法局及行政局議員，可見彼此的關係確實極為緊密（冼玉儀，1994）。

利氏始祖據說雖然可以追溯至周朝貴族，但明顯屬於較小的姓氏（利德蕙，1998）。或者正因如此，利良奕及利文奕雖然在十九世紀末葉已來港經商，但並沒像其他較大姓氏般在港成立宗親會，作為同姓居港市民的代表及協助組織。到了五十年代，一來或者因為人數漸多，二來則因利銘澤獲委任為立法局議員，居港利氏族人藉慶祝利銘澤晉身立法局的場合，提出成立「利氏宗親會」的建議，利銘澤亦答應支持（《工商日報》，1959年9月5日）。但是，由於居港利氏族人不多，組織似乎並不活躍，給予利銘澤的協助亦並不明顯。

由於家族的主要投資及發祥地集中於灣仔、銅鑼灣區，利銘澤參與灣仔街坊會的工作亦較為積極。舉例說，自四十年代末起，利銘澤已加入灣仔街坊會，五十年代初更獲推舉為會長，當利銘澤獲港督委任為立法局議員或行政局議員時，該會常會設宴慶賀，以示支持。到利銘澤卸任會長一職

後，為了維持雙方的關係，利銘澤轉為出任監事一職，後來則升為永遠名義會長（《大公報》，1955年9月7日；1959年4月27日及7月12日），可見利銘澤與灣仔街坊會的關係一直十分緊密。在灣仔街坊會的基礎上，利銘澤亦參加了港九各區街坊會的組織，並曾經出任要職，在推廣街坊聯誼的同時，亦提升個人影響力（《華僑日報》，1965年4月21日）。

在街坊會之外，利銘澤參與較多的，相信是兼具商業性質的同鄉會——新會商會及五邑商會（初時稱四邑商會，即為新會、台山、開平、恩平，若加上江門則稱五邑，以下一律稱為五邑）。舉例說，1949年，當利銘澤因為擔任穀米局統制官工作表現出色而獲大英王室賜封OBE勳章時，以雷蔭蓀為首的五邑商會，即設宴慶賀，以示該會對同鄉俊彥工作得到政府肯定的支持（《工商日報》，1949年2月9日）。

到了1962年，當同屬五邑籍的關祖堯及馮秉芬與利銘澤一同獲港督委任為行政局議員時，在港的五邑居民表現雀躍，而五邑的大小社團——包括五邑商工總會、台山商會、新會商會、開平商會及恩平工商會——乃大張旗鼓地設宴慶賀（《工商日報》，1962年7月4日）。接著的1963年，利銘澤獲推舉為新會商會會長，帶領該會拓展會務（《大公報》，1963年1月10日）。任內，利銘澤經常出席大小活動，其努力獲得會員的支持和肯定（《工商日報》，1964年2月23日）。到利銘澤卸任後，同屬新會人的張玉麟出任會長，副會長一職則落到馮秉芬身上（《工商日報》，1965年1月8日），而利銘澤則一直與該會保持著緊密關係，甚至常常出席該會的聚餐和活動。

作為本港其中一個舉足輕重的商業大家族，利銘澤自然加入各式商會，
在爭取權益的同時，亦藉以約束同行操守。由於家族擁有不少物業地
皮，利銘澤在五十年代起即加入香港業主聯會，之後更多次獲推舉為
主席，其胞弟利榮森則出任該會委員（董事）之職（《工商日報》，
1956 年 3 月 19 日及 1958 年 3 月 4 日）。到了 1965 年，霍英東等牽頭創立
香港地產建設商會，利銘澤出任顧問，並以行政局議員身份主持其開幕儀
式，胞弟利榮森則出任商會董事（《工商日報》，1965 年 7 月 16 日），
顯示家族與該會關係密切。

雖然利氏家族核心業務在於物業地產，但利銘澤亦加入並參與其他不同商
會或同業公會的活動。其一是經常參加香港中華廠商會的活動，與該會中
堅如黃篤修及朱石麟等頗有往來（《工商日報》，1964 年 7 月 3 日）。其二
是積極配合中華總商會的活動，與王寬誠、高卓雄等商會領導十分友好。
1963 年，利銘澤獲大英皇室賜封更高一級的 CBE 勳章時，王寬誠等便特別
為利銘澤設宴祝賀，同時又請利銘澤演講，暢談做人處事及受勳的感受。
講台上，利銘澤一方面謙稱自己的工作仍不算有重大成就，另一面亦透露
一些個人感受，認為自己是：「以臨淵履冰之心情，作溝通上下之橋樑」
（《大公報》，1963 年 11 月 7 日），其工作態度的戰戰兢兢，相信讓很多
同樣擔任中介人角色，經常需要遊走於華洋東西之間的人士頗有共鳴。

當然，作為香港社會的一份子，尤其是獲港督委任作立法局及行政局議
員，充當華人代表的身份之後，利銘澤明顯不能只參與那些像宗親會、同
鄉會或同業公會之類會員背景較為狹隘的組織。至於將社會接觸面及涵蓋
面——即社會資本及社會服務的光譜——擴大，明顯更能讓利銘澤獲得

盡展所長的舞台，這相信亦是他自六十年代開始即主動「出擊」的方向。

資料顯示，在六十年代初，利銘澤即積極參與長久以來被視作華人社會龍頭慈善團體的東華三院各項重要活動 —— 例如廣華醫院西翼奠基禮、年度籌款、周年大會及就職等等（《工商日報》，1962 年 8 月 22 日；1964 年 4 月 2 日）；其中，在 1962 年的籌款活動中，利銘澤更與三院主席鍾錦泉等在電台上以四種語言 —— 英語、粵語、潮語及滬語 —— 呼籲市民大眾慷慨捐獻，讓該組織可有更多資源落實社會公益服務（《大公報》，1962 年 10 月 20 日）。東華三院之外，利銘澤亦大力支持元朗博愛醫院的推廣活動，尤其是主動協助博愛醫院向社會大眾募捐、籌款，或是參與各種慶典活動等，均表現得十分積極（《工商日報》，1962 年 9 月 10 日；《大公報》，1963 年 1 月 5 日及 1964 年 4 月 24 日；《華僑日報》，1965 年 2 月 26 日）。

可以這樣說，利銘澤在華人社會所建立的環環緊扣、層層疊疊網絡，明顯出現費孝通所說的以個人為中心，然後向家族、鄰舍、宗族、鄉里及同業等一圈圈擴散出去的現象。至於其名望、地位及影響力，則隨著其社會（及政治）參與程度、頻率及所屬機構的規模而轉化。另一方面，我們亦不難發現，在華人社會，「紅白二事」 —— 即喜慶或喪葬等事情 —— 相信最能讓人看到關係伸張及影響。一身擔任多項公職，並與不同社團組織往來密切的利銘澤，當其親族碰到喪葬或喜慶事件，自然亦引起社會的高度關注。舉例說，當利銘澤主母黃蘭芳在 1956 年 6 月 3 日去世後，到靈堂致哀及送上花圈表示哀悼的，便有千多人之眾（《工商日報》，1965 年 6 月 10 日），間接反映了利氏家族社會網絡的既寬且廣。另一方面，

1962 年 5 月，當得悉利銘澤女兒利德蕙將在加拿大出嫁時，親朋友好及大小社團代表等便從四方八面向利銘澤送上祝福（包括禮物），當利銘澤夫婦計劃乘坐飛機到加拿大主持婚禮時，不少親友更前往機場送機，並表示恭賀（《工商日報》，1962 年 5 月 26 日及 6 月 23 日）。又例如，當 1965 年 1 月 12 日利銘澤起程赴日考察時，不少經常往來的社會賢達如張玉麟、湛兆霖及張鎮漢等亦專程前到機場送行，以示友好和關懷（《工商日報》，1965 年 1 月 13 日）。

若果以 Granovetter（1973）的社會嵌入性作標準，測度利銘澤的關係網絡強度及社會資本存量，那我們絕對可以肯定地說，他擁有的網絡及社會資本，應該和家族的金融及經濟資本一樣豐厚。難怪利德蕙在介紹利漢釗計劃接掌家族企業過程中碰到問題時找利銘澤，他可以毫無難度地運用各種關係代為處理。利德蕙（1998：88）這樣言簡意賅地描寫：「若漢釗哥有任何困難的話，父親就利用他各種不同的關係，多半可在半個鐘頭之內為他解決。」

西商

香港開埠之初，洋商因為得到殖民地政府背後支持而獲得不少優惠，取得了諸如銀行、碼頭、貨倉、通訊、電力及燃料等的專營權，因而可在香港商場上呼風喚雨、自由馳騁。然而，由於華商佔有人和及地利優勢，加上刻苦敢拼和懂得靈活應變的特質，在掌握基本經營規則之後，即能在香港的商場上發揮巨大力量，其綜合力量自十九世紀八十年代起即超越西商，吸引了殖民地政府及西商既羨且妒的眼光。抗日及香港淪陷期間，華商與西商的生意同受巨大衝擊。香港重光後，由於大量以上海紡織商為主的移

1992年，利漢釗（中）在五邑大學出席該校教育基金創立活動與校方人
員在一起。

民陸續湧入，華商的實力更加獲得大幅提升。雖則如此，以渣甸洋行及太古洋行為龍頭的英資企業，仍在那些核心行業中佔據壟斷地位，令華商一時間難以取得突破（鄭宏泰，黃紹倫，2006）。

由於種族、語言、文化及政治背景等的不同，華商與西商之間一直均壁壘分明。至於能夠遊走於兩者之間，並在兩個社會中均得到支持及認同的，實在屈指可數，利銘澤家族便是其中的表表者。若要抽絲剝繭地分析利銘澤與西商的關係，渣甸洋行相信是最具深層次意義的，亦最值得玩味。正如我們在《一代煙王：利希慎》一書中提及，利希慎其中一項點石成金的投資，應是1924年從渣甸洋行大班手中購入利園山的大片地皮。從「零和遊戲」的角度看，利希慎家族因此項交易而奠下家族歷久不衰之基，日後難免令渣甸洋行大班有「走寶」之嘆。

雖然一得一失之間未必導致矛盾，但若說雙方因而種下心結，似乎未必無理。六、七十年代，利銘澤與渣甸洋行大班雖然在不同層面上均有接觸交往，但關係應該並不深入。舉例說，1972年，當渣甸洋行大班發起收購牛奶公司時，要約見利銘澤尋求其協助，但卻一直無法獲得安排會面。亨利·凱瑟克最後要趁利銘澤早上在香港鄉村俱樂部游泳的時候與他見面，「父親在池中游泳，他就在池邊跑前跑後的試圖說服父親出面幫忙」（利德蕙，1998：80），並因此而打動利銘澤，可以成功完成收購牛奶公司的行動。

另一方面，在1965至1975年期間，利銘澤一直擔任香港電話公司主席一職，但作為香港龍頭企業的渣甸洋行大班（亨利·凱瑟克），則只出任董

事局成員而已，華洋一高一低之間的關係在殖民地時期頗「不尋常」。到了1975年，由渣甸洋行控股的香港電燈公司，卻突然發起敵意收購由利銘澤出任主席的香港中華煤氣公司的行動，利銘澤最後要動用不同人際網絡的幫助，才能成功抗擊收購行動（參與〈投資〉一章）。以上一些簡單交往，多少讓人看到利銘澤與渣甸洋行大班之間的關係比外人想像中複雜[1]。

若果要談與利氏家族的客戶關係，匯豐銀行相信屬於主要例子。從利希慎置業有限公司的登記資料中，我們看到當利希慎購入利園山時，匯豐銀行乃主要按揭銀行。利希慎被殺後，黃蘭芳及利銘澤積極爭取財政支持的最主要機構，便是匯豐銀行。利銘澤據說正是在二、三十年代開始認識當時在匯豐銀行擔任會計主任一職的摩士，結為友好。而摩士日後出任匯豐銀行總經理一職，對利銘澤在政在商方面的支持尤大（參閱〈專業〉及〈地產〉兩章之討論）。事實上，自五十年代開始，由於家族不斷開拓新業務，有時甚至將部份企業上市，匯豐銀行往往成為家族的主要往來銀行（雖然利國偉乃恆生銀行總經理，而利銘澤亦曾出任東亞銀行董事），在融資、集資上給予家族很大支持。難怪利漢釗在接受我們訪問時會這樣回應：「一直至我的時代，（家族）均和匯豐銀行交易。而匯豐銀行對於我們的家族——Lee Hysan——亦很有感情」【華資企業研究——訪問紀錄：27022003】。

相對於匯豐銀行的客戶關係及渣甸洋行的競爭對手關係，利氏家族與太古洋行的交往雖然相對較晚，但卻相信屬於合作較多的夥伴關係。據利德蕙的記述，利氏家族與太古洋行一同合作應該在戰後開始，基礎則是「移山填海」的行動。和平後，利氏家族率先投入重建，其中的剷平山坡行動，

自然產生大量砂石；位於鰂魚涌的太古船塢，則計劃填海以增加地皮。換言之，一方手上出現大量砂石，另一方則急需砂石，雙方走上了最理想的合作之路，而填海得來的新地皮，據說興建了兩間工廠：一間是鐵釘廠，一間則是油漆廠。前者後來轉售中國製造商，後者則被太古洋行收購，並採取「以股代資」的方式支付利氏家族擁有的部份股權，令後者成為太古集團的其中一個策略股東，進一步提升雙方的合作關係。利德蕙（1998：84）這樣寫：「利氏家族在日後成為太古的主要股東之一，並與太古集團建立良好的合作關係。四叔（利榮森）曾任太古工業的董事，三叔（利孝和）亦成為太古旗下國泰航空企業的董事。」不但如此，利氏旗下的企業如利園酒店及希慎興業等，亦有太古集團的投資，同時有代表進入其董事局，雙方成為連鎖董事（interlocking directorship），既有助提升公司管治及透明度，亦可分散投資風險，甚至形成一榮皆榮的緊密夥伴關係，實在一舉多得【華資企業研究——訪問紀錄：27022003】。

除了與本港英資龍頭企業保持緊密聯繫，利氏家族與其他西商如丹麥的馬士基集團（Maesrk Group）、德國的羅富濟銀行（The Rothschild Bank），以及加拿大的蘭格石油（Ranger Oil）等等往來密切。一方面是彼此間曾有生意合作，亦有一些合股投資的項目；另一方面則是利銘澤曾在不同層面上給予協助，讓這些企業可以在香港或中國大陸發展業務（利德蕙，1998）。

其次，以利銘澤為代表的利氏家族，還與本港其他老牌洋行如和記洋行（祁德尊）、會德豐（馬登）及中華電力（嘉道理家族）等等結成聯盟，經常一起合作發展一些更具潛力的生意，〈投資〉一章中提及的興建紅磡

跨海隧道，便是最好的例子。可以這樣說，在那個年代，能與實力雄厚而
政治後台又較為強硬的西商平起平坐、合作無間，甚至能夠在他們碰到問
題時給予協助的華人家族（企業），絕對為數不多，利銘澤及其家族便是
其中之一。至於利銘澤堅持的「與人交往相識之後，便有可能成為生意的
夥伴」（利德蕙，1998：132）原則，看來則成為他生意觸角無所不在、
人脈網絡無遠弗屆的原因所在。

日商

在香港，除了華商，以及以英資為首的西商之外，日本商人對本地商業及
經濟的影響力亦不容低估。由於歷史、文化及語言等等的截然不同，加上
經濟實力的不容低估，日本商人一直自成一系，與華商及西商分庭抗禮、
相互競爭。資料顯示，雖然日人、日商在十九世紀中已踏足香港，但影響
漸大則應在十九世紀末葉開始。到了二十世紀二、三十年代，日商在港的
實力獲得進一步壯大，而香港淪陷期間更成為主導力量（陳湛頤，2005；
李培德，2006）。

戰敗投降後，日本社會人心低沉，但其堅毅不拔、專心一致於全力重建家
園所迸發出來的巨大動力，則令其經濟迅速崛起，不少產品——尤其是電
器及電子產品等——因為質優價廉而暢銷世界。由於曾被日軍侵略的傷痛
仍歷歷在目，五、六十年代的香港人對日人及日貨仍十分抗拒，日商要在
香港重整旗鼓、拓展市場亦頗為困難（鍾寶賢，2009）。

抗戰時期，利銘澤雖然曾經以不同身份投入救國大潮，但和平之後則認為
中日兩國人民應該拋開傷痛，重歸於好、和平相處。正因抱著這種豁達開

明的態度，利銘澤在知悉日商難以在港一展所長時答應提供協助。利德蕙便提到，1955年，居港日本人成立了日本人俱樂部，利銘澤則是「最先願意提供協助的人士之一」，並指該會「會址多設在利氏家族的物業內」。其次，自七十年代開始，利銘澤更「定期在利園酒店宴請所有在香港的日本企業人士，介紹他們與中國商界認識，促進雙方交流。」正因利銘澤願意在日商遇到困難時不計前怨，並利用本身的不同人脈網絡為他們提供方便，因而深得日商愛戴。「日本人對父親極為敬重，任何日本商人包括日本總領事在內，到達香港之後，必先對父親做禮貌上的拜訪，以示尊敬」（利德蕙，1998：116）。

事實上，利銘澤與日本人建立的關係，可以簡單地反映在協助日僑、日商及日本政府三個層面上。由於香港與日本的貿易不斷大幅上升，日人來港工作及生活者乃持續增加，部份日人因欲讓其子女在港接受日本教育而在六十年代中籌劃設立日本人學校，但過程卻遇到不少問題。其一是申請外國人在港經營國際學校的許可證（牌照），其二則是尋覓臨時校舍。利銘澤憑個人「兩局」議員的身份及人際網絡，加上家族在銅鑼灣有物業招租，而能為居港日僑提供適切協助，讓對方可以順利完成各項興辦學校的手續。正因如此，利銘澤被視為：「香港日本人學校的大恩人」，並在1969年獲日本天皇頒贈三等瑞寶章，以示日本上下對他的感謝（利德蕙，1998）。

另一方面，利銘澤亦以個人影響力為本港的日商提供不少協助、方便。其一是應牛津大學昔日同窗小池厚之助的請求，協助該間由家族創立，但日後卻陷入財政困境的山一證券，讓該公司可在香港設立分行，並擔任其副

主席一職，代為推廣業務。其二是協助日資企業在銅鑼灣扎根，大丸百貨的立足百德新街是其中的一個例子。鍾寶賢在《商城記：銅鑼灣》一書中有如下一段介紹：

為了令百德新街變得繁盛，從而提升區內的售樓價格，張氏（玉麟）通過好友利銘澤，認識了精通日文的華商劉火炎[2]，並經劉氏穿針引線，與日本大丸百貨公司攜手合作，在新開發的百德新街多幢樓宇之間引入大丸百貨公司。（鍾寶賢，2009：152-153）

其三是經常參與日資企業的活動及聚會，每遇日本傳統節日或企業開張時，必然親赴祝賀，或是應邀出任主禮嘉賓。舉例說，香港日本人學校、三越百貨（香港）有限公司，以及萬事得汽車（香港）有限公司等等的開幕，便由利銘澤主持剪綵。正因利銘澤自六十年代起已在不同層面上為日商提供支援、協助，甚至積極配合其大小活動，不少日人及日資企業乃投桃報李，向該區聚集、靠攏，令銅鑼灣的大小日資企業愈開愈多，日後甚至贏來了「小銀座」的美譽（鍾寶賢，2009）。利德蕙則這樣介紹：

……銅鑼灣一帶因父親的日本朋友開設的商業機構而繁榮起來……銅鑼灣吸引了許多日本企業在此投資，日本第一家百貨公司大丸百貨公司便於一九六零年十一月在此設連鎖店……日本崇光百貨也在一九八五年五月於銅鑼灣開第一家商店，後來在香港各地都設有分店。另外尚有以高級貨品著名的三越百貨店、日本人俱樂部及日本商會都設在此區。（利德蕙，1998：121）

利銘澤（以及堂弟利國偉）另一甚少有人提及的努力，相信是積極協助日

本政府與中華人民共和國建立邦交的工作。由於二戰結束不久的中國旋即陷入內戰，而共產黨打敗國民黨後建立了中華人民共和國之時，敗退台灣的國民黨則堅持中華民國的名義一直與大陸對峙，美國則在「冷戰」思維左右下利用台灣的戰略位置制衡剛立國的共產政權，繼續與退守台灣的國民黨政府維持邦交（外交）關係，而作為戰敗國並被美國為首的聯軍所佔領的日本，自然必須緊跟美國的外交路線，因而一直沒有承認中華人民共和國的國際地位，甚至常常與美國一道，採取拉一方打一方的手法，利用國共兩黨的敵對關係爭取本身利益（資中筠、何迪，1991；鄭宏泰、黃紹倫，2009）。

六十年代末、七十年代初── 尤其是尼克遜上台後，美國已開始私下與中華人民和國接觸，希望結束兩國的敵對狀態，日本政府似乎亦注意到美國外交氣氛上的微妙轉變，因而亦急於尋找一些能與中國政府高層有交往，同時又值得他們信賴的中介人，代為穿針引線、修橋築路，華洋雜處、東西混合的香港，顯然有利他們的私下活動，而像利銘澤般既有名望地位及關係網絡，又同時能夠得到各方信賴的本地精英，顯然屬於理想人選。

利德蕙引述六十年代日本駐香港總領事岡田晃在其著作《水島外交秘話》一書中指出，岡田晃曾在 1969 年 8 月 17 日在香港和利銘澤乘船出海，並在船上與利銘澤討論中日之間重新建立邦交的可能性，暗示若要利銘澤私下幹旋的話，其空間及渠道如何，而利銘澤給他的回應則是：「願意循他在北京朋友，周恩來和廖承志的渠道，來做橋樑工作」（利德蕙，1998：118）。

之後，到底利銘澤有否為岡田晃提供協助呢？利德蕙沒有提及。一直
到 1971 年 9 月，利德蕙才指岡田晃重臨香港，並急欲找利銘澤，代為向北
京傳達訊息。可惜，當時利銘澤不在香港，岡田晃只好找利銘澤堂弟利國
偉，而利國偉則找利銘澤好友費彝民，費彝民才立即將訊息傳達北京，最
後便出現了 9 月 16 日的周恩來在北京接見日本國會代表川崎秀的舉動（利
德蕙，1998），算是打破了中日兩國自五十年代以還沒接觸的局面（黃天
才，1995；黃大慧，2006）。

外交活動很多時是私下進行的，公開而讓人看見的，往往只是一些表象，
或是米已成炊之後的一些結果而已，情況就如尼克遜在 1972 年 2 月 7 日突
然踏足北京，中外社會才突然知悉兩國外交人員早已做了大量工作。由於
屬於平民身份，利銘澤在某些政治斡旋方面有時應該具有一定優勢，基辛
格在 1973 年 2 月飛往北京之前訪港，期間曾到堅尼地道利氏大宅與利銘澤
晚膳的舉止（參考〈政治〉一章的討論），與 1969 年 8 月 17 日岡田晃和
利銘澤坐船出海的舉止一樣，背後其實存在很多令人玩味的地方，我們很
難視之為普普通通的禮節性拜訪或聚會。

姑勿論真實情況如何，利銘澤自五十年代起即為居港日僑提供協助，甚至
為日商創造良好營商環境，自然讓他獲得了日本人的尊敬，而日人大多在
銅鑼灣聚集，甚至租用利氏家族旗下物業，應該可以視作華人社會的「報
答」行為。至於利銘澤有否曾經為日本政府提供一些外交上的支援，間接
協助中日兩國建立邦交，則受資料所限而難以獲得證實，誠為可惜。

共濟

在利銘澤的人生中，成為共濟會成員，參與共濟會工作一直被放在一個相當吃重的位置。正如〈留學〉一章中提及，利銘澤很可能早於青年時期已接觸這個被誤解為「白人的國際三合會」（Haffner, 1977: 364）的跨地域非宗教半民間男性社交慈善組織，並可能是在亦師亦友的邱吉爾家族成員推薦下加入（利德蕙，1998）。成為會員之後，利銘澤一直表現得十分忠誠，參與會務時更是全情投入、相當積極。到他升為該會的領導時，對於推廣會務，在發揮其友愛、慈善與真誠的會旨及精神上貢獻良多（Haffner, 1977）。

雖然利銘澤在英國加入共濟會，但可以讓他一展所長的舞台還是香港。由於積極參與會務，在香港淪陷前，利銘澤已晉升至較高位置，對該會的決策可以發揮一定影響力。利德蕙（1998：151）這樣描述：「太平洋戰爭爆發之前，父親已成為所有香港分會的高級會員。」到了抗日之期，共濟會會員的身份到底會否在明在暗間給予利銘澤一些幫助，讓他可在不同層面——尤其是賴廉士的BAAG及紅十字會等救災組織——之間往來自如，甚至可以獲取寶貴的信息及資源呢？受資料所限，我們未能完全掌握，但相信作用不能低估。

和平後，利銘澤因為不同層面的人脈關係及家族背景而迅速崛起（參閱〈重整〉、〈企業〉及〈政治〉等章的討論），連帶他在共濟會的地位亦發生變化。「一九五零年時，他成為華南（由重慶遷來——原註）和康馬克（Concordia Mark Lodge）兩個支會的總監，一九五一年又任大學支會的第一首長席位」（利德蕙，1998：151）。也即是說，自五十年代

起，利銘澤亦成為香港共濟會的核心領導。正因如此，當香港共濟會的泄蘭堂在五十年代動工興建時，他亦曾參與其中，並憑本人的土木工程專業給予意見。

接著的 1961 年，利銘澤在共濟會的職級再獲提升，是為香港及遠東區的區總監之職（Haffner, 1977；利德蕙，1998）。由於日本支會亦屬遠東區的管轄範圍，利銘澤因而需要經常到日本主持共濟會的會議，甚至參與該會拓展日本的會務，與不同日本共濟會會員的接觸及交往顯然有增無減，這種鮮為人知的背景，不知是否成為利銘澤一直積極協助居港日僑及日商的因由（參閱上一節之討論）。

針對利銘澤在共濟會的活動，我們曾與該會聯絡，亦獲得一些簡單資料，但並不全面。其中亦有資深活躍會員願意接受訪問，但卻不願透露身份。該會員在訪問時告訴我們，他當年在英國學成歸來不久便加入，因而有機會認識利銘澤。他對利銘澤的印象是：「做事認真嚴謹，若果到了開會時間而仍有成員未到，他不會多等，馬上開會。由他主持的會議，很多時均會在指定時間完成。晚上的聚會或應酬，他則不會逗留太久，原因據說是他有早睡早起的生活習慣。」

訪問中，這位共濟會活躍成員還提到，由於早年加入共濟會的門檻不低，成員非富則貴，大多乃社會精英——例如港府官員、大法官、大律師及會計師等。他甚至語帶玩笑地指出，港督及駐港英軍將領亦是共濟會成員，他們穿著制服參加聚會時，曾令他嚇了一跳。至於原本相當遙遠的社會距離，在聚會時便變成了兄弟手足，可以十分親切地暢所欲言。最後，他又

《香港赤子：利銘澤》

補充說：

由於共濟會乃男性組織，我記得有些太太女士很反對丈夫加入，覺得他們會『搞
搞震』。其實，一班男人，一杯在手，我們只是風花雪月地『吹水』、減壓而
已，我們所做的都很正當。有位太太的丈夫突然去世了，共濟會手足給予幫助，
她那時才明白，丈夫生前建立的關係，確實可以發揮重要作用。

事實上，從香港共濟會給我們提供的部份資料中，我們發現，其成員確實
大多為社會精英——尤其曾經在英美等地留學的高級公務員、專業人士、
大公司管理層，以及居港外籍人士。當然，相對於殖民地時期，現時的會
員以華人為多，但在利銘澤的年代，華人會員只是少數，可以像利銘澤般
擔任領導角色的，更屬絕無僅有。

除了上文提及的一般事務工作，利德蕙還提到利銘澤參與共濟會期間的兩
項人與事，值得注意：其一與太古集團董事姚剛有關，指姚氏亦是共濟會
資深成員；其二與該會在香港主權回歸後應如何發展有關，指姚剛曾以利
銘澤「自少年開始即屬共濟會會員」，暗示讓該會繼續在港發展，可以作
出正面貢獻。

正如前述，利氏家族與太古集團乃生意夥伴，姚剛則擔任後者的董事。
1972年，利銘澤與姚剛在共濟會上認識，雙方因而結成好友。中國政府
在1978年實行經濟改革不久，太古集團即獲邀請到北京訪問。之後，當太
古集團考慮要在中國大陸設立辦事處時，利銘澤便大力推薦姚剛擔任太古
集團的「駐中國代表」，負起溝通各方的重任（利德蕙，1998：131）。

另一方面，正如我們在〈政治〉一章中提及，1981年時，當江澤民以電子工業部部長的身份到港考察，利銘澤要求上海出生又屬太古集團及國泰航空董事的姚剛一同接待招呼，深入接觸後拉扯出江澤民副部長魏鳴一乃姚剛北京大學室友的一段關係，而姚剛當年決定到太古集團工作，更是出自魏鳴一的提議。可以這樣說，不同人物的不同關係，彼此間的互動、報答或禮尚往來，顯然比我們想像中的複雜。

雖然共濟會的成員及會務並不受地域的阻隔，但其根本在歐洲的背景是毫無疑問的，其巨大資源及動員力量亦是任何政府所不能忽略或低估，亦是必然會對其有所警惕的。由於利銘澤在《中英聯合聲明》發表之前去世，向北京爭取讓該會在港繼續發展的責任，似乎落到深得利銘澤信賴並且同樣與北京關係密切的姚剛身上。在姚剛的努力下，專責處理香港及澳門事務的港澳辦最後作出保證：「只要會員遵守香港特別行政區的基本法，香港共濟會在一九九七年之後仍可繼續活動，所有會議仍准許以英語進行」（利德蕙，1998：153）。

順帶一提，在共濟會的會議儀式中，原來有一項會員必須向當地政府宣誓效忠的內容。此項令人玩味 —— 甚至帶有宗教或半宗教色彩 —— 的儀式，自香港回歸後已經不再是「對英國君主政權致敬」，而是改為「向中國政府效忠」（利德蕙，1998：153）。簡單點說，由於肉眼不能見，人脈關係這種東西所發揮的功用，其實不能低估，但卻常常被我們所忽略。其次，單點、單線的關係所發揮的力量或者不很強，但當其由點成線，再由線成面，而層層疊疊地交纏在一起時，所發揮的巨大作用便更為巨大了。還有，由於利銘澤的人脈關係 —— 尤其與中國政府的領導層 —— 無遠

弗屆，當他在1983年7月不幸去世的消息傳到任職於太古集團的姚剛耳中時，他曾經衝口而出地說：「那我現在怎麼辦？我所有的中國關係都沒有了」（利德蕙，1998：159）。言簡意賅，我們實在一聽自明了。

結語

綜觀利銘澤極為豐厚，並且無孔不入的人脈網絡，我們不難發現，其建立及不斷延伸過程，與利氏家族企業的逐步壯大關係密切，而利銘澤能夠獲委任為「兩局」議員，似乎又讓他變成不同非牟利社團及慈善組織垂青的對象。反過來說，利銘澤一直參與地區事務，甚至活躍於大小以宗族、鄉里及慈善公益為紐帶的社會團體之間，讓他得以建立社會賢達的形象，因而能夠獲得港督垂青，日後將他委任為華人代表的「兩局」議員，成為港英政府「精英吸納」不可或缺的一個部份。長久以來，政治與商業——或更為準確地說：權力與金錢——總是被視作一對「雙生兒」，兩者不但攜手並肩、共同進退，同時又環環緊扣，出現一些你中有我、我中有你的糾纏不清現象，我們因而不易察覺孰先孰後、孰因孰果。我們認為，利銘澤能在五十年代崛起成為顯赫一時的人物，除了個人材幹及家族雄厚財力的後台，能充份利用社會資本及網絡，並具有長遠目光，在經營人脈關係的過程中不斷往更大更廣的層面擴張、延伸，亦是他能夠取得更豐碩成果的核心所在。

在互聯網世界，網絡所能發揮的巨大作用，據說可用「麥加菲定律」（Metcalfe's Law）計算出來。其原理很簡單，若果只有一台電話，別人沒有，其作用幾乎等於零，因沒人會與之聯絡；兩台電話好一點，但只有一人可與之聯絡；當所有人都有電話，電話網絡所發揮的巨大作用便屬難以

估計的巨大了。也即是說，網絡愈廣，所發揮的乘數效應便愈大。人脈網絡這東西看來亦如此，當個體與不同個體或群體的連繫由點成線，再連結成面，以至串連成為系統時，其影響力或支配力之巨大，往往亦是超越我們想像的。

註釋

1. 雖說商場如戰場，但應該沒有永遠的敵人。翻查檔案，渣甸洋行出售東角山套現時，利希慎出價不低，成交後，渣甸洋行應該給予優惠付款條件，其「大班」更私人貸款予利氏（鄭宏泰、黃紹倫，2011）。正因如此，利希慎遇刺後，家人曾患得患失，深恐渣甸洋行反悔催數。亨利‧凱瑟克曾從軍，利銘澤亦投身抗日，兩人看來皆悉欲擒先縱、以逸待勞之術，在鄉村俱樂部早泳時商談公事，既可避開耳目，又可坦誠對話。利德蕙所述的利銘澤在池中游泳，亨利‧凱瑟克在池邊跑前跑後的情況，略嫌誇張。但亨利陪伴利銘澤游早泳，達成協議，則較接近事實。

2. 利德蕙（1998：121）指他是一位「能說日文的台灣人」，他在利銘澤介紹下擔任大丸百貨（香港）的經理一職，配合公司的日本管理風格及文化。

第十一章　公益

在傳統社會，立德、立功、立言的人生「三不朽」，一直被士大夫階層視作為人處世的最大事業與成就。此目標背後拉扯出來的核心價值及道德情操，其實是個人理想如何才能實踐、人性光輝如何得到宣揚，以及一己如何摒棄私利。至於為改善人類福祉作出貢獻，反而被視作畢生精力所應集中的方向。當然，我們必須承認，古今中外，不是很多人可以真正達至「三不朽」的境界，有些立德而無功、無言，有些立言，但卻未能揚名立萬、德被環宇，可見一生同時能夠立德、立功及立言者，著實不易。

雖然生於大富之家，但因父親早年遭逢不測，利銘澤在尋求協助、解決困難時可謂飽嚐人情冷暖。家族危機剛過，中華大地又遭逢劫難，日軍侵港期間，家族不少成員被迫逃難，輾轉在桂林及重慶等物質條件極為惡劣的大後方過著十分清苦的生活。正因經歷過人間辛酸，亦可能是為了提升家族形象，利銘澤事業有成之後即投入不少精力推動社會公益事務 —— 尤其是宣揚文教、救災扶危方面，令他贏得不少掌聲及稱譽，本文讓我們在這方面作出一些粗略介紹。

新大學

若要列舉利銘澤貢獻香港社會的最大功德，推動教育 —— 尤其促成香港中文大學的創立 —— 相信最為重要，亦備受尊崇。作為英國殖民地，自香港開埠的一百多年間，只有極少數人能夠掌握的英語，一直被列作官方語言，享有超然地位，反而絕大多數市民日常慣用，並能充份掌握的中文，則屬「次等語言」，不但不被列為官方語言，在明在暗間還遭到排斥和貶抑。

至於殖民地政府刻意淡化民族意識及重利輕義的教育政策，則令不少有識之士大感不滿，希望盡一己之力溯本清源、撥亂反正（利德蕙，1998）。

對於自少接受國學訓練，長大後赴英深造，英語又說得比廣東話還流利，並對中西教育制度頗有了解的利銘澤而言，香港教育制度的「重英抑中」及教育資源投入不足等問題，可謂積弊已久、亟待解決。資料顯示，早於 1948 年，利銘澤已因加入香港大學校務委員會而直接參與高等教育的建設及管理工作，並提出應該擴大學生視野的看法。到了 1954 年，由於他獲委任為香港大學校董會成員，在推廣教育事業上自然亦表現得更為積極（利德蕙，1998）。

當然，真正能讓利銘澤獲得有利位置，在推廣教育工作方面可以一展所長的關鍵，相信是他先後在 1959 及 1961 年獲港督柏立基委任為立法局及行政局議員的兩項重大任命（參考〈政治〉一章）。至於 1961 年獲港督委任為高等教育委員會委員，參與討論及制訂香港的教育政策（《大公報》，1962 年 2 月 3 日；《工商日報》，1966 年 1 月 23 日），則相信是利銘澤參與並著手推動港府在 1959 年提出創立第二所大學的重要基礎（The Chinese University of Hong Kong, 1970）。

原來，早在五十年代初，社會上已有不少有識之士，在港創立新亞書院、崇基學院及聯合書院等[1]，推動本地教育、傳播中華文化（陳方正，2000）。至於大量移民的持續湧入，不但令屋荒（參考〈地產〉一章）、水荒（參閱下一節之討論）及原材料荒等問題日趨嚴重，教育 —— 包括高等教育 —— 的供不應求，同樣令人甚為困擾。因應社會呼聲日大，港府

原則上雖然在 1959 年同意創立本地第二所大學，但卻一直以「開設大學涉及龐大資源，實在不得不慎重行事」為由（*Report of the Fulton Commission: 1963*, 1963: 1-2），採取「拖字訣」，令人失望。然而，由於要求落實第二所大學的訴求一直沒法被抑壓（吳倫霓霞，1993；陳方正，2000），港府乃重新籌組教育委員會，利銘澤的加入，則被普遍認為是要配合相關政策的真正落實（利德蕙，1998）。

與很多重大政策或發展項目出台前的手續一樣，港府在六十年代初曾與不同專家學者接觸，諮詢他們對香港發展高等教育的意見，擔任英國塞撒斯大學校長（University of Sussex）的富爾敦（John Fulton）[2] 便是其中之一。完成初步意見搜集之後的 1962 年，港府宣佈成立研究委員會，深入分析，並評估創立新大學的可行性及執行程序[3]。委員會由富爾頓出任主席，成員分別為 Li Choh-ming（即李卓敏）教授（加州大學，University of California）、J. V. Loach 教授（利茨大學，University of Leeds）、Thong Saw-pak 教授（馬來亞大學，University of Malaya），以及 F. G. Young 教授（劍橋大學，University of Cambridge）等人。

經過一年左右時間調查研究，委員會在 1963 年 2 月發表報告 —— 日後稱作《富爾頓報告》（*Report of the Fulton Commission: 1963*），提出將新亞書院、崇基學院及聯合書院合併，組成聯邦制大學的構思（a federal university），並指創校計劃不容再拖，最遲應在 1963 年 9 月 30 日推行。除此之外，報告還勾劃出創校規章、定位及教學評核等準則，甚至建議應以沙田馬尿水（毗鄰崇基書院）的地段闢作大學校址，以供參考（*Report of the Fulton Commission: 1963*, 1963: 19）。

針對《富爾敦報告》，港府作出了正面回應，在同年 7 月確定大學的
名稱，是為香港中文大學（英文名稱則為 The Chinese University of Hong
Kong），校訓乃博文約禮，並以繼承中國文化傳統、發揚中國文化為
使命（吳倫霓霞，1993；陳方正，2000）。另一方面，為了配合創校行
動，港府隨即宣佈成立臨時校董會，著手籌組各項創校工作，利銘澤則
與關祖堯[4]、馮秉芬、利榮森、錢穆等獲委任為成員。由於當時尚無校
址，校董會的臨時辦事處設於中環恒生銀行大廈 408 室（《工商日報》，
1963 年 11 月 3 日），背後原因則是何善衡及利國偉等恒生銀行管理層只象
徵式地收取租金，支持該校的籌備工作（利德蕙，1998）。

到正式校董會成立之時，利銘澤更獲委任為校董會副主席一職，在大學草
創之時擔當更多重要任務。至於配合關祖堯向政府爭取落實《富爾敦報
告》中的多項重大建議 —— 尤其是將沙田馬尿水地段劃為中文大學校址
一項，則相信最為關鍵。正因利銘澤以「兩局」議員的身份積極推動香
港中文大學的創校，他在 1964 年 9 月 19 日的香港中文大學首屆榮譽博士
學位頒贈典禮上，與關祖堯一樣獲得了榮譽博士學位[5]（《工商日報》，
1964 年 9 月 20 日）。

大約一個月後的 10 月 28 日，利銘澤又獲香港大學頒授榮譽博士學位[6]，
表揚他在推動本地教育事業的貢獻[7]。在當時的社會，一人能同時獲得
本地兩所大學的榮譽博士學位，實在是極為罕見的（《工商日報》，
1964 年 10 月 29 日）。在香港大學的贊詞上，我們一方面可以感受到利銘
澤早期的一些經歷，亦可粗略了解其人脈網絡伸延，而贊詞上的其中一
句，則突出了利銘澤地位的一時無兩：「不是有很多人能在短短的數星

期內獲本港的兩所大學同時頒贈榮譽博士學位的」（The University of Hong Kong, 1964）。

獲香港中文大學頒贈名譽博士學位不久，利銘澤即被委任為「校址籌建委員會」主席一職，負責督導香港中文大學校址的發展規劃及建設 —— 包括道路建設及經費籌集等，委員會成員分別有利國偉、胡百全及司徒惠等（《華僑日報》，1964年10月1日）。其後，利銘澤接替關祖堯任校董會主席，退任交棒後獲校董會授予「終身校董」榮譽，其一生對於中文大學的貢獻 —— 無論是創校之前的籌備、創辦之初的擘劃，或是穩步發展之時的督導，可謂極為巨大（利德蕙，1998）。

事實上，在推動香港中文大學的發展方面，整個利氏家族均一直出錢出力，極為慷慨。除了利銘澤在五、六十年代已身先士卒地為促成該校的創辦而努力外，其他家族成員如利榮森及利國偉等，均曾出任中文大學校董會成員或主席[8]，而家族的基金會，更曾先後捐出巨款，支持大學的多次建設，乃中文大學其中一個重大支持者、推動者（陳方正，2000）。校內眾多以利氏家族成員命名的建築物、學術交流計劃及獎學金等，便是其中一些痕跡。

水荒

飲水思源可說是華人社會一直強調的道德倫理。對現今的香港人而言，一開水龍頭，食水即源源不絕地流出，而大部份市民或者未必知道，近半數的本港食水，主要源頭其實來自千里之外的東江。但是，直至上世紀七十年代之前，香港原來常常需要飽嘗「制水」（限制食水供應）之苦，「水

荒」問題與前文提及的「屋荒」及「油荒」問題同樣極為嚴重。為甚麼這個棘手問題最終能夠得到解決呢？千里之外的香港人為何能與內地居民一樣「同飲一江水」呢？東江之水為何能翻山越嶺而來呢？利銘澤又在這個重大民生工程中擔當了何種角色呢？

由於地小山多，人口不斷大幅急速膨脹，香港自開埠以來即面對著食水供應不穩定的問題。若遇大旱之年，社會更會出現「水荒」的憂慮（何佩然，2001）。就以重光之後的情況為例，由於人口一浪接一浪地大量湧來（參閱〈重整〉及〈地產〉兩章之討論），不但糧食、治安、房屋及公共秩序等承受了巨大壓力，基本設施——如水、電及交通網絡等——同樣出現嚴重供不應求的情況，缺水、缺電，以及人車爭路等事，幾乎常常發生、司空見慣（Tsang, 2004）。

由於本身乃註冊土木工程師，對於重大工程具有專業視野，早在出任市政局議員期間，利銘澤已提出樓宇內部的食水供應系統與排污系統應該分開的意見（《工商日報》，1955年4月6日）。1959年，利銘澤獲委任為立法局議員。那年，大欖涌水塘正式落成，大大提升了香港食水的儲存量。翌年，利銘澤出席了立法局有關建築物條例修訂案的多次討論，並通過了該法例，規定新落成建築物必須設有沖水式排水系統。而海水則會被引進建築物，用作廁所的沖水，藉以減少對珍貴食水的依賴及浪費。雖然香港的食水儲存量因為新水塘的相繼落成而不斷增加，並減少了不必要的食水浪費，但香港的總體食水需求仍不斷大幅增加。舉例說，1961年的總供水量便較1960年增加近63%（何佩然，2001），可見人口及工商業活動同步邁進所帶動的巨大食水需求，遠比食水供應的增長幅度為高，情況令人關注。

1962年，當政府宣佈投資 2.5 億元的大嶼山石壁水塘快將完成時，因下雨持續減少而產生的食水儲存不足問題，卻逐漸成為社會關注的焦點。進入 1963 年，石壁水塘雖然正式落成，但上蒼仍然滴雨不下，令原來的憂慮加深。由於持續乾旱，因食水供不應求而產生的「水荒」問題轉趨嚴重，港英政府最後只好急急宣佈，自 1963 年 5 月 2 日起，食水供應只能維持每日 3 小時，措施不但影響市民大眾的日常生活、打擊經濟活動，同時亦加劇社會對「水荒」問題的憂慮。

同月，政府又提出 7 項節約用水的辦法，減少浪費。雖則如此，炎熱天氣的日復一日及晴空萬里，更令「水荒」問題日趨嚴重。到了 5 月 16 日，政府宣佈進一步「制水」（限制食水供應），規定食水供應由原來的每日供水 3 小時改為隔日供水 4 小時。面對這個前所未見的「水荒」問題，不同宗教人士曾分別號召信眾向上天（天主）祈禱，希望蒼天早日降雨。其中的佛教團體便曾發動多達 300 名僧尼和 3,000 名信眾，在跑馬地舉行大型祈雨儀式。接著的 6 月份，食水供應再改為每 4 日供水一次（何佩然，2001）。

為了舒緩「水荒」，港府只好租用運水船，從珠江口運水來港，以應燃眉之急。到了 8 月份天氣更為炎熱之時，運水船的數目增加至 10 艘，平均每日約運水 5.4 萬立方米（或 1,200 萬加侖，1 立方米 = 220 加侖）。據粗略統計，在 1963 至 1964 年的一年內，運水船往來於香港與珠江口之間的次數逾千次（何佩然，2001）。除了四出「撲水」（找水源）的方法，社會同時又提出各種諸如鑽水井以抽取地下水及抽取海水化淡成為食水的建議，但總是遠水救不了近火，亦非長遠治本之道。到了 10 月，連港督柏

立基亦要在不同場合（包括電台）呼籲市民節約用水（《工商日報》，
1963年10月2日至26日）。

針對如何有效解決香港「水荒」問題，雖然早於1929年已萌生向廣東省購
水的意念，但一直未見實行。在那個「水荒」嚴重的年代，身為「兩局」
議員的利銘澤，同樣對問題極為關注，並曾多次在電台及報章作出呼籲，
希望市民大眾節約用水、減少浪費（《大公報》，1963年5月30、31日
及7月19日），但他較相信向廣東購水的方案，認為這樣才能確保食水供
港的源源不絕，因而大力支持有關部門與中國政府接觸、洽談（利德蕙，
1998）。

資料顯示，1960年11月中，港英政府已與廣東省政府達成協議，後者同
意向前者每年提供2,270萬立方米的食水（何佩然，2001）。到了1963年
的「水荒」嚴峻時期，由於利銘澤等華人社會賢達大力推動向廣東省要
求增加食水供應，港府官員亦多次北上，與廣東省的食水供應部門官員洽
談。然而，由於香港當時出現「水荒」，而供水工程又非一時三刻可以迅
即完成，加上兩地官員因為政治立場問題而多有爭拗，雙方一直未能達成
協議。利銘澤據說曾與駐港的新華社（殖民地時期中國政府駐港的非官方
代表）社長梁威林及廣東省領導如陳郁及陶鑄等商討，希望尋求突破（利
德蕙，2006）。

到了1963年12月，針對兩地政府一直未能在供水問題上取得突破，
周恩來作出了重大指示，認為向港供水的問題應與政治談判分開，讓
供水問題可獨立進行洽商。由於獲得周恩來的重要策略指示，雙方

的談判獲得進展，令相關的工程可在 1964 年 2 月 20 日順利展開。到了 1964 年 4 月 17 日，雙方再就供水及建築工程的某些細節舉行會議，並在同月 22 日達成協議，廣東省政府同意在工程完成後，每年向香港供水不少於 6,820 萬立方米，而每天的最高供水量可達 28.2 萬立方米，售價則為每立方米需人民幣 0.1 元[9]。

進入 1965 年，利銘澤率先向記者表示，由廣東省向香港供水的工程快將落成，自此之後，香港的食水短缺問題將可有效地獲得解決（《華僑日報》，1965 年 1 月 3 日）。接著的 1965 年 2 月，東江水供港系統開始試用，並在完成各項檢測後在 3 月份全面輸港，令困擾香港一個多世紀的「水荒」問題得到了最根本的解決（利德蕙，1998；何佩然，2001）。

對於利銘澤在六十年代積極爭取東江水供港的問題上，自五十年代末即在香港擔任統戰工作，而需經常陪伴利銘澤在香港及中國大陸兩邊跑的何銘思亦曾提到，利銘澤一直大力推動東江食水輸港的計劃，認為該項工程最能長遠解決香港的「水荒」問題，可以有效穩定香港的食水供應，因而一直充當橋樑角色，促成雙方的長遠合作（饒桂珠、陳思迪，2007）。

利銘澤積極爭取東江水供港的做法，雖然有效地解決了香港食水一直供不應求的結構性問題，為香港社會的持續發展創造更重要基礎，但據說卻因此而令他與新任港督戴麟趾發生矛盾，原因是戴麟趾認為利銘澤在爭取廣東省供水的過程中「偏袒中方利益」，或是與中方官員往來過密[10]，並曾暗地裏採取手段阻止利銘澤到深圳出席相關的供水典禮。利德蕙這樣介紹：

深圳供水典禮中，父母親是僅有的香港人士，周埈年爵士原本亦想參加，但未得
英方許可，父親前去深圳則無人能阻。（利德蕙，1998：125）

利德蕙所指的利銘澤因為爭取東江水供港問題引來與戴麟趾的爭拗，應
該不是事實。從事件發展及歷史資料看，戴麟趾在 1964 年 4 月 14 日始
上任，同月 17 日粵港達成供水協議（見上文），顯示戴麟趾應無參與其
事，故說戴麟趾因此與利銘澤不咬弦，難以置信，亦不合理。事實上，供
水協議並非普通地區事務安排，而是涉及重大「外交」政策之政治事件，
雙方決定權乃在北京及倫敦。殖民地政府自開埠後，能源食水自足是基本
政策，以免受制於中國。而食水自足，每年有足夠儲備應付旱季消耗，以
待翌年雨季補給則屬年復一年名副其實的「望天打卦」。後來，政府再加
建萬宜水庫，應付人口增長帶來的需求，提升自給自足能力。

從另一角度看，港府向廣東購水其實並不違反基本政策，因為這做法可增
加額外穩定水源，不必再「望天打卦」。至於水價，更非問題所在。若
北京同意廣東向香港供水，等同向倫敦發出訊息，暫時維持香港現狀之國
策不變，故即使水價偏高，英方亦不計較。可見，供水協議乃超越總督層
次，亦早在戴麟趾上任前已有決定，總督只是奉命執行而已。此外，供水
協議乃中英港關係之里程碑，亦是轉捩點。英方意識到溝通是維持在香港
利益之上策，故香港事務改由外交系統主理，戴麟趾離任後，倫敦改派外
交官接替。利銘澤雖退居幕後，應仍深受英方看重，其私人名義出席供水
儀式，亦可能是中英雙方的細心安排，藉以減低政治風險[11]。回顧歷史，
香港的食水實在得來不易，我們在保護水源、節約用水的同時，更應飲水
思源，對利銘澤等前人所作出的努力給予充份肯定。

《香港赤子：利銘澤》

慈善

長久以來，中外社會均極為重視慈善事業的發展。在一些奉行單神單宗教
的社會，慈善事業往往由教會主導，但在多神教多宗教的社會——例如華
人社會，以扶助宗族、照料鄉里，以及宣揚社會公德的半宗教民間慈善組
織則較為普遍。由於殖民地政府自開埠始即奉行「鄉約律例，率准仍舊」
的原則，不干預華人傳統習俗，亦即將撫老恤孤、救濟弱小的福利照料視
為傳統社會的組成部份，不願施以援手。至於民間慈善組織如東華三院、
保良局、樂善堂、博愛醫院、鐘聲慈善社，以及同鄉會和宗親會等，則林
林種種、應有盡有，主要功能明顯是肩負各種助貧扶弱、挽危救傷的角
色，填補殖民地政府沒有為本地居民提供任何福利服務的缺口（冼玉儀，
1997）。

在重慶度過一段戰時生活而在日軍投降後返回香港的利銘澤，在管理家族
企業的同時，已開始參與社會事務，積極推動民間非牟利組織的工作，
這相信是他逐步建立個人社會賢達形象的重要一環。正如我們在〈政治〉
及〈人脈〉等章節中提到，利銘澤初期參與的民間非牟利組織以宗親會、
同鄉會及街坊會為主，日後則不斷將層次提升，加入那些歷史悠久而社會
地位超然的慈善團體如東華三院、保良局、博愛醫院等，出任主席、會董
或顧問等具影響力的職位，港英政府則因應他社會名聲日隆而委以不同公
職，出任市政局議員、立法局議員及行政局議員等，則是其中一些顯而易
見的例子。

參與社會慈善活動雖能增加個人的聲望地位 ——尤其積累慈善資本，但利
銘澤的熱心公益，未必純粹只是受此因素所驅使，更大動力相信來自他個

人的一片善心、赤誠，以及對社會的一份承擔。利德蕙（1998：61 及 69）曾提到：「父親一生對需要他幫助的人，總是竭盡所能的給予協助。」又指「父親在日常生活中，對他周圍的人十分關心，經常與手下員工交談，幫助不同的人。」

事實上，由於身兼多職、公私兩忙，個人威望已甚少有人能及之時，其實利銘澤很多時可用不同理由婉拒一些慈善組織的邀請，不出席各種籌款及推廣活動。但各種資料顯示，他並沒這樣做，其舉止背後不難讓人想到他抱著的一些特殊信念——即是若果個人的參與可為相關慈善團體帶來更好宣傳及籌款效果，有助他們爭取更多資源時，他寧可選擇犧牲私人時間，亦要盡量抽時間參與他們的各種活動，以行動作出最大支持。

正如我們在〈人脈〉一章中提及，自五十年代末至六十年代中的一段頗長時間內，利銘澤幾乎每年均會參與東華三院、保良局、九龍樂善堂及元朗博愛醫院等的大小籌款募捐、管理層就職及周年慶典等活動，支持這些組織為社會提供更多、更廣及更好的服務。除此之外，利銘澤還積極配合以下多個實力相對較弱，但服務層面則較專注的慈善團體活動，輸財出力。

（一）保護兒童會。五十年代末，獲委任為立法局議員不久的利銘澤即參與保護兒童會的活動及聚會。六十年代初，利銘澤應邀到電台演講，一方面交代該會的工作及服務範疇，另一方面則為該會籌募經費，呼籲市民大眾慷慨捐輸，讓該會可為市民提供更多服務（《大公報》，1962 年 5 月 18 日及 19 日）。正因利銘澤與保護兒童會往來緊密，其太太黃瑤璧於 1965 年獲選為主席，肩負起開拓會務的職責（《華僑日報》，

1965 年 10 月 1 日）。在黃瑤璧任內，她亦曾四出推廣會務，並同樣前往電台呼籲公眾捐款，爭取公眾支持（《大公報》，1966 年 4 月 30 日）。

（二）大口環殘廢兒童會。1956 年，大口環殘廢兒童會暨兒童醫院（即根德公爵兒童醫院）創立，不久，利銘澤即與之有接觸。六十年代初，該會尋求利銘澤的支持，希望他代為呼籲社會人士捐輸。利銘澤對該會全心全力照料那些因染有肺癆或小兒麻痺等病，而導致身體殘障的貧苦兒童的工作表示欣賞，在 1963 年 7 月初曾親赴電台演講，呼籲市民捐輸，支持該會工作（《大公報》，1963 年 7 月 13 日）。三年後，在該會的要求下，利銘澤又再次以「代言人」的身份為該會募捐，爭取公眾支持（《大公報》，1966 年 5 月 14 日），對該會的早期發展作出不少貢獻。

（三）防癆會。由於早年的公共衛生及公共醫療條件欠佳，肺癆病一度肆虐香港，難以抑止，染病後的死亡率達 76%，因而肺癆病死亡的比率佔香港整體死亡率接近一成之巨。防癆會的創立，一方面是為了救治病患者，給予持續照料，另一方面則是為了防止病菌的傳播，實在責任重大。利銘澤認為此會對提升香港的公共衛生及改善醫療條件極為重要，因而亦大力支持，並在 1963 年 11 月的售旗籌款日同樣親赴電台演講，並接受記者訪問，談論本港的防癆工作，呼籲市民大眾慷慨捐助，配合防癆會的各項活動（《大公報》，1963 年 11 月 23 日）。

（四）家計會及救世軍。除了保護兒童會、殘廢兒童會及防癆會外，利銘澤還以不同形式支持家庭計劃指導會（俗稱家計會）及香港救世軍的工作——重點則是籌款活動（《大公報》，1964 年 3 月 7 日

家庭計劃指導會的工作要旨在於有助校製香港人口增長。（圖片來源：
高添強《香港今昔》新版，2005年）

及 1966 年 5 月 3 日）。為了協助這些慈善機構爭取更多資源，同時又為他們建立一些知名度，利銘澤很多時會親到電台演講，或是擔任其籌款活動開展儀式的主禮嘉賓，有時更會出錢出力，給予更多鼓勵。

撇除參與慈善公益的活動有助提升個人的名望和地位不談，我們不難發現，利銘澤在參與並推動以上各項慈善公益活動的過程中，他一方面可直接向受助慈善機構傳達支持、鼓勵和欣賞的信息，讓那些機構的員工們可以更積極地為社會服務，另一方面則可為他們爭取更多資源——尤其善款，擴大服務層面，提升服務質素。除此之外，利銘澤的努力亦有助宣揚仁愛精神，散播「施比受更為有福」的價值，為社會的和諧穩定作出貢獻。

體育

由於本身性格外向硬朗，加上可能自少受父親利希慎重視體育運動所影響，利銘澤求學之時已表現得熱衷運動（利德蕙，1998；The University of Hong Kong, 1964）。到投身社會之後，一來因為工作壓力不少，二來則因身體曾感不適而在醫生建議下常做運動，利銘澤一直在推廣文康活動方面表現得十分積極，並曾作出不少貢獻（參考〈重整〉一章中有關鄉村俱樂部的討論）。其中的多個本地著名體育組織，例如南華體育會、香港足球總會及香港保齡球總會等，均曾在他的大力支持下獲得更好、更大的發展。下文讓我們粗略地談談他在這方面所曾作出的一些貢獻。

在香港的眾多體育組織中，歷史悠久的南華體育會與利氏家族可謂頗有淵源。這家由華人創立於 1910 年的體育會，前身只是一支足球隊 —— 一支

由一群具愛國情操的英文書院學生牽頭創立的球隊，其宗旨在於提倡國民強身健體，「欲以體育之要道，灌輸於國民」。到 1920 年，這支足球隊進行重組，並命名為南華體育會，會址設於跑馬地旁（養和醫院原址），活動範圍則逐步擴大，「達至合足球、排球、絨球、籃球、壘球、田徑……等，聚一爐而共冶之」的目的，令該會走上了一個重要台階（沈思，沒年份）。

南華體育會正式成立不久，熱愛運動而剛從渣甸洋行大班手中購入銅鑼灣利園山的利希慎即加入成為會員，1927 年更獲選為會長。在任期間，當他獲悉皇仁書院計劃在加路連山道開闢新校園一事因財政困難而夭折時，即聯同名譽會長周壽臣（其時身兼行政、立法兩局議員之職）及羅旭龢等，向政府申請租用該地段作會址，並興建足球場、田徑場及排球場等。由於申請合時，加上周壽臣的名聲，政府一口答允，為該會的進一步發展奠下極為重要基石（沈思，沒年份）。

可惜，利希慎不久被殺，因而無緣參與該會的進一步發展。二次世界大戰之後，利銘澤在發展家族盤據於銅鑼灣的物業時，常到與利舞臺只有一箭之遙的南華體育會做運動，因而有較多接觸機會。至於利希慎與南華體育會的深厚關係，則相信成為驅使利銘澤秉承父志於推動該會發展的其中一股動力。

資料顯示，自四十年代末開始，利銘澤即獲推選為南華體育會會長之職，帶領該會拓展會務。除了某些活動的開幕儀式或頒獎典禮他大多親自主持外，每遇大型體育賽事，他更會到場為參賽者打氣。舉例說，和平後社會

秩序逐漸恢復之時，南華體育會舉辦的紹華盾公開排球比賽，便是由利銘澤大力支持下得以成功舉辦（《大公報》，1949年7月17日）。

由於身為南華體育會的會長，利銘澤很多時會獲邀成為一些重大體育盛事的主禮嘉賓。本地學界盛事如「校際田徑賽」及一些重點中學的運動會等，便由他主持開幕或頒獎，而致詞時的重點，往往要求學生在努力讀書之時，亦應多做運動、強健體魄（《工商日報》，1954年3月20日及1959年11月1日）。另一方面，南華體育會的每年管理層就職典禮及「徵求（招收）會員大會」等活動，亦多數由他主持（《工商日報》，1961年12月18日）。

就算是體育界碰到一些糾紛時，利銘澤亦會因為本身的多重身份及社會地位超然而獲推舉作仲裁者或調停人。舉例說，1964年，歐洲足球勁旅丹麥隊獲邀到港打「賀歲盃」，該比賽被香港足球界視作盛事，但在組隊作賽問題上卻出現分歧，因為不同球隊均想爭取機會出戰，其中的南華足球隊與傑志足球隊矛盾尤大。面對這一困局，利銘澤只好出面斡旋，在香港鄉村俱樂部設宴，與不同球會首腦會晤，該會議初旨是「足球界高峰會」（《大公報》，1964年2月7日及8日）。雖然事件令不少球員感到不快，但賽事仍能順利舉行，而利銘澤在體育界的地位亦也更為明顯地突現了出來。

另一方面，因應六十年代的保齡球運動風行一時，南華體育會乃成立保齡球會，並闢地興建場地，大力推廣，利銘澤則表示支持。1966年，當保齡球會的場地正式落成之時，利銘澤親自前往主持揭幕儀式，並發表

了輕鬆幽默的講話。他說：「（Bowling）球號保齡，譯音固妙，字義良佳。夫從事消閑遣興，而能保其遐齡，固人之所欲也。今也吾會善用其場地，為眾好之提倡」（《大公報》，1966年4月1日）。翌年，利銘澤更捐款創立「希慎盃」，為推展該運動作出更大貢獻（《工商日報》，1967年4月2日及4及15日）。到了1968年，本港的兩個保齡球會合併成為香港保齡球總會，以便更有效地推廣活動，利銘澤則獲選為總會長，副會長乃黃克競，顯示他在不少運動愛好者心目中均佔有一定地位（《華僑日報》，1968年12月8日）。

對於發展本地體育運動，利銘澤可說是既熱心又積極。就算到了晚年，他仍經常出席南華體育會的各項重要活動，例如出席某些比賽的開幕儀式、頒獎典禮，以及主持「徵求會員大會」和就職典禮等等（《華僑日報》，1973年3月15日；《工商日報》，1979年5月15日及6月2日），不但為運動員打氣，亦鼓勵那些為著推廣體育運動而努力工作的職員，其貢獻一己力量的態度及熱忱，至今仍令不少人津津樂道。

結語

無論是經營企業、參與政治或服務公益，甚至是奔走華洋中外之間，利銘澤一方面十分強調香港與中國大陸的密不可分，另一方面則表現出對民族、國家及社會的一份熱情及赤誠，這是殖民地教育下同時代社會精英身上較為少見的一種視野，同時亦是多數人較少流露的一種品格及特質。正因利銘澤較重視中港兩地的骨肉相連、血濃於水，但殖民地政府則希望那些被吸納的華人代表可與中國大陸保持距離，兩者之間時有矛盾自然不難理解，利銘澤有時亦難免會被指與中國政府或官員過從甚密。

雖然祖籍新會，但利氏家族自利希慎一代開始已視香港為子孫扎根之地，並秉持了「取諸社會、用諸社會」的倫理及原則，在經營企業之時，一方面大力捐輸，讓大小慈善組織獲得更多資源向社會大眾提供更多服務，另一方面則直接參與不同慈善團體的管理，協助他們拓展會務。綜合而言，我們認為，無論是直接參與或間接協助，各種舉動既可造福桑梓，亦有助提升家族的形象，社會實在應該給予充份的肯定和支持。

註釋

1. 當時這些書院的開辦背景和目標頗有不同，新亞書院由近代新儒家學者錢穆、唐君毅等創立，延續明代書院精神，弘揚理學；崇基學院由美國教會創立，本著基督精神，弘揚西學；聯合書院是抗戰時期華南高等院校之流徙聯校，重光後再避難遷港。其他稍具規模之私立專上學院，還有浸信會開辦之浸會學院及國民黨資助之珠海書院。

2. 據利德蕙（1998：112）的介紹，富爾敦曾任教牛津大學，港督柏立基及利銘澤曾經受教於他，指三人關係密切，利銘澤甚至曾親自赴英，「與他當面談及香港中文大學，令富爾敦對未來的香港中文大學有更多了解。」

3. 事後看來，當時成立新大學的構思，主要目的是銜接六年制公立及私立中文中學，故「涉及龐大資源，實在不得不慎重行事」。簡中原因應是新大學將採用美式四年制，有別於香港大學英式三年制。因而，帶出資源分配、收生競爭等現實問題，千頭萬緒。由於利銘澤亦是香港大學校董，在此關鍵時刻加入高等教育委員會、應有助化解內部矛盾。另一方面，新大學到底應由零做起，或是合併現存私立專上學院亦讓人費煞思量。若拼湊零碎資料，可推斷政府早有意合併崇基、新亞及聯合等為新大學，既可回應社會訴求，又可事半功倍，收一石二鳥之效。至於好事多磨，皆因協商不易，共識難求，最終以美式聯邦制定案，方全面展開研究以落實。

4. 當時由關祖堯出任臨時校董會主席，他乃執業律師，亦屬行政立法的「兩局」議員，從政資歷較利銘澤為深，他向政府力爭撥地建校，並最終如願以償。中文大學校董會會議廳，命名為祖堯堂以紀念其功勳。據悉，關祖堯當時向政府表明，絕不考慮其他選址，且需預留土地供擴建。

5. 香港中文大學首次頒授榮譽博士學位共有5位得主，他們分別是前港督柏立基（缺席下頒贈）、英國塞撒斯大學校長富爾敦、加州大學校長柯克樂（Clark Kerr），以及兩局議員關祖堯和利銘澤。前港督柏立基獲頒贈的主要原因是他任內積極配合創立大學的目標，消除了政府方面的障礙；富爾敦在報告中提出重要建議，對大學的發展極為深遠；柯克樂在不同層面上提供大學管理的經驗，有助大學地位的提升；關祖堯及利銘澤則屬於大學的主要推動者，因而被認為居功至偉。

6. 香港大學亦頒贈 5 個榮譽博士學位，受贈者同樣屬於中外社會成就卓越的人士。在這 5 人當中，除利銘澤為華人外，其他 4 人均為西人，他們分別是前太古洋行經理而獲委任為香港大學校長一職的紐魯斯（William Knowles）、在建築界享負盛名並為香港設計九龍伊利沙伯醫院的賈斯汀（Sidney Cusdin）、為華仁書院貢獻一生的校長賴貽恩神父（Rev. Thomas Ryan），以及曾在北京行醫及教學的紐約中國醫務總監督陸斯（Harold Loucks），各人均成就卓著（The University of Hong Kong, 1964）。

7. 除了參與香港大學的管理及推動香港中文大學的創辦，利銘澤還分別在 1951 至 1953 年及 1959 至 1961 年出任皇仁書院舊生會主席（Stokes & Stokes, 1987；《工商日報》，1959 年 11 月 1 日及 1963 年 12 月 7 日），又多次出席大成中學、漢文師範學院，以及九龍樂善堂、東華三院與保良局旗下眾多學校的重要活動，推動本地教育（《工商日報》，1963 年 11 月 24 日；1964 年 2 月 21 日、2 月 26 日及 7 月 25 日）。

8 日後加入香港中文大學校董會的還有利漢釗、利德蓉及利乾（利榮森兒子）等人。

9. 此價格折合港幣為 1,000 加侖需 1.06 港元。相對於同時代提出的「海水化淡水」模式，其價格無疑是十分低廉的。據估計，在 1975 年時，海水化淡水的生產成本為每 1,000 加侖需 4 至 5 港元。到了 1981 年，由於第二次石油危機引致生產成本大漲，每 1,000 加侖海水化成淡水的生產成本大增至 38 港元（何佩然，2001）。

10. 相關討論可參考〈政治〉一章中提到的利銘澤於 1965 年辭任立法局議員一職，以及 1966 年不獲續任行政局議員之內容。1967 年，當香港社會出現大規模動亂時，曾有傳言指廣東省將切斷香港的食水供應，引來社會恐慌（周奕，2002）。雖然最終沒有發生類似事件，但兩地唇齒相依的情況卻顯得極為突出。

11. 英國乃外交老手，一向重視禮節規矩。中國從不承認港府政治地位，不與香港議員及政務官員官式接觸。供水屬地方性技術安排，港方只宜派出對等專業官員，出席典禮儀式。周埈年乃議員身份，故不宜出席；但在此事上，利銘澤出力不少，角色身份特殊，應邀而無故缺席典禮，或有損北京體面。利銘澤辦事向來謹慎，不會未知會港府，便貿然以私人身份出席。較合理的推斷可能是戴麟趾欲勸阻他出席，但遭利銘澤拒絕，而他則可能轉向外交部駐港政治顧問或倫敦說項，陳以利弊，給中方及周惠來面子，而這樣做則令戴麟趾不快，成為了利德蕙口中的矛盾或衝突。順帶一說，20 年後，中英談判香港前途期間，行政局議員鍾士元、鄧蓮如及利國偉三人，於 1984 年 6 月應邀訪京拜會鄧小平，但鄧小平並非以「議員」的官方身份接待三人，由此亦可見當中微妙之處。

闡　　　　　　　　　　　　　泣告

鼎惠懇辭
如蒙賜賻
請折現金
撥充善舉

外孫女　Karen Rudgard
　　　　Stephanie Rudgard
　　　　Emily Rudgard

夫弟　銘洽　弟婦　唐麗蕙
　　　孝和
　　　榮森　　　陸雁群
　　　榮傑　　　劉月華
　　　榮康　　　梁趣沂
　　　榮達　　　陸英潔

夫妹　舜華　妹倩　鄭觀成
　　　舜英　　　施伯瑞
　　　舜琴　　　歐陽公貢
　　　舜賢　　　簡悅慶
　　　舜豪　　　袁自勉
　　　舜儀　　　張振祥
　　　舜娥　　　陸培湧

親屬繁衍　未及備載

治喪處：香港殯儀館
英皇道六七九號
電話：六一五弍二六一八

先夫

利銘澤博士 於主曆一九八三年

七月六日上午八時卅分在聖保祿醫院蒙主寵召

息勞在世寄居七十八載遺體奉移香港殯儀館定於

主曆七月九日（星期六）下午三時治喪七月十一日

（星期一）上午十時在該館大禮堂舉行安息禮拜

隨即出殯移柩歌連臣角火葬場舉行火化禮哀此訃

妻 利黃瑤璧

孝男 志狔 媳 盧妙玲
 志剛

孝女 德蓉
 德蕙 婿 伍衞權

孫 敦仁

華資企業最常被誤解或批評的問題，除了重視血緣，強調內外之別，以及大家長主義和較不願意下放權力之外，便是上一代與下一代的接班總是缺乏系統及安排。至於重視人脈網絡、個人關係的文化及傳統，又被視作窒礙代際繼承的主要因素，令家族企業較難走出「富不過三代」的宿命。另一方面，華人社會所提倡的諸子均分制度，既被視作攤薄家族財產、削弱競爭力的因素，亦被指乃滋生家族內部矛盾的土壤（Zheng, 2009）。

細看利氏家族的發展歷史，我們不難發現，家族的發跡，應由利良奕、利文奕兩兄弟在十九世紀中葉飄洋前赴舊金山謀生開始。之後略有所成時返鄉，但隨後又輾轉來港定居營商。到利希慎一代，子孫並沒遊手好閑、坐吃山空，而是憑著個人努力將家業進一步壯大。利希慎正值壯年之際遭人殺害，不少人曾認為家族可能隨即四分五裂，甚至出現爭家奪產，走向沒落之局，但真實的情況則是家族最終度過了危機（鄭宏泰、黃紹倫，2011），戰後更在利銘澤昆仲的努力下再創高峰，既富且貴。到底利氏家族可以成功克服「富不過三代」宿命的原因在那裏呢？利銘澤安排接班的方法及過程又有何特別之處呢？有那些地方值得其他家族借鏡或學習呢？

新班子

在談論利銘澤安排下一代（子侄）接班之前，讓我們簡略回顧家族上兩代的傳承特色。由於資料所限，我們對利良奕及利文奕的傳承安排所知不多，但卻可以找到他們重視商業，並且注意子女教育——尤其注重中英雙

語——的兩項重大特色。舉例說，在美國謀生時，利良奕及利文奕顯然已經開始經商。之後，由於認為美國的發展空間未如理想，因而離美返鄉，但不久又選擇赴港定居，其重視營商的味道頗為濃烈，這是同時代人身上少有的特質。另一方面，利良奕及利文奕兄弟又將年幼子姪——例如利希慎及利樹培等，送到皇仁書院讀書，而非像一般家庭般要求子女背誦古文，希望他們可走上八股取仕的功名之路，可見他們的目光和視野，確實有別於同輩，亦成為利氏家族在港扎根，並且歷久不衰的重要基石（鄭宏泰、黃紹倫，2011）。

到利希慎的時代，由於財富積累更為豐厚，他明顯更有條件為子女擘劃未來。事實上，若果我們從利希慎多名子女的兒時生活及教育背景上看，則能找到一些端倪。舉例說，年紀小小的利銘澤、利銘洽、利孝和、利榮森、利舜華及利舜英等，全都被安排到講求男女同時必須接受教育的國學家陳子褒門下，接受現代教育。到子女年齡略長，則安排他們入讀皇仁書院等學校，其中的利銘澤及利孝和更被送到英國，先完成高中或預科課程，並以英國人身份考取牛津大學（參閱〈求學〉一章之討論），就連女兒利舜華及利舜英亦被安排到英國接受高等教育。可見利希慎十分重視子女的培養，讓他們日後可繼承衣缽或另闖天地。

可惜，由於利希慎正值壯年之際卻遭人殺害，因而未能讓他那種與同輩頗有分別的意識形態——即應如何安排子女教育、在那裏受教育，以及修讀何種科目，乃至日後選擇何種專業等——清楚地反映出來。另一方面，我們亦必須指出，家族及企業在利希慎被殺後沒有因為妻妾眾多、子女繁衍而走上四分五裂的結局，又十分清楚地反映了傳統社會強調妻妾嫡庶有別

的家庭制度所發揮的重要作用（鄭宏泰、黃紹倫，2011）。

家族由危轉安，並在利銘澤昆仲努力下進一步壯大之後，他們到底又如何考慮下一代的接班問題呢？作為第四代領導人（由利良奕一代計起）的利漢釗，在接受我們訪問時這樣透露其接棒的關鍵及早年生活：

Until 1976 我才被「徵」（叫）回來的。同時，當你到了外國，年輕時對財富不甚重視，最重要是可以自立，不用靠家人支持，那時的 attitude 便是如此，我父母沒有寄錢給我的，我自己做工，自己生活，雖然當初只有 200 元一個星期，那時在五十年代，200 元美金也已經是不錯的了，已很 OK 了。【華資企業研究──訪問紀錄：27022003】

表面上看，利漢釗有點像當年的利銘澤般，是在「迫不得已」的情況下走上接棒之路的。但是若果我們細看利漢釗父親──利銘洽[1]──的一些遭遇，以及利漢釗在美求學及生活期間的「自食其力」，我們或者未必同意家大業大、子孫眾多的利氏家族，在安排接班的問題上會那麼「兒戲」。若果深入分析，甚至會發展其中的某些細節與計算，其實極有文章，對很多家族的接班安排應該甚有參考作用。

以出生次序（年齡）計算，利漢釗父親利銘洽排在利銘澤之後，乃利希慎次子，利孝和及利榮森則屬第三及第四子。撇除其他子女不談，利希慎看來對這四名年齡較長的兒子頗有一番安排計劃。舉例說，利銘澤及利孝和被安排到英國牛津大學，一人讀土木工程，一人則讀法律；利銘洽及利榮森則留在香港接受國學訓練，一來可經常追隨利希慎出入（帶有強烈的有

子侍奉在側的傳統觀念，可參考利德蕙在《利氏源流》一書的討論），二來則可與長子及三子的注重西學互補不足，其講求「中英兼收並蓄、諸子各有所專」的深思熟慮，可謂表露無遺。

可惜，利希慎正值壯年之時被殺，四名兒子的人生和事業發展乃略有轉變，其中利銘洽雖然最早成家立室、生兒育女，但卻沒有像其他三名兄弟般參與家族企業的管理，亦沒有活躍於香港政商界。由於利德蕙在不同著作中均甚少提及利銘洽，其他紀錄亦遍尋不獲，我們實在所知不多、掌握有限。雖則如此，我們卻能從利德蕙的著作中了解利銘洽兒子利漢釗的一些經歷。若果再加上其他層面的相關資料，我們不難發現，生於1929年的利漢釗，在香港淪陷時並沒跟隨生父逃往家鄉新會避難，而是跟隨祖母及伯娘（利銘澤妻）等逃到桂林，之後一同轉到重慶，並先後在桂林及重慶接受教育。抗戰勝利後，利漢釗仍留在重慶，直至1948年中學畢業後返港，之後轉到美國升學（利德蕙，1998）。利漢釗在接受我們訪問時則這樣訴說當初負笈美國的過程：

我是香港長大的，十八歲才去（美國）……我（抗戰時）到中國讀書，在南開中學。那時打勝仗了，很希望到美國讀書，但什麼都要自己做，apply又要自己，寫信又要自己，那時代我到圖書館看書，只有幾間大學的（資料），Harvard、MIT、耶魯大學，所以我便apply這幾間……我有個姑姐，她在剛打完仗時去了Boston，她對我說那裏還有一間大學，叫甚麼College的（沒說清楚是那間——作者註）……她建議我不如亦申請……所以我亦apply了。那時要考試的，即現在的SAT。我在嶺南（大學）讀了一年，那時我的數學、物理、化學成績很好，我看我得一百分，英文可能得零分，但他們只是take average，而我的average分數則很高。我一回到香

港，我還記得那時剛在放暑假，我碰到利孝和，他說恭喜你了，我説恭喜我甚麼，他說那家 College 取錄你了。那時候我的信是他們開的，不是我開的。我覺得那家 College 只是一般，想入 MIT。怎知過了幾天，又有一封信寄來，給利銘澤開了，他對我説恭喜你了，MIT 取錄你了。從前他們會開我的信，現時如果我開兒女的信，真是大件事了。【華資企業研究── 訪問紀錄：27022003】

也即是說，在 1949 年左右，利漢釗隻身赴美，進入享譽世界的麻省理工學院，修讀的科目乃電子工程。畢業後，他並沒返回香港，而是受聘於當地的大企業 Radio Corporation of America，並在美國結婚生子，一直至 1976 年才在利銘澤的要求下返港。

為甚麼同獲利希慎細心培養的利銘洽無論在參與家族企業方面，或是對利漢釗的照顧及教養方面均像「失去蹤影」般呢？與其他兄弟姐妹之間是否出現問題呢？內裏是否藏著一些「家族秘密」呢？由於資料所限，我們沒法回答。不過，利銘澤刻意提拔利漢釗承接家族企業，則多少帶有一些「補償」味道（請參考《一代煙王：利希慎》一書的相關討論）。為了進一步說明接班過程並非自己主動爭取，而是叔伯們的安排，利漢釗還這樣解釋自己被家族挑選的一些重要原因：

因為我是 third generation（若從利良奕一代計起，應為第四代）裏面最大的，我和他們的年紀相差很遠，我七十四歲（在 2003 年時），利定昌[2]可能只有五十歲以下，是一個 gap，但每家公司都要經過這一階段……但那時（公司）規模細，只有自己家族人，並沒外人。後來有外人入股，有 partner，就像我說馬士基、陳德泰，他們加入，一起興建利園（酒店）。再有太古，那才變得複雜，複雜時便要找人幫

手，first choice當然就是我，又（曾在）外國，（當時）年紀又四十幾歲，剛剛好，所以便拉了（我）回來。【華資企業研究——訪問紀錄：27022003】

從過去十數年有關家族企業繼承問題的研究中，我們發現，大部份家族其實擁有繼承的方案——雖然未必白紙黑字、正正規規地寫下來。至於那個繼承過程則具有如下一些特點：（一）大家長們極為注重子女的教育——尤其是送到英美等重點大學接受不同專業的訓練，雖然有些子女堅持按本身的興趣選科，但很多時均會遷就父母的要求；（二）學成之後不一定全部立即返港，而是在一些國際性大企業工作，其中的重要考慮是要學習那些大企業的管理，或是建立網絡；（三）就算返港加入家族企業之後，亦不是立即安排到最高職位，而是要求「由低做起」（那怕學歷及經驗已經極突出），讓其對企業及人事等事情有通盤了解；（四）將部份領導權交到子女手中後，會盡量讓其發揮所長，以便子女逐步建立個人領導地位與權威；（五）工作之外，亦會經常帶同子女出席社交場合，介紹給生意夥伴認識，甚至拜訪一些重要人物，讓本身的社會資本及人脈網絡可逐漸傳遞給繼承人（Zheng, 2009）。換言之，不少大家族在安排子女繼承企業時，其實是經過精心策劃和計算的，而且這個過程早在子女接受教育之時已經開始，一直至大家長的全面退休或去世才終止。

擁有突出學歷及工作經驗的利漢釗返港加入家族企業後如何展開工作呢？利銘澤等又如何協助他建立個人領導地位與權威呢？利德蕙（1998：87）這樣形容其接班之初的工作情況：

漢釗哥返回香港時，家族公司辦公地點正遷移至新近完工的希慎道一號，他開始

由公司基層學習企業經營，和商業大廈的租務管理。雖然三叔（利孝和）預備將
漢釗哥安置在二十二樓工作，可同時監管同一層樓工作的員工，但父親將漢釗哥
的寫字間設在二十一樓的邊間，與其他叔叔一起工作，由他的寫字間可俯視禮頓
中心的工程進展，以便實際監督。父親又將他自己在家族建築所負擔的監視產業
工程進度的任務，都交付給漢釗哥。

很明顯，利漢釗同樣要經歷「由公司基層學習企業經營」的階段，然後才
「與其他叔叔一起工作」，接近「群眾」，了解更多實務，但同時間則交
託更多工作到其身上，考驗其辦事能力。至於過程中則一直突出「父親一
心要培植漢釗哥成為未來利氏家族眾多企業的領導人」（利德蕙，1998：
88）的理念及目標，代其豎立領導地位。

事實上，家族企業能否持續發展決定於領導層的能力及眼光，人際網絡及
社會資本則有助其一展所長，並證明其眼光是否準確，經濟資本（即身
家財產）反而並非最決定性的條件（Zheng, 2009）。為了讓利漢釗的領導
地位更有效地確立下來，利德蕙甚至提到如下一則帶有中國傳統社會「神
授」味道的令人玩味例子。她寫道：

（新會竹林里大屋）大廳兩旁列古董太師椅，其中一張最為特別，因為據傳坐過
這張太師椅的人，必有能力將家族事業領導發展。我們在一九八零年初回新會
時，父親要漢釗堂兄坐在這張椅上，漢釗堂兄日後證明此說果然不虛，而顯然父
親以前也曾坐過。（利德蕙，1995：35）

一來可能是針對家族不同人材分佈與際遇的需要而提供適切扶助，二來

則可能是為了讓新領導層日後可獲得更多支持，利銘澤在悉心栽培利漢釗的同時，亦刻意將個人網絡及社會資本傳遞給家族另一急速冒起的巨星——利國偉。利德蕙（1998：72）指出：「國偉三叔是父親的堂弟，當時在恒生銀行任職。父親對他非常看重，認為他極有發展潛力，所以盡量利用機會，介紹他多結識自己的朋友。」為了說明利銘澤介紹利國偉「多結織自己的朋友」，利德蕙還特別提及利銘澤與中國領導層的重要關係，以及如何引領利國偉認識國家領導，了解國家對香港的重要政策規劃。

父親與中國建立良好關係，並不只是因為父親與許多中國政要是老朋友，而是父親知道香港終須回到中國，他希望能先為主權順利移交做好鋪路工作……父親和國偉三叔似乎是香港最先知道鄧小平對香港（實施）一國兩制及保持五十年不變政策的人士。在七十年代初，父親和國偉三叔一起去中國時，該政要召父親入室，告知一些特別消息。父親對國偉三叔說：『國偉，你也進來，我要你聽聽談話內容。』當時中國政要對父親保證，香港主權移交後，一切維持現狀不變。（利德蕙，1998：127）

利國偉後來亦像利銘澤一樣成為立法局（1968）及行政局議員（1972）[3]。由於八十年代起中英兩國已就香港主權移交問題進行談判，利國偉顯然亦因利銘澤生前的介紹建立了不同身份及人脈網絡，可以充當起橋樑角色，多次往來於倫敦及北京之間，為處理香港回歸的一些棘手問題作出努力。退任兩局議員工作後，利國偉於1988年獲委任為聯合交易所主席，同年，更獲英國王室賜封爵士頭銜（黎子流、黃偉寧，1996），成為家族首位獲得爵士勳銜的成員。

由於獲得利銘澤的悉心安排與擘劃，當利銘澤突然去世（詳見下一節之討論），利漢釗可以順利接班，帶領家族企業走向另一里程碑，而利國偉在不同層面上的協助，亦讓利漢釗獲得更多發揮所長的機會。

1983 年，利銘澤去世，改由利榮森做主席[4]。因為利榮森原本是負責打理 day to day 的事務，所以很熟（運作）。到 1988 年，他說他不想再當（主席）了，只做回利園酒店的（業務），便與當時的副主席 QW（利國偉）說，要我兼當主席。從那時起，我便是主席和 MD 了。【華資企業研究——訪問紀錄：27022003】

正因如此，在談到自己在美國生活一段頗長時間後返港接掌家族企業，卻能成功接班，並可在不同層面上服務社會、發光發熱，利漢釗說出如下一段重要感受，值得我們注意。他說：

有兩個人 sponsor 我，一個是利銘澤，可惜他在 1983 年過世。我自己的成就，很多都是在 1983 年開始的，而在 1983 年後的事情，是誰 sponsor 我呢？是利國偉。我很感激這兩人，很感激他們。很簡單，他們看得起你，肯提拔你，已經是很好的 sponsor 了。（相反）就算你有多好人，沒有人肯提拔你也沒有用了，只落個空談吧了。我也是真材實料，真的在工作，在 Hong Kong Bank 內工作也是不簡單的。雖然李業廣遊說過（我）加入聯交所，但人家仍會（先）問他（利國偉）：「利漢釗是可以的嗎？」我還有很多公職，都是由他那邊引介的。例如有公職時，要找誰呢？他便會說：「找利漢釗吧！」所以我很感激利國偉。【華資企業研究——訪問紀錄：27022003】

傳統社會的大家長一般均子女眾多，因而不會過於溺愛，無論是留在身邊

或送往外國讀書，均頗重視他們自食其力、獨立自主個性的培養，反而今天的社會由於生育率大幅下降，只育有一、兩名子女而將之視為如珠如寶。正因子女人數眾多，家族在接班安排上明顯較具彈性和選擇，讓子女「讀飽書」後到一些跨國企業工作、見識，之後才「徵」回來接班，更是不少大家長較常採用的方法。當然，我們同時必須指出，由於子女眾多，產生的內部矛盾與競爭亦自然多，如何分工，並在崗位與家產的安排上取得平衡，達至家族企業的持續發展，則明顯是考驗家族領導人的最大課題。

辭世

中國大陸正式宣佈實行開放改革而各種投資機遇又迅即湧現之時，年過75歲的利銘澤雖然已經做好接班安排，但他卻沒有減慢生活步伐，而是一如既往地表現出對工作的熱愛（workaholic），「像三十五歲的壯年人一樣有活力的工作」，背後動力則相信是「他充滿了不同的理想，永遠想要開始新的計劃」（利德蕙，1998：132）。正因如此，在七十年代末、八十年代初，利銘澤仍動作頻頻、世界各地跑不停。一方面，他應國家領導人的請求，集合中外投資者在廣州興建花園酒店（參考本章另一節之討論），另一方面又配合國內外投資者希望在中國勘探石油的需要在香港牽頭成立石油開採公司，進軍這個過往一直被忽略但卻極為重要的行業（參考〈投資〉一章）。除此之外，他還將家族的主要產業重新整合，再將核心業務上市，讓家族企業獲得更大的發展空間（參考〈地產〉一章）。

雖然工作繁重、應酬不少，但利銘澤的生活則極有規律，飲食習慣更是簡單而平實，一點沒有大富人家的山珍海味、夜夜笙歌或紙醉金迷。在某次接受訪問後，記者這樣介紹利銘澤的生活節奏：

他每天 4：45 分起床，早餐是杭州綠茶、橙汁及乳酪。到了 6 時 —— 星期天亦如是，他會到鄉村俱樂部游泳。精神一振後，他回到家中，看報並品嚐另一杯茶 —— 這次是加入糖與奶的印度紅茶 —— 並在 9 時左右返到太子大廈 25 樓的辦公室。中午，他常花 20 分鐘在家中用膳，湯及飯之外，有時還有蒸魚。他回到辦公室後工作至 5 時左右。如碰上有案子在手，他會離家到別的地方再工作兩小時。

（Manson, 1975）

由於生活極有規律，加上常做運動，利銘澤的健康顯然一直不錯、充滿動力，他甚至以自己的生母年過 90 仍十分健康為傲，相信自己亦能健康長壽。利德蕙（1998：157）這樣介紹：

父親與二祖母即他自己的生母，有許多相似的地方，令父親非常引以為傲。我常聽他很驕傲的稱讚二祖母，說她雖然年事已高，但思路卻依然清晰敏捷。我想父親一定以為自己也可像二祖母一樣高壽。

然而，隨著歲月的流逝，人畢竟會老起來，身邊親人及朋友的相繼離去，則是最重要的提示。舉例說，1980 年 6 月 27 日利孝和去世，享年 71 歲，5 天後的 7 月 2 日舉殯（《工商日報》，1980 年 6 月 28 日及 7 月 3 日）。大約一個多月後的 1980 年 8 月初，利榮傑生母蘇淑嫻去世，享壽 86 歲（《工商日報》，1980 年 8 月 9 日）。接著的 1981 年 3 月 12 日，相交多年的好友祈德尊去世，享年 64 歲。對於痛失親人好友，利銘澤感到十分悲痛應該不難理解，而他選擇用工作來忘記傷痛，則成為其中一種推測。

資料顯示，1981 至 1982 年間，利銘澤一方面牽頭成立加華石油有限

公司（詳見〈投資〉一章），另一方面又堅持將家族旗艦——希慎興業——上市（參與〈地產〉一章），但同時又安排香港中華煤氣有限公司的總部從倫敦遷回香港，並計劃拓展跨境輸送煤氣管道（參閱〈投資〉一章）。可以這樣說，以上每項計劃均牽涉大量工作，單是其中一項已可令人喘不過氣來，但利銘澤則選擇同時進行，其工作量之巨大可想而知。

值得注意的是，這段時期的中英關係因為香港前途談判膠著而陷於低谷，利銘澤對此亦一直極為關心，並曾在不同層面上穿針引線，希望可讓雙方取得突破。正因利銘澤一直對不同層面的工作表現得十分熱愛，絲毫沒有想到退下火線、安享晚年的問題，有記者在訪問他時似乎亦有提及，而利銘澤的回覆則讓記者感受到他堅持不斷工作的背後，似乎隱藏著一些深層次的要素：

當利銘澤退休（「我死了便會」——I'd die if I did，原註），他弟弟的兒子們會接手生意，不是他自己的[5]。他有兩名女兒，均已婚，一女居於加拿大[6]，另一女是醫生，居於英國[7]。一個兒子叫David，38歲，亦居於加拿大，但沒有意願回來香港[8]。應該成為繼承人的最小兒子Christopher，不幸地在25歲時因心臟病於兩年前在紐約去世[9]。這對利氏家族來說乃巨大災難。（Manson, 1975）

也即是說，利銘澤不願退下火線，一方面當然與他熱愛工作的性格有關，但另一方面則可能是為了利用工作來治療內心一些難以名狀的傷痛與困擾。在與利銘澤訪問的末段，記者的筆鋒明顯變得沉重，並似有所感地提到如下一些令人玩味的觀察：

（碰面時）很多老人家會常傳閱兒孫的照片，利銘澤則向你展示中國的快拍——地貌、人民（包括射擊中的女民兵），以及如泉噴湧的油井和油管等[10]。（Manson, 1975）

姑勿論真正驅使利銘澤不斷工作的原因何在，亦不計較其工作量是否過於沉重，自1983年初夏到北京出席老朋友廖承志喪禮後，利銘澤的健康急轉直下似乎頗為明顯。利德蕙（1998：158）這樣寫：

那年夏天北京特別炎熱，氣溫高達華氏一百度，父親搭機回港途中誤點數小時，加上機場又無冷氣，父只覺透不過氣，呼吸非常困難。由北京回來之後父親就身體不適，醫生診斷後立刻要他進聖保祿醫院。

在聖保祿醫院接受治療之時，醫生要求利銘澤「要靜心休養」，但他似乎並不認同，太太本來聘了一位特別護士照料他，可惜被他辭退，原因是「他認為很快即可出院回家」，甚至不讓太太將他入院的消息告訴子女及其他家人，所以不少親友及家人對他入院一事全不知情。雖則如此，剛上任的新華社社長許家屯及副社長李儲文則獲得消息，並曾前往探望。由於利銘澤一再堅持，醫院最終讓他回家休息（利德蕙，1998）。

翌日（1983年7月6日）一早，利銘澤在家中如常起床梳洗，吃完早餐後計劃上班工作，但卻在出門前一刻「突然倒地不起，待救護車將他送到醫院時已告不治，與世長辭」（利德蕙，1998：159），結束了個人精彩傳奇的一生，享年78歲（*South China Morning Post*, 7 July 1983；《大公報》，1983年7月7日）。

喪禮

利銘澤去世的消息傳出後，不但親友深感震驚與悲痛，中外社會也同感突然和哀悼。為了表示對利銘澤親人的關懷及慰問，中外社會的弔唁信函或電報等如雪片飛來，其中的北京高層如李先念、楊尚昆、習仲勛（習近平之父）、谷牧、余秋里、姬鵬飛、廖夢醒等亦紛紛致電慰問，希望家人節哀順變，走出傷痛。由於中英關係處於低谷，利銘澤又屬中方「紅人」，港英政府對此亦表現得十分審慎，只由署理港督夏鼎基（尤德身在外地）作出回應，指「本港失去了一位戰後以來主要的公眾人物」，並向家人轉達哀悼與問候，但其語氣及情感，則與北京政府的回應頗有不同，因為後者指利銘澤為「老朋友」及「愛國者」（利德蕙，1998：xx；《大公報》，1983年7月9日至12日），兩者「親疏有別」的味道相當濃厚。其中的中共廣東省委第一書記任仲夷電唁如下：

驚悉利銘澤先生不幸逝世，深感悲痛。利銘澤先生生前熱愛社會主義祖國，關心中國的統一大事，熱誠祖國的四化建設，為香港繁榮與安定做出了貢獻，謹此悼念，並向利銘澤先生的夫人和家屬致以親切的慰問，尚望節哀。（《大公報》，1983年7月9日）

不少與利銘澤有交往的社會領袖及機關領導如香港中文大學校長馬臨、《大公報》社長費彝民及「兩局」議員簡悅強等，均認為利氏的去世乃香港社會的巨大損失（*South China Morning Post*, 8-12 July 1983；《大公報》，1983年7月8日至12日）。由於利銘澤的子女大多身在外地，返港奔喪需時，喪禮安排在1983年7月11日舉行。

到了出殯當天，中外社會知名人士以及普羅市民前往香港殯儀館致祭及送行的多達一千五百人，素車白馬、極具榮哀。前往靈堂致祭的部份社會知名人士包括：梁威林、王匡、王寬誠、霍英東、邱德根、簡悅隆、楊鐵樑、鍾士元、何善衡、何添、安子介、羅桂祥、蕭明、李國寶、胡法光、李春融、蔡永業、馮慶麟等。致送花圈或祭帳的人士包括：李先念、楊尚昆、習仲勛、谷牧、姬鵬飛、康克清、任仲夷、江澤民、彭勵治、鍾逸傑、苗學禮、何賢、邵逸夫、司徒惠、方心讓、羅德丞、何鴻燊及葉漢等。致送花圈的機構則有：東華三院、保良局、博愛醫院、開平僑聯、僑務辦、開平人民政府、香港海南商會、旅港利氏宗親會、燕京大學香港校友會、中國電子工業部、恒生銀行及澳門旅遊娛樂等（《大公報》，1983年7月12日；《華僑日報》，1983年7月12日）。

儀式上，胡百全負責致悼詞，講述利氏一生的不凡成就及經歷，高度讚揚他對本地社會的貢獻。儀式完畢，十位與利銘澤生前推心置腹的扶靈人士包括：《大公報》社長費彝民、日本駐港領事山田中正、姻親暨「兩局」議員簡悅強、香港中文大學校長馬臨、香港大學總務長 N. J. Gillanders、前「兩局」議員胡百全[11]、東亞銀行董事李福樹、共濟會愛爾蘭總會駐遠東最高代表 Arthur Gomes、《華僑日報》社長岑維休，以及香港新華社社長許家屯[12]，將靈櫃送上靈車，然後送往歌連臣角火葬場舉行火化，再擇吉日下葬於香港仔華人永久墳場（利德蕙，1998；《大公報》，1983年7月11日）。

喪禮之後，費彝民在《大公報》上發表了一篇題為〈緬懷利銘澤〉的文章，一方面憶述與利銘澤交往的點滴，緬懷故友，另一方面則訴說利銘

利銘澤及其夫人利黃瑤璧合葬於香港華人基督教聯會薄扶林道墳場。

澤在興築跨海隧道、增設電話設備、解決香港水荒、從茂名輸入煤氣、鋪設港穗直通車，以及在廣州興建花園酒店等等，對中港兩地社會的貢獻（《大公報》，1983年7月14日）。其次，筆名叫李文[13]的資深傳媒人，亦在《華僑日報》撰文，談到利銘澤對香港社會的貢獻，其中尤為突出利銘澤對青年問題日趨嚴重的關注，並指他一直大力推動本地教育的行動，應該正是解決青年問題的核心方法（《華僑日報》，1983年7月17日）。

對於利銘澤的去世，港英政府與中國政府的表現可謂頗為不同，關鍵則相信與中英關係陷於困局有關。兩者雖然同樣對利銘澤的離世表示惋惜，亦向親人表示慰問，但態度及感情則不同，到靈堂致祭人物的多少亦頗有差別，扶靈名單中沒有港府官員身影不在話下，在報紙上向利銘澤表示懷緬的，亦全屬親北京的友人，彷彿這位曾經出任「兩局」議員，為港英政府花過不少心血的顯赫人物，與港英政府之間沒有絲毫關係，令人感到有點涼薄之餘，亦不難讓人想到當時中英兩國的關係確實處於低沉吊詭的時刻。可以這樣說，如果利銘澤在一年後 —— 即中英兩國已草簽《聯合聲明》之後 —— 去世，其場面必會截然不同。

女家長

一直以來，有關華人家族企業的研究大多把焦點集中於大家長或男性身上，甚少從女家長或女性角度看問題。這一方面當然是父權社會下男性主導的一種必然結果，但同時亦反映了研究視野的某種盲點或局限。我們認為，不論是家族、企業，乃至於人類社會，其不斷前進及發展，不可能只有男人的勞力，而沒有女人的汗水，我們因而不可能只書寫「男人的故

事」，而隻字不提女人的遭遇與經歷。可見男女雙方的貢獻與努力，應該同樣得到重視和肯定，二者缺一不可。

正如我們在《一代煙王：利希慎》一書中提及，利希慎被殺後，原本只留在家中相夫教子的元配夫人黃蘭芳，突然成為支撐整個家族（指利希慎一房）的支柱，需要在某些重要場合主持大局，甚至要與丈夫生前合作夥伴或客戶交手、周旋，所面對的挑戰及壓力可想而知，作出的貢獻更屬不容低估。利銘澤去世後，一直追隨丈夫四出交際應酬的夫人黃瑤璧，同樣像當年的黃蘭芳（或三年前的利孝和夫人陸雁群）般，成為本身（利銘澤一房）的女家長，需要處理丈夫生前遺留下來的一些投資、生意及人脈網絡，其中一項可以說明其發揮巨大作用的例子，相信是廣州花園酒店的發展項目。

為了支持國家的改革開放政策，吸引外資，並配合內外旅客的不斷增多，利銘澤自七十年代末即構思在廣東省投資興建五星級酒店，並在多番討論而取得中央政府及廣東省政府的支持後付諸實際行動。利德蕙（1998：133）這樣介紹該投資項目的一些有趣商討過程：

父親原本計劃在北京興建新酒店，但中方建議將酒店建在海南島……七十年代的海南島，尚未有足夠的基本設施來承受如此龐大的計劃。父親後來決定在廣州離火車站不遠……的黃金地段……結果選定在廣州空防重地白雲山飛機場附近，興建花園酒店。中國官方便向父親提出，花園酒店須在屋頂裝置高射炮，及地下須有防空壕的要求。父親向當時的中央軍事委員副主席楊尚昆，就北京的要求多次耐心協商，後來北京方面終於同意放棄，但仍堅持酒店須有自己的緊急發電設

施，直到今日仍是非常必要的設施。

資料顯示，廣州花園酒店乃改革開放初期廣州市其中一項重點建設，項目屬「中外合資」（joint-venture），中方乃廣州嶺南國際企業集團有限公司，外資則指香港一方合股組成的財團——花園酒店（香港）有限公司。後者的牽頭人（亦持股較多）乃利銘澤，其他投資者則多屬香港的華資巨賈，例如李嘉誠、郭得勝、胡應湘、霍英東、李兆基及黃球等，而太古集團和丹麥的摩勒公司（A. P. Moller）亦有一些投資。各項投資條件談妥後，雙方在 1980 年 3 月 28 日簽署文件，接著的 1980 年 12 月 26 日奠基典禮，並請得國家副主席楊尚昆主持，算是一個好的祝福（利德蕙，1998）。

主要提供 1,300 間客房、會議室及餐廳的第一期工程展開之後，雙方因文化、價值及思想等截然不同所產生的矛盾與分歧則逐漸浮現，給利銘澤帶來不少壓力。具有豐富酒店管理經驗的吳慶塘父子，在利銘澤的委託下負責落實與中方的具體合作，但卻因為意見不合而鬧得極不愉快（利德蕙，1998）。日後曾參與酒店管理的利漢釗在談到當年與中方合作的感受時這樣回應：

和上面的人（中方）合作是十分辛苦的，我最記得有一次開董事會——你知道，他們的 culture 與我們不同，他說要這樣做，我們香港這方卻覺得不可行，這樣做不是商業的行動，一定要如此如此，詳細的地方我不記得了，那位董事長便打開公事包，拿了一本書出來，說國家法令便是如此！真的給他嚇壞了。我不知他說的是甚麼國家法令，但沒有法子，只好接受。每次（與他們）開會，都是互罵。
【華資企業研究——訪問紀錄：27022003】

或者正是面對合作上的一些困難，利銘澤去世後工程即陷於僵局。香港一方更因沒人敢（或願意）接那個燙手山芋而出現了「群雄無首」的狀況。至於當時的投資氣氛受中英談判爭拗不斷顯得極為低沉而令不少投資者卻步，因而出現了「無錢為繼」的財政危機。

就在那個關鍵時刻，北京官員顯然注意到問題的嚴重性，同時亦頗為清晰地掌握了解決問題的核心。利德蕙（1998：134）這樣描述：

父親在七月去世後，北京方面便要求母親擔任花園酒店（香港）有限公司的主席，新任的香港新華社社長許家屯出面宴請所有中國資方代表和母親共餐後，母親同意出任主席，承擔解決花園酒店財務危機的重任。（利德蕙，1998：134）

很明顯，北京官員認為，若能獲得黃瑤璧的應允，「妻代夫職」地擔起「大旗」，問題便可迎刃而解。這種情況，就如孫中山夫人宋慶齡、蔣介石夫人宋美齡，以及印度的甘地夫人英迪拉、拉吉夫夫人桑尼亞或菲律賓的阿基諾夫人科拉桑等女人，在丈夫去世後「因夫之名」肩負起丈夫生前使命而能獲得各方支持一樣，讓她們可在不同層面上發揮巨大力量。正因北京官員動之以情、訴之以理，一直甚少參與公務的黃瑤璧，最終同意出任花園酒店（香港）有限公司的主席，負起領導企業繼續前進的大任。

由於領導地位的確立，並在姚剛的努力下獲得了太古集團的進一步注資，算是舒緩了工程「無錢為繼」的問題，可以繼續動工。到了1984年初，

第一期工程完成，並在完成內部裝修後於 1984 年 10 月 28 日開始有限度營業，初時的主要客戶為美國及日本等駐華領事及家屬，亦有部份外資企業的企業管理層。之後，再經進一步裝修，並添置了傢俬與設備，酒店在 1985 年 8 月 28 日舉行盛大開幕儀式，吸引了中外著名人士的參加，黃瑤璧更代表香港投資者上台致詞，她一方面概述投資項目的緣起及重點，另一方面則感謝各方的努力和支持，令該項廣州市重點建設可以取得成果（利德蕙，1998；《大公報》，1985 年 8 月 29 日）。

酒店雖然投入服務，但初期的入住率並不理想，而第二期工程（提供 940 個客房、餐廳及各類功能房）仍需繼續，大量借貸則在投資氣氛極為低沉、銀行利息持續攀升下，令財務負擔日重。為了應對那個嚴峻的財政危機，黃瑤璧據說曾四出尋求不同財團的協助，但卻一直無法收到實效，因而只能由投資者不斷注資去維持工程（*South China Morning Post*, 9 July 1986；《大公報》，1986 年 7 月 9 日）。

到入住率持續上升，資金流增加不久，卻遇上了 1989 年「六四事件」。酒店入住率迅即下降之時，貸款利息又再扯高，投資者更因擔憂中國大陸投資環境轉壞而不願再注資，令酒店陷入前所未見的困局。至於黃瑤璧再次在那個關鍵時刻親自出動，並憑丈夫與國家領導的關係而最終取得重大突破，再一次挽救了酒店的財政危機，令整個投資項目終竟成功。利德蕙這樣憶述：

1989 年六四天安門事件之後，全國經濟都受影響，花園酒店業務亦受牽連，全無收入可支付銀行貸款的利息，面臨被銀行接收的命運。母親決定親赴北京請求支援，計劃正式拜訪國家主席楊尚昆，他是一個很切實際的人，而且對我父母親非

常尊重……1990 年初，母親在新華社一位高級官員陪同下，正式與國家主席楊尚
昆會面，楊並在釣魚台設晚宴款待母親。母親對楊尚昆表示，花園酒店的股東在
走投無路的情況下，逼不得已只有請中國政府接收，或關門結束營業。楊尚昆對
母親說：「利太太，請放心，花園酒店決不會關門的。」……母親返港後一個
月，中國銀行通知花園酒店（香港）有限公司，表示銀行願意以無抵押信用方
式，貸款美金二千五百萬元給花園酒店，母親的『救亡』任務算是圓滿達成。
（利德蕙，1998：135）

對於黃瑤璧成功解決這次危機，利漢釗在接受我們訪問時的回應，或者可
以作為整個投資項目的註腳。他這樣說：

（九十年代初）投資者不肯再拿錢出來，那你要不要繼續建下去呢？最後，還是
中國，他們有一樣是十分可取的，便是如果他們對你有感情，便永遠對你有感
情，就不會「辟炮」（不做），給你走的。他們答應可以用廣州某機構擔保，向
中國銀行借錢給我們，那當然是很辛苦的，到最後所有股東都滿意，他們所有投
資沒有白費。到了最近這幾年，（該投資）已有息派了。【華資企業研究——訪
問紀錄：27022003】

雖然丈夫在生時只是小鳥依人般侍奉在側，或是陪伴四出應酬，亦甚少參
與生意經營、企業管理，但當丈夫去世後卻能「撐起整頭家」，利希慎夫
人黃蘭芳如是，利孝和夫人陸雁群如是，利銘澤夫人黃瑤璧亦如是，她們
不但成為團結本身一房人的核心，亦在關鍵時期發揮巨大力量，我們日後
實在應該在這方面多作深入研究，了解女性在家族企業發展過程中的不同
角色及貢獻。

1992年4月，利黃瑤璧（右）出席五邑大學教育基金捐贈活動，旁為利國偉。

同樣從女性的脈絡上看，我們還注意到利銘澤女兒利德蕙因為懷緬父親而寫了《築橋》一書所流露的深厚父女情懷——尤其是該書末尾的一段內心表白，更讓人感受到那股深刻的念念不忘和刻骨銘心：

我多麼希望父親在世時，能有多些時間與他在一起，又多麼希望能再向他多問些問題，但我也和其他人一樣，以為父親會長久的在我們身邊。父親所作的榜樣，使我學到許多事情，並將盡我所能以父親作為我待人處世的準則。對父親的關愛我將永誌在心，並以一顆感恩的心來承受他留給我們的名聲，身為他的女兒，我感到非常榮幸。（利德蕙，1998：163）

深入一點看，我們不難發現，中外社會其實頗有不少名人的女兒，均曾我手寫我心，將本身對父親的懷念一字一句、逐章逐節地向世人介紹。毛澤東女兒李敏、劉少奇女兒劉愛琴、鄧小平女兒毛毛、章伯鈞女兒章詒和、傅抱石女兒傅益瑤，以至英國著名哲學家羅素（Bertrand Russell）女兒Katharine、著名畫家雷諾亞（Pierre-Auguste Renoir）女兒Jean，以及香港船王包玉剛女兒包陪慶等等，便是一些有趣例子。

與兒子書寫父親生平所聚焦及情感流露略為不同的地方，是女兒的另一種角度及細膩筆觸往往能在記述其父親雄才大略的同時，兼顧其情感與內心的描寫，因而更能全面、有血有肉地突現其父親完整的性格及人生，因而特別值得重視。一句話，無論在家庭、企業或社會，女性所扮演的角色其實極為吃重，因而不應被忽略，至於她們情感的寄託、人生的態度與價值的考量等等，同樣應該得到正視和尊重，投入更多資源與精力進行深入研究，讓她們的聲音獲得迴響，貢獻得到肯定，則顯得刻

不容緩，亦極有必要。

總結

若果把人生的經歷看成一本書，利銘澤的這本書絕對是一本傳奇故事。我們的記述，只是他公開生活（public life）的一些足跡，利德蕙的記述則有他較多私人生活（private life）的筆墨，兩者雖可互補不足，但絕對不是全部，並不能完全涵蓋及紀錄他的人生，我們在閱讀時亦難免會碰到一些不易理解或未能回答的問題，誠為可惜。

我們在其他有關香港歷史與社會的研究中曾指出，香港由小漁村發展成國際大都會的故事，其實是無數人以汗水、心血灌溉而成。至於背後連繫東西、匯聚華洋與溝通內外等特點，更是香港過往突出表現的重要基石。在全球化而中國綜合國力又不斷壯大的年代，可供香港人發揮的舞台雖是比利銘澤的年代闊大，但面對的競爭及挑戰亦明顯激烈得多，應該如何應對及拿捏，則絕對是考驗我們智慧、胸襟和視野的一道難題。

註釋

1. 利銘洽，1907 年出生，年幼時與利銘澤等同赴澳門求學於子褒學校，1928 年結婚，育有利漢釗、利漢楨、利漢輝、利慶雲、利慶茵及利慶萱等子女。

2. 利榮傑（1918-2005）之子，英國曼徹斯特大學土木工程系畢業，並擁有英格蘭最高法院律師資格。九十年代，利定昌加入希慎興業管理層，利漢釗退休後接任行政總裁兼主席之職。除此之外，利定昌還出任國泰航空、恒生銀行、馬士基（中國）有限公司、地產建設商會及南華早報集團等董事之職。2009 年 10 月 17 日，利定昌在家去世，享年 55 歲。

3. 中英兩國就香港前途問題展開談判時，總督尤德在 1983 年重召利國偉入局，襄助港府處理香港的回歸問題，可見利氏家族政治影響力一直十分巨大。

4. 利榮森，生於 1915 年，燕京大學畢業，熱愛文化藝術，和平後曾到倫敦的中國銀行工作，

返港後一直負責打理家族實質事務，作風低調。曾任地產建設商會、太古工業、香港電視廣播有限公司等機構董事，育有一子利乾。2007 年 2 月去世，享年 92 歲。

5. 即指安排胞弟長子利漢釗接掌家族企業。

6. 即利德蕙，1941 年生，1959 年到加拿大麥基爾大學求學，1962 年畢業後即下嫁加拿大著名外科醫生伍衛權，育有三子，分別為伍偉雄、伍俊雄及伍迪雄。1998 年，利德蕙獲委任為加拿大參議院參議員，乃首位出任該職位的亞裔人士。

7. 即利德蓉，1939 年生，1958 年入讀牛津大學醫學院，畢業後下嫁 Rudgard，後離異，但仍冠上夫名。育有三女，分別為 Karen Rudgard，Stephanie Rudgard 及 Emily Rudgard。九十年代起，利德蓉先後出任希慎興業、廣州花園酒店及羅富濟父子（香港）有限公司等董事之職，其後又出任香港中文大學校董會副主席，並於 1998 年獲該大學頒贈榮譽博士學位。

8. 即利志狲，1938 年生，1957 年確診患上「先天性精神分裂症」，一直居於國外，育有兩子，分別名為利敦仁及利敦禮。

9. 即利志剛，生於 1947 年，之後考入香港中文大學，1972 年畢業後獲父親推薦往日內瓦及紐約等重點金融機構實習，之後計劃轉往東京的山一證券及富士銀行。可惜，利志剛在 1972 年旅美期間因病猝死，遺下一子利承武。

10. 由於訪問在 1975 年進行，而加華石油有限公司則在 1981 年才正式成立，此點不知是否顯示利銘澤對開採石油一事早已關注（參考〈投資〉一章之討論）。

11. 已知的資料顯示，Gillanders 及胡百全皆是共濟會資深會員。

12. 相對於三年前胞弟利孝和去世時，同樣多達千人前往致祭，極盡榮哀。但有三點頗為不同：其一是港督麥理浩及其他官員親往致祭；其二是代為扶靈的有不少港府官員，例如財政司夏鼎基及市政局主席沙利士等，其他扶靈人士則包括馬臨、安子介、邵逸夫、甘銘、畢力治、施文、麥加林及丹麥的彼得王子等；其三是部份親國民黨人士（例如何世禮將軍等）亦有前往致祭，但卻鮮有親共產黨人士的影子（《工商日報》，1980 年 7 月 3 日）。深入一點看，我們不難發現利孝和與利銘澤辭世之時的政治環境已經截然不同，其處理手法亦呈現區別。利孝和在 1980 年身故時，香港前途問題仍未提上日程，總督剛訪京歸來，帶回鄧小平口訊「請投資者放心」，市面人心如常。利銘澤在 1983 年身故時，香港前途已是全球焦點，中英即將展開首回會談判。在那敏感時刻，英方顯然步步為營，以免枝外生節。利銘澤生前中英兩面俱圓，可惜死不逢時，治喪英冷中熱，乃政治形勢使然。中英 1983 年 7 月 1 日宣佈，第一回合會談定於 7 月 12 日於北京舉行，為此總督尤德偕行政局非官守議員於 7 月 2 日赴英商議。利銘澤於 7 月 5 日逝世，7 月 11 日佔喪。在此客觀環境下，英方表現低調，要員避席其喪禮，看來是免於誤了大事。反之，中方趁機高調，為中英會談造勢。當年，利國偉突中斷行政局倫敦行程，提早返港出席喪禮，顯示英方冷待可能只屬政治姿態。所謂人在江湖，身不由己，政治人物的離世也無可奈何。

13. 李文，筆名，又名李志文，本名姓馮，乃香港大學醫學院放射治療系退休教授馮令儀醫生（夫婿梁智鴻醫生）尊翁，曾任《華僑日報》編輯，與新華社稔熟。

後語

誘發我們深入研究利氏家族的原因，來自對何東家族的研究，兩者均屬我們一直大力推動的華人家族企業研究項目的重要組成部份。至於促使我們採取以人物傳記方式（biographical research）作為研究切入點的原因，當然與這些個案極為傳奇，既與香港開埠後華洋種族接觸及東西貿易往來有關，亦與華工出洋及西學東漸問題糾纏在一起，而歷史條件的局限及人生際遇的難以預測，又令他們的故事顯得像謎般吸引，彷彿讓人覺得其家族的起替興落，與中國近代歷史的波譎雲詭互有聯繫、密不可分。

完成對何東家族的初步研究後 —— 詳見《香港大老：何東》、《香港將軍：何世禮》及《何家女子：三代婦女傳奇》等論述，我們注意到，歐亞混血族群在香港開埠初期，社會出現結構性空洞（structural hole）時的迅速崛起和壯大（Burt, 1993），雖然見證了本地社會及經濟的巨大變遷，但卻未能全面反映主流社會（純種華人）的歷練及遭遇。

有見於此，我們後來另挑同樣被公認為早期香港世家大族之一的利希慎家族作深入研究（何文翔，1992），並在 2011 年出版了《一代煙王：利希慎》一書。在該研究中，我們發現，利氏家族先祖早於香港開埠之初即隻身飄洋，赴美尋金，略積家財後返華，但旋即又選擇到港定居謀生，利希慎因而在港出生、求學，日後亦因他掌握中英雙語，可在商界呼風喚雨、自由馳騁。

若以年齡計，1862 年出生的何東，幾乎屬於 1884 年出生的利希慎的父執輩，

G.   R.

EXTRACT OF AN ENTRY
IN A REGISTER KEPT IN THE COLONY OF HONG KONG.
IN TERMS OF THE BIRTHS AND DEATHS REGISTRATION ORDINANCE ,1896.

No.	When and where born.	Name if any.	Sex.	Name and Surname of Father.	Name and Maiden Surname of Mother.	Rank, or Profession of Father.	Signature, Description and Residence of Informant.	When Registered.	Signature of Registrar.	Name if added after Registration of Birth.
1047	2nd November 1884 其一千八百八十四年十一月二号生有	Li Ying 利應	male 男	Li Kat Hing 利吉慶	Yung Sam 楊三	Seaman 行船	Lau Yau innoti 14 Wing On Lane Street 14號	2nd December 1884 一千八百八十四年十二月二号住册	J. Mercer	

Extract from the Register of Births in the Colony of Hong Kong this 22nd day of December 1928.

Fee, $1.   True Copy.

Dep. Ly Registrar of Births & Deaths.

在《一代煙王：利希慎》一書出版後，我們才在英國檔案館中找到利希慎的出世紙，
其出生日期為 1884 年 11 月 2 日，原名「利應」，父親名為「利吉慶」，母親名為
「楊三」，父親職業為「行船」，居住地址則為「永安街十四號」。

但二人的人生歷練與帶領家族迅速崛起的角色，卻極為相似。深入一點看，在皇仁書院讀書時，利希慎與何東過繼子何世榮便份屬同窗，交往頗多。但利希慎卻因表現相對突出，畢業離校不久即能像何東一樣在航運及鴉片等生意上聲名大噪，迅速崛起成為一時巨富。發財致富後的利希慎，不但同樣大破慳囊，捐款回饋母校，亦大力推動皇仁書院舊生會的創立，並繼何東之後出任該舊生會的會長一職。無巧不成話，事業有成的利希慎像何東一樣因元配一直未有所出而有後繼無人的煩惱，並與何東一樣以此作為立妾的理由，享受傳統富人「三妻四妾」的齊人之福。

何東早年雖曾任買辦，但進入二十世紀之後即以航運及金融投資為主。利希慎在二十世紀之交踏足社會時據說雖曾在匯豐銀行任職（買辦），但相信日子極短，之後即投身航運及鴉片生意。另一共同特點是二人在生意上大獲其利後，不但一擲千金，在港興建具有「扎根本土」象徵意義的家族大宅，作為「祖屋」，還將從生意中賺取的巨大利潤，悉數投放到香港的地產之上，成為名揚一時的大地主。何東名下地皮幾乎遍佈港島、九龍、新界，利希慎名下的地皮則相對集中，尤其是銅鑼灣的利園山及灣仔一帶。

毫無疑問，何東及利希慎不但十分重視兒子的教育，至於女兒的教育亦一點沒忽略。正因如此，二人的子女大多大學畢業，有些更曾放洋海外，在不同學科或專業上大放異彩，這在當時社會而言，無疑是一個突破。對於子女的教育雖然一視同仁，但在財產繼承上，何東的做法反而較重男輕女，只是撥出部份家產像嫁妝般贈送給女兒而已，大部份財產 —— 尤其企業股份，則悉數傳給兒子。反觀利希慎在處理這個問題上則較「男女平等」，除了給予女

兒嫁妝，還撥出部份自己一手創立的利希慎置業有限公司（家族旗艦企業）股份，分派給她們，雖然女兒們所獲分配的比例較兒子們略低，但在那個時代而言已是一個突出現象，打破了家族企業股份不傳外嫁女的傳統。

繼後香燈與子女接班一向被看作家族延綿不斷的標竿，何東與利希慎對此問題當然亦十分重視。何東一生雖然娶有二妻一妾一情婦，但子女多由平妻張靜蓉所出，而何東對一眾兒子的教育及事業似乎亦有一番不同安排。舉例說，何世榮為過繼子，年紀較長，皇仁書院畢業後加入匯豐銀行，成為買辦。何世儉在香港大學畢業後曾被送到英國深造，唸的是經濟學，日後則被安排到上海，似是打理當地業務。何世禮較為特別，他雖為平妻所生，但交由元配撫養，因而被視作嫡子，皇仁書院畢業後，何東安排他入讀英國皇家軍事學院，日後人生的路途上，亦出現不少強人父親代為打點安排的痕跡及身影。至於私生子何佐芝則讓其自立門戶，表面上的照料及支持似乎不多。

利希慎一生娶有一妻三妾，各人均為他誕下多名子女。利希慎在生時，年紀較大的六名子女分別為利銘澤、利銘洽、利孝和、利榮森、利舜英和利舜華，除利銘洽和利榮森留在香港外，其餘四人均送到英國留學，唸不同科目，而留在香港的利榮森，後來亦被送到燕京大學讀書，其刻意栽培不同子女在不同範疇的專業及建立不同人脈網絡的意圖可謂十分明顯。可以這樣說，利希慎雖然晚何東近二十年出生，但又比何東早近三十年去世，享壽幾乎只是何東的一半而已，但他對家族企業的擘劃及子女接班的安排，卻同樣極為關鍵，亦影響深遠。

何東與利希慎一代人的同中有異，其實同樣出現在何世禮與利銘澤身上。論年齡，何世禮與利銘澤可謂十分接近，彼此相差只有一歲而已，加上二人同樣曾在皇仁書院讀書，之後又同樣負笈英國，並且同樣加入了英國的中國留學生會。由於何世禮立志從軍，因而進入了英國皇家軍事學院受訓，而利銘澤則決定以土木工程為專業，因而考入了牛津大學。二人所學及專業雖然各有不同，但在英國完成學業後，均同樣在1928年返港結婚，組織家庭，而他們後來又同樣沒有留在香港工作，而是旋即返到內地，服務於中華民國政府，並同樣在漫長的抗日戰爭中貢獻一己力量。可以這樣說，在抗戰勝利之前，無論是家族背景、求學或成長過程，何世禮與利銘澤均是十分相似的。

然而，抗戰勝利後，二人的人生故事卻開始出現巨大差別，核心所在則是政治立場的南轅北轍。由於加入了中國國民黨，加上乃專業軍人，何世禮一生可謂忠於國民黨，因而亦在該黨敗走台灣時義無反顧地緊跟其後，並在日後的「反攻大陸」行動中身先士卒。就算到何世禮年老退休，返到香港接管家族企業而走上經商之路後，仍一直協助國民黨政府在香港拓展政治空間，維持該黨在香港的影響力。相對而言，由於抗戰期間早已與共產黨人有接觸，亦對國民黨的腐敗感到不滿，抗戰勝利後的利銘澤選擇不與國民黨人為伍，而是充當香港與內地的橋樑角色，在不同層面上協助新成立的中國政府與香港及世界接觸溝通，促進多方人民、文化及貿易等的往來。

可以這樣說，同樣來自香港的巨富家族，何世禮無疑聯繫了香港與台灣，而利銘澤則聯繫了香港與中國大陸，香港像是近代中國政治的活門，其獨特而無可比擬的地位可由此而十分鮮明地表現出來。在那個高舉意識形態旗幟的

「冷戰」年代，何世禮與利銘澤在不同層面憑著個人材幹及人脈網絡，加上利用了香港獨特的位置，可能曾經為著兩岸三地的政治角力暗中較勁，但同時亦應該曾經為著促進各方的溝通及互動出謀獻策。

二十世紀七十年代，中華民國正式被排除於聯合國門外，而中華人民共和國則正式加入，並成為常任理事國之一。接著的中美、中日相繼建立正式外交關係，更令退守台灣的國民黨政府日漸陷於困境，而七十年代末中國政府宣佈結束封閉，實行「改革開放」，又令兩岸的政治、經濟及社會面貌發生前所未見的巨大轉變。至於與中國高層領導一直關係密切的利銘澤，在這個關鍵時刻，明顯較何世禮有著更多機會，可以擔當更為吃重的角色——尤其是在中國政府計劃收回香港主權的敏感時期。

無論是「改革開放」的借鑒香港經濟發展經驗，或是引入香港資金，以至於籌劃收回香港主權等問題上，曾經在港英政府內擔任「兩局」議員，又曾牽頭在港發展不少重大建設項目的利銘澤，明顯更能獲得中國政府領導的器重，因而可以左右逢源，叱咤風雲，反觀何世禮則因台灣國民黨政府的處於弱勢而他的政治立場又十分鮮明，以致難以在這段敏感時期發揮作用，二人——或可說是兩個家族——之間的一揚一抑，亦十分明顯地表現了出來。

然而，就在中英兩國有關香港主權談判處於柳暗花明而利銘澤又更能發揮個人影響力的時刻，他的生命走到了終點。1983 年 7 月 6 日——即《中英聯合聲明》草議簽約一年之前——利銘澤在港突然去世。就如其父利希慎去世所造成的打擊一般，家族核心領導人物的「不辭而別」，很多時均會帶來繼承

上的風雨飄搖。幸好，利銘澤早有安排 —— 尤其是安排堂弟利國偉及侄兒利漢釗承襲個人的人際網絡及政商崗位，因而可減少自己突然辭世一事對家族企業所造成的衝擊。

正因利銘澤早有安排和計算，當香港進入「過渡期」時，利氏家族仍因利國偉及利漢釗的政治參與尚能保持影響力。相對而言，何世禮雖然仍然身體壯健，但卻因為擔心香港主權回歸後前景欠佳，乃選擇將家族旗艦企業 —— 工商日報有限公司 —— 關閉，一方面減少在港投資，另一方面則讓本身家族日漸淡出香港的政經界及社會。

從另一角度看，何世禮及利銘澤與中國國民黨及中國共產黨截然不同的關係與政治背景，不但左右了他們家族本身的發展軌跡，亦間接影響了他們背後（或代表）的兩大英資財團 —— 渣甸集團及太古集團。二次世界大戰之後，買辦工作雖然風光不再，但何東家族與渣甸集團的大班仍往來密切、關係深厚。由於何東較抗拒共產黨，其子何世禮更屬國民黨將軍，與共產黨幾乎沒有接觸，渣甸集團由於在 1949 年後失去了中國大陸的大量投資，對中國共產黨自然沒有好感，彼此間猜忌甚深，接觸應亦不多。到了八十年代初，當知悉北京政府將在 1997 年 7 月 1 日收回香港主權時，更與何世禮一樣選擇與北京政府「對著幹」，結束部份在港業務，甚至將集團的註冊地遷往百慕達。

相對而言，利銘澤初期雖與不少國民黨中人頗有交往，但自從該黨節節失利後，即與之保持距離，與共產黨核心人員的關係則轉趨緊密，而利孝和雖與不少國民黨人保持交往、常有接觸，但看來只屬「君子之交」，帶有較為強

烈的分散政治風險意味。至於利國偉隨後成為香港政府與北京政府溝通的中間人，則讓人看到利氏家族與中國政府的關係，不但沒有因利銘澤的去世而割斷，亦明顯較何東家族深厚。正因利氏家族的親北京背景，屬於該家族策略股東之一的太古集團，亦與北京保持較好關係，雙方的接觸亦較多。由是之故，在八十年代初香港出現「信心危機」之時，太古集團亦與利氏家族步伐一致，沒像何東家族及渣甸洋行般輕視或猜忌北京政府，做出類似「撤資」或「遷冊」的舉動，而是保持一定的信任和接納。

政治環境的轉變對家族及企業的發展無疑是極為深遠的。由於作為渣甸洋行及太古洋行中間人或策略股東的何東家族及利希慎家族，與新中國政府的交往冷熱鬆緊各異，他們在香港政局將會發生巨大轉變的前夕有所籌謀應對，實在無可厚非，而彼此截然不同的決定與思考，自然導致兩個家族及英資龍頭企業走上了各自不同的發展軌跡或方向。

還有一點值得注意，自五十年代開始，兩個家族的子孫均被派往外地留學時，不再只是前往英國一途，派往加拿大、澳洲或美國者反而較多 ── 尤以後者為甚。這個情況一方面反映了大英帝國的風光不再與美國國力的如日方中，但同時亦折射了家族在培育人才之時更重視拓展不同人脈網絡的考慮。正因兩個家族均強調子孫要走出香港，到西方先進國家留學，他們不但培養出糅雜中西的外向型精神特質與內涵，日後亦大多散居世界各地 ── 歐洲、北美洲及澳大利亞洲 ──生活，成為名副其實的「世界公民」。至於香港則因擁有無數像何、利兩個家族成員般，既有放眼世界的視野，亦有無遠弗屆的人脈網絡的人材，其國際大都會的地位乃顯得異常突出。

參考資料

英文文獻檔案：

Asian Wall Street Journal. Various years.

Bubonic Plague in Hong Kong. 1903. Hong Kong: Noronha & Sons, Government Printers.

Directory and Chronicle of China, Japan, Corea &c. 1931-1934. Hong Kong: Hong Kong Daily Press Office.

Far Eastern Economic Review. Various years.

Historical and Statistical Abstract of the Colony of Hong Kong: 1841-1930. 1932. Hong Kong: The Government Printer.

Hong Kong Annual Report. 1960. Hong Kong: Government Printer.

Hong Kong Government Gazette. Various years. Hong Kong: Government Printer.

Hong Kong Trade and Shipping Returns. 1921-1941. Hong Kong: Government Printer.

Rates Assessment, Valuation and Collection Books. Various years.

Report of the Commission of Enquiry into the Hong Kong Telephone Company Limited. 1975. Hong Kong: Government Printer.

Report of the Fulton Commission. 1963. Hong Kong: Government Printer.

South China Morning Post. Various years.

The China Mail. Various years.

The Hong Kong Government Gazette Extraordinary (various years). Hong Kong: Government Printer.

The Yellow Dragon. Various years. Hong Kong: Queen's College.

英文專題著作：

Banham, T. 2003. *Not the Slightest Chance: The Defence of Hong Kong, 1941.* Hong Kong: Hong Kong University Press.

Bourdieu, P. 1986. "The Forms of Capital," in J.G. Richardson (ed.) *Handbook of Theory and Research for the Sociology of Education*, pp. 241-258. New York: Greenwood Press.

Brown, P.E.H. 1971. "The Hong Kong Economy: Achievements and Prospects", in K. Hopkins (ed.) *Hong Kong: The Industrial Colony*, pp. 1-20. Hong Kong: Oxford University Press.

Burt, R.S. 1992. *Structural Holes: The Social Structure of Competition.* Cambridge, Mass: Harvard University Press.

Chamberlain, M.E. 1999. *Decolonization: The Fall of the European Empires.* Oxford, Malden, Mass: Balckwell Publishers.

Chau, T.T. 1991. "Approaches to Succession in East Asia Business Organizations", *Family Business Review*, vol. 6, pp. 161-180.

Cheung, G. 2010. *Hong Kong's Watershed: the 1967 Riot.* Hong Kong: Hong Kong University Press.

Chong, Y.Y. 2004. *Investment Risk Management.* Chichester, Hoboken: John Wiley & Sons.

Coleman, J. S. 1990. *Foundations of Social Theory.* Cambridge: Harvard University Press.

Commissioner for Resettlement. 1955. *Annual Departmental Report.* Hong Kong: Government Printer.

Emerson, G.C. 2008. *Hong Kong Internment, 1942-1945: Life in the Japanese Civilian Camp at Stanley.* Hong Kong: Hong Kong University Press.

Erickson, E.H. 1963. *Childhood and Society.* New York: Norton.

Ferguson, T. 1980. *Desperate Siege: The Battle of Hong Kong.* Toronto, Ontario: Doubleday Canada.

Freedman, M. 1957. *Chinese Family and Marriage in Singapore.* London: Her Majesty's Stationery Office.

Freedman, M. 1971. *Chinese Lineage and Society: Fukien and Kwangtung.* London: The Athlone Press.

Fukuyama, F. 1995. *Trust: The Social Virtues and the Creation of Prosperity.* New York: Free Press.

Goodstadt, L.F. 2005. *Uneasy Partners.* Hong Kong: Hong Kong University Press.

Granovetter, Mark. 1973. "The strength of weak ties", *American Journal of Sociology*, vol. 78, pp. 1350-1380.

Haffner, C. 1977. *The Craft in the East.* Hong Kong: District Grand Lodge of Hong Kong and the East.

Hase, P. 2008. *The Six-Day War of 1899: Hong Kong in the Age of Imperialism.* Hong Kong: Hong Kong University Press.

Heady, S. 1992. *The Hong Kong Country Club: The First 30 Years.* Hong Kong: The Hong Kong Country Club.

Hong Kong Telephone. 1981. *Hong Kong Telephone: Brief History.* Hong Kong: The Company.

Hopkins, K. 1971. "Housing the Poor", in K. Hopkins (ed.) *Hong Kong: The Industrial Colony*, pp. 271-338. Hong Kong: Oxford University Press.

Hopkins, K. 1972. "Public and Private Housing in Hong Kong", in D.J. Dwyer (ed.) *The City as a Centre of Change in Asia*, pp. 200-215. Hong Kong: Hong Kong University Press.

Ingram, A. 10 September 2009. "Email reply from McGowin Library".

King, F.H.H. 11981-992. *The History of the Hong Kong and Shanghai Banking Corporation* (4 volumes). New York: Cambridge University Press.

Kiyosaki, R.T. 1997. *Rich Dad, Poor Dad: What the Rich Teach their Kids about Money — That the Poor and Middle Class Do Not.* New York: Warner Books Inc.

Lau, Y.W. 2002. *A History of the Municipal Councils of Hong Kong, 1883-1999: From the Sanitary Board to the Urban Council and the Regional Council.* Hong Kong: Leisure and Cultural Service

Department.

Lee Hysan Estate Company Limited. *Memorandum and Article of Association.* 27 November 1923. Hong Kong: Registrar of Companies (ICRIS).

Lethbridge, H.J. 1985. *Hard Graft in Hong Kong: Scandal, Corruption, the ICAC.* Hong Kong: Oxford University Press.

Lin, N. 2001. *Social Capital: A Theory of Social Structure and Action.* Cambridge: Cambridge University Press.

Ma, M. 1967. *The Riot in Hong Kong.* Hong Kong: Ting Cheung Printing Company.

Manson, B. 1975. "The 'victory in war' Less: A Hong Kong clan to the bitter end", *The South China Morning Post,* 26 October 1975.

Nissim, R. 1998. *Land Administration and Practice in Hong Kong.* Hong Kong: Hong Kong University Press.

Peacock, P. 14 September 2009. "Email reply from the Pembroke College Archives".

Pelzel, J.C. 1970. "Japanese Kinship: A Comparative", in M. Freedman (ed.) *Family and Kinship in Chinese Society*, pp. 227-248. Stanford: Stanford University.

Poy, V. 2006. *Profit, Victory & Sharpness: The Lees of Hong Kong.* Ontario: York Centre for Asian Research, York University.

Pryor, E.G. 1973. *Housing in Hong Kong.* Hong Kong: Oxford University Press.

Putnam, R.D. 2000. *Bowling Alone: The Collapse and Revival of American Community.* New York: Simon and Schuster.

Ride, E. 1981. *BAAG: Hong Kong Resistance, 1942-1945.* Hong Kong: Oxford University Press.

Selwyn-Clarke, S. 1975. *Footprints: The Memoirs of Sir Selwyn Selwyn-Clarke.* Hong Kong: Sino-American Publication Company.

Sinn, E. 1989. *Power and Charity: the Early History of the Tung Wah Hospital, Hong Kong.* Hong

Kong: Oxford University Press.

Smart, A. 2006. *The Shek Kip Mei Myth: Squatters, Fires and Colonial Rule in Hong Kong, 1950-1963.* Hong Kong: Hong Kong University Press.

Snow, P. 2004. *The Fall of Hong Kong.* New Haven: Yale University Press.

Stokes G. & J. Stokes. 1987. *Queen's College: Its History 1862-1987.* Hong Kong: Queen's College Old Boy's Association.

Szczepanik, E. 1958. *The Economic Growth of Hong Kong.* Hong Kong: The University of Hong Kong.

The Chinese University of Hong Kong. 1970. *The Vice Chanceller's Report: The First Six Years: 1963-1969.* Hong Kong: The Chinese University of Hong Kong.

The Hong Kong Legislative Council. *Hong Kong Hansard: Reports of the Sittings of the legislative Council of Hong Kong,* (various years).

The University of Hong Kong. 1964. *Honorary Degrees Congregation.* http://www.3.hku.hk (Browsed on 31 October 2010).

Tonybee, A. 1946-1957. *A Study of History.* New York: Oxford University Press.

Tsang, S. 1988. *Democracy Shelved: Great Britain, China, and Attempts at Constitutional Reform in Hong Kong.* Hong Kong: Oxford University Press.

Tsang, S. 1995. *Government and Politics.* Hong Kong: Hong Kong University Press.

Tsang, S. 2004. *A Modern History of Hong Kong.* Hong Kong: Hong Kong University Press.

Tsui, Paul. *Paul Tsui's Memoirs.* http://www.galaxylink.net/~john/paul/memoirsxii.htm (browsed on 28 December 2009).

Waldron, S. E. 1972. *Fire on the Rim: A Study in Contradictions in Left-Wing Political Mobilization in Hong Kong 1967.* Ph. D. Dissertation. New York: Syracuse University.

Weber, M. 1947. *The Theory of Social and Economic Organization* (translated by A.R. Henderson & T.

Parsons). London: William Hodge & Co. Ltd.

Webster, A. 1984. *Introduction to the Sociology of Development.* Basingstoke, NJ: Macmillan Education.

Wei, B.P.T. 2005. *Liu Chi-wen: Biography of a Revolutionary Leader.* Hong Kong: The Liu Chi-wen Family.

Williamson, O.E. 1975. *Markets and Hierarchies: Analysis and Implications.* New York: Free Press.

Wong, S. L. 1985. "The Chinese Family Firm: A Model", *The British Journal of Sociology*, vol. 36, no. 1, pp. 58-72.

Zheng, V. 2009. *Chinese Family Business and the Equal Inheritance System: Unravelling the Myth.* London & New York: Routledge.

中文文獻檔案：

《中國建設》，1937，上海：中國建設協會。

《中華茶葉五千年》，2001，北京：人民出版社。

《十年子襃學校年報》，1922，沒出版社。

《哀思錄》（陳子襃），沒年份，沒出版社。

《國際貿易情報》，1937，上海：國際貿易協會。

《外事工作簡報》，1977，〈香港知名人士利銘澤在甘肅參觀簡況〉，頁1-4，甘肅：甘肅省革命委員會外事辦公室。

《大公報》，各年。

《工商日報》，各年。

《文匯報》，各年。

《希慎興業年報》，各年，該公司。

《廣州市市政公佈》，1931-1932，廣州：廣州市政府。

《香港赤子：利銘澤》

《廣州市志》，1995-2000，廣州：廣州出版社。

《星島日報》，各年。

《春秋公羊傳註疏》，1997，何休（解詁），徐彥（疏），台北：藝文印書館。

《更生》，1937，上海：更生書刊社。

《灌根年報》，1915，沒出版社。

《留英學報》，各年。

《聯合汽水廠年報》，各年，該公司。

《華僑日報》，各年。

《華資企業研究》，訪問紀錄。

《貴陽文史雜誌》，2007，〈民主人士羅次啟〉，第二期，頁1-5，http://gyszx.gov.cn/gys
zx/724800272643129344/20070709/51385.html，2010年10月31日瀏覽。

《農業建設》，1937，上海：農業建設協會。

《銀行週報》，1937，上海：銀行週報社。

《開平文史》，各年，開平：開平縣政協文史組。

《香島日報》，1944-1945。

《香港年鑑》，各年，香港：華僑日報。

中文專題著作：

丁新豹，2009，《香港歷史漫步》，香港：三聯書店。

中國石油，〈南海油田〉，http://161.207.1.13:82/gate/big5/www.cnpc.com.cn/sybk/gnyc/
gnyt/-ifbase4-base16，2011年4月1日瀏灠。

中國第二歷史檔案館，〈利銘澤呈請登記工業技師〉(1937)，全宗號422。

何佩然，2001，《點滴話當年：香港供水150年》，香港：商務印書館。

何張靜蓉，1934，《名山遊記》，香港：東蓮覺苑。

何文平、顏遠志，2005，〈平民教育家陳子褒與澳門〉，《澳門雜誌》，第42期，頁68-82。

何文翔，1992，《香港家族史》，香港：明報出版社。

公司註冊署，《公司檔案》，各種。

冷夏，1997，《霍英東傳》，香港：名流出版社。

冼玉儀，1994，《香香港並肩：東亞銀行1919-1994》，香港：東亞銀行。

冼玉儀，1997，〈社會組織與社會變遷〉，載王賡武（編）《香港史新編》，頁157-210，香港：三聯書店。

利德蕙，1995，《利氏源流》（中英雙語），Ontario: Calyan Publishing Ltd.

利德蕙，1998，《築橋：利銘澤的生平與時代》（中英雙語），Ontario: Calyan Publishing Ltd.

可兒弘明，1989，《「豬花」：被販賣海外的婦女》，孫國群、趙宗頗（譯），陳家麟、陳秋峰（校），河南：河南人民出版社。

史景遷，2001，《追尋現代中國》（溫洽溢譯），台北：時報文化出版企業。

史鳳儀，1987，《中國古代婚姻與家庭》，武漢：湖北人民出版社。

吳倫霓霞，1993，《邁進中的大學：香港中文大學三十年》，香港：香港中文大學出版社。

吳志良、楊允中，2005，《澳門百科全書》，澳門：澳門基金會。

吳相湘，1974，《第二次中日戰爭史》，台北：綜合月刊社。

周奕，2002，《香港左派鬥爭史》，香港：利文出版社。

周奕，2004，《香港英雄兒女》，香港：利文出版社。

唐宋，1990，〈利希慎：鴉片煙大王〉，《香港政經週刊》，1990年4月刊，頁64-65。

四川省檔館，〈國民黨政府各院部科員以上職員錄〉(1944-45)，檔案號3/1609/4，

夏泉、徐天舒，2004，〈陳子褒與清末民初澳門教育〉，《澳門研究》，第22期，頁208-219。

婁壯行，1935，《俄國史》，北京：中華百科叢書出版社。

尚緒芝，2007，〈中國古代社會「一夫一妻制納妾制」並存原因探析〉，《中州學刊》，總159期，5月份，第3期，頁176-178。

岳慶平，1989，《家國結構與中國人》，香港：中華書局。

岳慶平，1998，《婚姻志》，上海：上海人民出版社。

張念瑜，1995，〈中國婚姻制度及其歷史選擇〉，《上海社會利學院學術季刊》，1995年第4期，頁117-125。

張玉法，1988《中國現代史》，台灣：東華書局。

方國榮、陳迹，1993，《昨日的家園》，香港：三聯書店。

方美賢，1975，《香港早期教育發展史：1841-1941》，香港：中國學社。

方雄普，1991，《華僑航空史話》，北京：中國華僑出版社。

易中天，2002，〈妻妾成群與婢妓的角色〉，《歷史月刊》，3月號，頁35-41。

曾銳生，1985，〈蔣介石為何不收回香港〉，載魯言 (編)《香港掌故》（第十集），香港：廣角鏡出版社。

李偉民、梁玉成，2003，〈特殊信任與普遍信任：中國人信任的結構與特徵〉，載鄭也夫、彭泗清（編），《中國社會中的信任》，頁184-208，北京：中國城市出版社。

李培德，2006，《日本文化在香港》，香港：香港大學出版社。

李徐性天，1929，〈牛津大學見聞〉，《留英學報》，第4期，頁135-138。

李德才，1988，〈朱德談開發海南島〉，載《海南島：發展戰略研究資料集》，頁10-11，北京：中國人民大學書報資料中心。

李榮德，1998，《廖承志和他的家人》，瀋陽：春風文藝出版社。

林承節，2005，《獨立後的印度史》，北京：北京大學。

林纘春，1946，《海南島之產業》，瓊崖：瓊崖農業研究出版社。

梁漢城、何君煒，1988，〈海南島的開發建設與經濟發展〉，載《海南島：發展戰略研

究資料集》，頁32-36，北京：中國人民大學書報資料中心。

梁漱溟，1981，《中國文化要義》（第11版），台北：正中書局。

梁鳳儀，1997，《李兆基博士傳記》，香港：三聯書店。

梅偉強、張國雄，2001，《五邑華僑華人史》，廣州：廣東高等教育出版社。

沈思，沒年份，《南華會百年回歸》，http://www.scaa.org.hk/catalog/info.php?target=history0
3_10&language=en，2009年12月28日瀏覽。

潘慧嫻，2010，《地產霸權》，香港：信報財經。

王國維，1956，《觀堂集林》（20卷），台北：藝文印書館。

王少平，1939，《菲島瓊崖印象記》，沒出版社。

王崧興，1985，〈中日家族制度的比較研究〉，載譚裕謙（編）《中日文化交流》，卷
1，頁51-61，香港：中文大學出版社。

秉默，1999，〈歡笑〉，《團結》，第6期，頁48。

范錦明，1986，《文革後中共農業體制改革的經濟成效問題初探》，台北：中華經濟研
究室。

葉德偉，1984，《香港淪陷史》，香港：廣角鏡出版社。

蔡寶瓊，1990，《厚生與創業 —— 維他奶五十年（1940-1990）》，香港：維他奶國際
集團有限公司。

費孝通，1998《鄉土中國、生育制度》（第1版），北京：北京大學出版社。

資中筠、何迪，1991，《美台關係40年：1949-1989》，北京：人民出版社。

賴際熙，1974，《荔垞文存》，香港。

郭廷以，1979，《近代中國史綱》（上下冊），香港：香港中文大學出版社。

鄧開頌、陸曉敏，1997，《粵港關係史》，香港：麒麟書業。

鄭宏泰、黃紹倫，2004，《香港華人家族企業個案研究》，香港：明報出版社。

鄭宏泰、黃紹倫，2005，《香港米業史》，香港：三聯書店。

《香港赤子：利銘澤》

鄭宏泰、黃紹倫，2006，《香港股史1841-1997》，香港：三聯書店。

鄭宏泰、黃紹倫，2007，《香港大老：何東》，香港：三聯書店。

鄭宏泰、黃紹倫，2008，《香港將軍：何世禮》，香港：三聯書店。

鄭宏泰、黃紹倫，2010，《婦女遺囑藏著的秘密》，香港：三聯書店。

鄭宏泰、黃紹倫，2011，《一代煙王：利希慎》，香港：三聯書店。

鄭浪平，2001，《中國抗日戰爭史：1931-1945》，台北：麥田出版社。

鄭紫燦，1915，《香港中華商業交通人名指南錄》，香港。

鄭郁郎，1967，〈香港的前途〉，載《星島日報》，1967年10月3日。

錢昌照，1998，《錢昌照回憶錄》，北京：中國文史出版社。

鍾寶賢，2009，《商城故事：銅鑼灣百年變遷》，香港：中華書局。

鍾逸傑，2004，《石點頭》，香港：香港大學出版社。

鐵竹偉，1999，《廖承志傳》，香港：三聯書店。

關禮雄，1993，《日佔時期的香港》，香港：三聯書店。

陳其南、邱淑如，1984，〈傳統家族制度與企業組織：中國、日本和西方社會比較〉，載《中國式管理研究會實錄》，頁24-30，台北：工商日報社。

陳啟祥，1995，〈香港電視文化〉，載冼玉儀（編）《香港文化與社會》，頁80-85，香港：香港大學亞洲研究中心。

陳敦德，2000，《解凍在1972：中美外交紀實》，北京：世界知識出版社。

陳方正，2000，《與中大一同成長：香港中文大學與中國文化研究所圖史：1949-1997》，香港：香港中國文化研究所。

陳江，2004，《百年好合：圖說古代婚姻文化》，揚州：廣陵書社。

陳湛頤，2005，《日本人訪港見聞錄：1898-1941》，香港：三聯書店。

陳立民，1992，〈辛亥革命與南洋華人〉，載顏清湟（編）《海外華人研究》，頁106-122，新加坡：新加坡亞洲研究學會。

電訊管理局，〈電訊里程碑〉載http://www.ofta.gov.hk/zh/index.html，2009年12月28日瀏覽。

饒桂珠、陳思迪，2007，〈何銘思其人其事〉，《地平線月刊》，2007年12月刊，頁1-9。

饒美蛟，1997，〈香港工業發展的歷史軌跡〉，載王賡武（編）《香港史新編》（上冊），頁371-416，香港：三聯書店。

香港地產建設商會，1965，《香港地產建設商會成立紀念特刊》，香港：該會。

香港米行商會，1979，《香港米行商會六十週年特刊》，香港：該會。

馬傑偉，1996，《電視與文化認同》，香港：突破出版社。

馮邦彥，2001，《香港地產業百年》，香港：三聯書店。

黃啟臣，1999，《澳門通史》，廣東：廣東教育出版社。

黃大慧，2006，《日本對華政策與國內政治：中日復交政治過程分析》，上海：當代世界出版社。

黃天才，1995，《中日外交的人與事》，台北：聯經。

黃紹倫，2009，〈繼承與變異：華人家族企業的活力源頭〉，載張炳良等（編）《香港經驗》，頁83-104，香港：商務印書館。

黎子流、黃偉寧，1996，《廣州市榮譽市民傳》，廣東：廣東人民出版社。

封面及扉頁圖片說明

封面	利銘澤油畫。於1964年，利銘澤獲香港大學頒授名譽法學博士學位。
大扉	中國留學生會1926年年會攝影。第二排居中者為利銘澤。
第一章扉頁	皇后大道中與文咸東街的交界，約攝於1905年，約略可見利銘澤出生之時香港市面上的情況。（圖片來源：鄭寶鴻《港島街道百年》，2000年）
第二章扉頁	利銘澤在牛津大學求學時所住的宿舍Old Quad。
第三章扉頁	1933年2月，廣州海珠橋開通。時利銘澤正在廣州市工務局工作。（圖片來源：《歷史的烙痕：抗戰時期廣州老照片》，2005年）
第四章扉頁	中國抗日戰爭浮雕。
第五章扉頁	利舞臺是香港早年的重要戲院，對傳播本土戲劇文化有相當功勞。（圖片來源：鄭寶鴻《港島街道百年》，2000年）
第六章扉頁	1930年代，從半山上俯瞰的海港，隨後的填海工程與地產業的蓬勃息息相關。（圖片來源：劉潤和、高添強《香港走過的道路》增訂版，2011年）
第七章扉頁	1920年代初，位於港島中區的太古洋行（最左）。（圖片來源：馮邦彥、饒美蛟《厚生利群：香港保險史（1841-2008）》，2009年）
第八章扉頁	1970年代，一間證券交易所的交易大堂。（圖片來源：高添強《香港今昔》新版，2005年）
第九章扉頁	香港立法局大樓。利銘澤曾同時擔任立法局和行政局議員，位高譽隆。（圖片來源：王賡武《香港史新編》上冊，1997年）
第十章扉頁	二十世紀初，一群來港經商的日籍商人。利銘澤與日商的友好關係，促使日商在銅鑼灣大量投資，使該地區有「小銀座」之稱。（圖片來源：高添強《香港今昔》新版，2005年）
第十一章扉頁	1970年代初，香港中文大學校園。（圖片來源：高添強《香港今昔》新版，2005年）
第十二章扉頁	1983年，利銘澤去世時，在各大報章刊登的訃告。
封底	1979年廣州至九龍直通車通車典禮，由總督麥理浩主禮，利銘澤（前排右四）及其夫人利黃瑤璧（右二）均有出席。

責任編輯　　梁健彬

封面設計　　陳曦成

書籍設計　　陳務華

書　　名　　香港赤子：利銘澤

著　　者　　鄭宏泰　黃紹倫

出　　版　　三聯書店（香港）有限公司

　　　　　　香港鰂魚涌英皇道 1065 號 1304 室

　　　　　　Joint Publishing（Hong Kong）Co., Ltd.

　　　　　　Rm. 1304, 1065 King's Road, Quarry Bay, Hong Kong

發　　行　　香港聯合書刊物流有限公司

　　　　　　香港新界大埔汀麗路 36 號 3 字樓

印　　刷　　中華商務彩色印刷有限公司

　　　　　　香港新界大埔汀麗路 36 號 14 字樓

版　　次　　2012 年 2 月香港第一版第一次印刷

規　　格　　16 開（168×230 mm）352 面

國際書號　　ISBN 978-962-04-3080-0

　　　　　　©2012 Joint Publishing（Hong Kong）Co., Ltd.

　　　　　　Published in Hong Kong